新课程新教学"天河行动"丛书 丛书主编 崔允漷 王建辉 周文叶

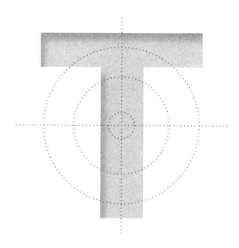

聚核心素养
做学科规划

义务教育学期课程纲要精选

华东师范大学出版社
·上海·

陈伟红 周文叶 葛红霞◎主编

图书在版编目(CIP)数据

聚核心素养　做学科规划:义务教育学期课程纲要精选/陈伟红,周文叶,葛红霞主编.—上海:华东师范大学出版社,2023

(新课程新教学"天河行动"丛书)
ISBN 978-7-5760-4233-7

Ⅰ.①聚… Ⅱ.①陈…②周…③葛… Ⅲ.①义务教育-教学大纲-天河区　Ⅳ.①G632.3

中国国家版本馆 CIP 数据核字(2023)第 202760 号

新课程新教学"天河行动"丛书

聚核心素养　做学科规划:义务教育学期课程纲要精选

主　　编　陈伟红　周文叶　葛红霞
责任编辑　彭呈军
审读编辑　孙　娟
责任校对　江小华　时东明
装帧设计　卢晓红

出版发行　华东师范大学出版社
社　　址　上海市中山北路3663号　邮编 200062
网　　址　www.ecnupress.com.cn
电　　话　021-60821666　行政传真 021-62572105
客服电话　021-62865537　门市(邮购)电话 021-62869887
地　　址　上海市中山北路3663号华东师范大学校内先锋路口
网　　店　http://hdsdcbs.tmall.com

印 刷 者　上海锦佳印刷有限公司
开　　本　787毫米×1092毫米　1/16
印　　张　17.5
字　　数　288千字
版　　次　2024年1月第1版
印　　次　2025年6月第7次
书　　号　ISBN 978-7-5760-4233-7
定　　价　56.00元

出 版 人　王　焰

(如发现本版图书有印订质量问题,请寄回本社客服中心调换或电话 021-62865537 联系)

顾问委员会

主任：

吴颖民

委员：

陈 坪　方晓波　龚 维　胡中锋　王 红　吴新华　曾令鹏　曾文婕

项目研究团队

组长：

王建辉　陈伟红

组员：

陈丽霞　陈 瑞　陈德凯　陈艳梅　陈 燕　陈 燕[①]　崔效锋　杜碧红　冯熙妍
葛红霞　郭文峰　何 凡　黄跃红　黄 雯　黄一龙　黄 伟　胡 睿　胡 东
胡 健　江小宇　雷晓晖　李 琳　李利锋　廖文义　林 雁　林映映　刘江明
刘剑勇　刘永东　欧阳琪　蒲杨婕　彭恋思　邱细浪　申 珣　邵 颖　唐素丽
王晓芳　王 丹　熊 涛　徐 攀　许凤英　杨 磊　杨 阳　曾丽红　郑雪萍
赵 霞　朱越强　朱云志

指导专家团队

组长：

周文叶　崔允漷

组员：

安桂清　陈霜叶　付黎黎　高德胜　胡惠闵　江丽娟　金北李　柯 政　雷 浩
刘钧燕　刘良华　石雨晨　王冰如　王少非　王 涛　王小明　王 哲　吴刚平
肖思汉　杨晓哲　张 薇　周 勇　朱丽婧　朱伟强

[①] 两位陈燕分别是天河区教师发展中心小学语文教研员和小学英语教研员。

目 录

推荐序——天河行动:为学校落实新课程提供专业支架　　／1

　　　　　　　　　　　　　　　　　　　崔允漷　周文叶

前　言　　／1

　　　　　　　　　　　　　　　　　　　　　　王建辉

第一部分　学期课程纲要精选

道德与法治(五年级上)课程纲要　　／3
道德与法治(七年级下)课程纲要　　／8
语文(三年级下)课程纲要　　／13
语文(五年级下)课程纲要　　／19
语文(六年级上)课程纲要　　／25
语文(七年级下)课程纲要　　／30
数学(五年级上)课程纲要　　／35
数学(八年级下)课程纲要　　／40
英语(四年级下)课程纲要　　／45
英语(五年级下)课程纲要　　／50
英语(七年级下)课程纲要　　／55
英语(九年级上)课程纲要　　／60
历史(八年级下)课程纲要　　／65
地理(八年级下)课程纲要　　／71
科学(六年级下)课程纲要　　／76
物理(八年级下)课程纲要　　／82
化学(九年级上)课程纲要　　／87

化学(九年级下)课程纲要	/ 91
生物学(八年级上)课程纲要	/ 95
信息科技(六年级下)课程纲要	/ 100
信息科技(七年级下)课程纲要	/ 105
体育与健康(五年级上)课程纲要	/ 110
体育与健康(八年级上)课程纲要	/ 117
美术(五年级上)课程纲要	/ 125
美术(八年级上)课程纲要	/ 131
音乐(四年级下)课程纲要	/ 136
劳动(三年级上)课程纲要	/ 141
综合实践活动(二年级下)课程纲要	/ 147

第二部分　我与课程纲要的故事

你心柔软,却有力量——"学期课程纲要"编写记	/ 155
纲要好不好,谁说了算?	/ 159
回归教育初心:行走在课程纲要设计中	/ 164
道阻且长,行则将至	/ 169
成如容易却艰辛——边学边做课程纲要的故事	/ 174
画认知地图,铺成长之路	/ 180
星光不负赶路人,最美不过研"纲"路	/ 186
拨开云雾,我想见TA——研制英语课程纲要的成长故事	/ 191
课程纲要,很高兴认识你	/ 196
且听回声,共赴迢遥	/ 200
迈步笃行,敢过重山	/ 207
课程纲要团队打磨记	/ 212
课程纲要,一场向美而行的遇见	/ 217
奔赴山海,一路生花	/ 223

课程纲要,学与用的距离 / 228
是谁,荡起了我心中的涟漪 / 233
课程纲要,揭开你神秘的面纱 / 239
竹密岂阻流水过,山高无碍白云飞 / 245
山高自有客行路,水深当有渡船人 / 250
我与课程纲要的那些事儿 / 254
课程纲要可不简单 / 259

推荐序

天河行动：为学校落实新课程提供专业支架

崔允漷、周文叶/华东师范大学

新课程理想的育人蓝图如何在学校落地？义务教育课程方案（2022版）在"强化专业支持"部分强调：帮助教师准确把握课程改革方向，钻研课程标准、教材，改进教学。在"健全实施机制"中又指出：地市、县级教育行政部门负责课程实施过程检查指导，提供课程实施必要保障条件。学校高质量实施新课程需要哪些专业支架？区域如何为学校推进新课程提供支持和保障？这些问题长期以来是课程改革的"瓶颈"，攻破这些问题，亟需在中国大地上创造区域经验。我们与天河教育人开展了一系列的行动，取得了阶段性成果，现与大家分享，以期抛砖引玉。

第一，新课程落地需要哪些专业支架？

新课程的落地是要做出来，而不是说出来的。怎么做出来？学校在具体做的过程中，需要有三方面的专业支架。

一是学校一级需要制定《学校课程实施方案》。学校课程实施方案是学校课程的顶层设计。国家课程方案明确要求，学校要依据国家及省级课程方案整体规划学校课程，作为学校育人的蓝图、课程总纲，整体描绘出学校落实立德树人根本任务的课程图谱。学校课程实施方案主要回答以下几个问题：学校课程规划的依据是什么？学校如何落实国家或省级课程方案中的课程计划？课程实施的关键策略有哪些？以及有哪些主要的保障措施？这四个要素应具有内在的一致性，且提纲挈领、清晰可行，体现出"合目的、合一致、合好用"的要求。

二是教研组一级需要编制《学期课程纲要》。如果说学校课程实施方案是一所学校的设计图纸的话，那学期课程纲要就是一幢楼（相当于一学科）中一层楼的设计方案。一个学科必须要在研读课程标准、教材,研判学情的基础上,以学期为单位,把以前的教学进度表升级为学期课程纲要,这是学科落实新课程的第一步,是学科回答如何落实课程标准的依据,也是学校层面编制学科规划的表现。学期课程纲要是一个学期的课程说明书,它说明这个学期的课程目标、课程内容、课程实施与课程评价,用两三页纸把它说清楚,且体现这四要素之间一致性。不然,语文老师整天在忙着上语文课,却说不清楚语文育什么人、怎么育人,到了退休,可能就成了一个"只会教课文"的老师,又谈何育人呢?

三是备课组或老师需要编写"单元教学方案"。如果说学期课程纲要是一层楼的设计方案,那单元教学设计就是一层楼中单元或房间的设计图纸。学期课程规划好了,接下来就是单元的问题。所谓单元设计,就是把原来的课时教案升级为单元教案。这个问题对老师挑战有点大。好比原来你只会烧一个菜,现在要你烧一桌菜,这就是从课时到单元。为什么要你烧一桌菜呢?因为只有当你烧一桌菜时才会关注到客人,如:谁来吃?他来自哪里?广东的还是上海的?然后再决定烧什么、怎么烧、吃得满意吗?……这就是单元设计。为了落实学为中心的理念,新教案不再回答老师要做什么,而是回答学生如何才能更好地学会。教学设计是设计有组织的学习经验,因此,新教案是单元学历案,是给学生设计助学支架或认知地图。就像医生从开处方到写病历,他从不写自己做什么,都在写病人要做什么。我们老师写了那么多年的教案就是在写自己做什么。如果学生没学会,你自己做什么有什么用呢?

有了上述这三个层面的专业支架文本后,接下来就是新教学与新评价的实践,以及需要哪些保障措施以保障这些方案的落实。

第二,要让校长、老师明白:这样做的意义何在?

校长、老师不仅要知道如何开发上述方案,还需要"知其所以然",明白自己行为背后的"为什么"。归纳起来,其意义可以用三个"化"来表述。

一是国家课程需要校本化。以前我们问校长,你是怎么把国家课程标准、教材作校本化落实的?有的校长一听就懵了。心想,自己搞得那么忙,怎么都不知如何回答这么重要的问题。现在,我们到天河的小学问校长,你怎么把语文课程校本化的?他可以拿出六个年级12份语文学期课程纲要,这就是学校把语文课程校本化实施的重要证据。教师只有把国家课程校本化实施做好了,才能称得上"为党育人,为国育才"!

二是教师教学需要专业化。从课时到单元,从教案到学历案,从教学进度表到学期课程纲要,对老师来说都是挑战,因为这能充分体现教师专业发展水平的进阶。其背后的学理就是,这相当于从教教材的水平进阶到用教材教的水平,或者说前者是教书匠,后者是专业人员、教育家。这一过程就是让老师的教学更专业。虽然对有些老师来说有点难,但没有点难度,怎么叫专业?

三是学生学习需要组织化。学校课程不是微信,微信上一条与下一条通常没什么关系,学校课程要化信息为知识,化知识为素养,必须要有组织、有结构,这样才能育人。什么叫作有组织的学习?我举一个有点极端的例子,以教学生"一只狗"为例。明明是现实生活中的一只狗,却采取分解的方式来学习、检测:第一课教狗头……第四课教狗尾巴。四课时都教完了,然后采用双向细目表来考试,即狗头考了解,狗身考记住……结果考了100分都不知道什么叫狗!把知识割裂开来倒退为信息,所以学生那么忙,老师那么苦,到最后培养出来的人被人批评为高分低能或"有知识,没文化";读了那么多年的书只是知道了好多东西,成了"知道分子"而不是"知识分子",使命感、责任心缺失。课程是有组织的学习经验,从课时到单元,再到学期到学段,这就是学习经验组织化的表现。我们要相信:课程,只有具有结构,才能拥有力量。大单元设计就是为了实现课程内容的结构化。

第三,天河是怎样行动的?

两年多来,广州市天河区统筹规划,区域行政、区域教研和学校三层上下联动,积极探索区域如何为学校落实新课程提供支持和保障。

一是区域行政统筹规划,提供组织保障。首先,天河区教育局成立专项工作领导小组,由区教育局局长任组长,分管副局长任执行组长,在天河区教师发展中心(区教育研究院)设立项目办公室。其次,根据区域教育特点,制定了《天河区义务教育课程与教学质量提升工作方案》,并遴选了17所学校作为第一批种子学校,区域教研员专家和高校专家对接种子校进行跟踪指导。同时,每所种子校带领2—3所非种子校,组成学习共同体,充分发挥校际联动作用,全区域辐射。最后,区域为教研员、学校管理团队和教师的培训,以及专家入校指导提供经费支持,并制定了相关制度。

二是区域教研专业引领,强化专业支持。首先,教研员先培训先学习。如何规划学科课程,如何进行大单元设计,如何开展学为中心的教学与校本教研,每个专题,教研员都参与了一周集中的研修工作坊和后续三个月的实践研修。接着,教研员带领骨干团队钻研课标,钻研教材,结合区域学校和教师特点,深入把握各方对教研的需求。然后,教研员做示例,做培训,做指导。每个学科教研员带领优秀老师一起做学期课程纲要、大单元学历案、学为中心的课例研究的示例,在做的基础上,给老师们提供针对性的培训;同时,深入学校,深入课堂,进行具体的指导。

三是学校聚焦新课程落地,注重能力建设。校长带着学校管理团队先学先做。两年来,学校管理团队参加了四次研修工作坊,每次都是集中研修一周时间。研修的主题分别是:学校课程实施方案如何编制、学期课程纲要如何编制、大单元学历案如何撰写、学为中心的课例研究和校本教研如何开展。以学校课程实施方案为例,校长带领老师们组织调研,开展专题研究,对学校课程进行整体规划;专家跟进指导,种子校和种子校之间小组研讨,大组交流分享;种子校和非种子校之间建立学习共同体,以点带面,全面辐射。一次次地修改,一次次地研讨,每所学校的育人目标更加清晰,课程计划更加规范,课程实施策略更加明确,各要素之间的一致性更加明显。学校课程实施方案呈现的是文本,但文本形成过程中,提升的是学校课程领导力。

经过两年多的努力,天河教育人走到哪里了呢?我们想用一句话来概括:万里长征走出了第一步。但是这一步非常重要,因为他们心中有"长征",他们有正确的方向。有时候,方向比努力更重要。因为方向没找对,努力就是瞎折腾。

我们相信,他们的努力是在创造中国式的新课程新教学。尽管前路遥远,但是他们心中有诗、有远方!

非常感谢天河行动给国家课程改革带来了专业性、首创性与示范性的经验!

前 言

王建辉／天河区教育局

2020年12月11日下午,我在广东佛山参加2020明远教育论坛。江苏省吴江实验小学教育集团张菊荣校长关于深化课堂教学改革的15分钟分享,让我眼前一亮——就是它!

那一刻的笃定,背后是为时已久的追寻。当时,天河区进行"以生为本"的区域课堂教学改革已持续20多年,取得了丰硕的成果。但随着改革进入深水区,我们碰到了瓶颈,对于如何进一步提升课堂教学的科学性和有效性,还是非常迷茫。我们深知仅凭自身的勤奋与努力,根本无法突破现有的困境,而借力,是拟定解决这一问题的方向!于是我们希望在全国范围内寻找一个能帮助我们解决课堂变革深层次问题的专家团队。寻找近半年,无果。

踏破铁鞋无觅处,得来全不费工夫!张校长的教育改革实践让我和同去的校长们兴奋不已,我们当晚就下载了张校长的多篇论文如饥似渴地阅读。几天狂热的阅读,让我们有了更大的惊喜:张菊荣校长的成果来源于与华东师范大学课程与教学研究所崔允漷教授团队合作开展的课堂教学改革的研究。

崔允漷教授团队,就是我们希望寻找的目标。可广州、上海相距千里,一个小小的县级区如何能得到国家级研究团队的青睐?在一个广州少有的寒冷冬日里,几位勇于改革的校长在我的办公室里各抒己见,突然一位校长惊呼:"崔允漷教授应该也算是我的老师。"这一信息让我们看到了希望。经这位校长学生的反复努力,我终于和崔允漷教授的同事周文叶副所长通上了电话。四十分钟的通话,我俩一拍即合,周所长的直率、真诚与高效深深打动了我:这就是我们想要找的团队!我将合作的想法报告给教育局班子,班子成员凭着敏锐的判断力,给予高度认同与全力支持。此时,我区正准备在华阳小学召开生本教学峰会,我们真诚邀请崔教授来指导,可崔教授来不了,但是派来了一员大将——吴刚平教授,吴教授关于课程改革的讲座在天河引起了轰动。吴教授回上海不久,周文叶所长传来喜讯:崔教授同意与天河的合作。我想,这应该是善良的吴教授让我们通过了"考试"。2021年3月12日植树节,崔允漷教授、周文叶教授为天河种下了一棵"大树"——天河区正式启动与华东师大课程与教学研究所合作的"天河区基础教育课程与教学质量提升项目",围绕"新课程、新教学",以学校一级的学校课程实施整体方案、学科教研组一级的学期课程纲要、年级备课组一级的单元学历案作为推进课程改革的实践载体。

一个好项目,要成功落地,要有系统的规划与科学的运作机制。项目启动之初,我们制定了实施方案,将项目实施分为三个阶段:分别是"种子学校"试点阶段、全区普及阶段、全区达标阶段。首先,要选好"种子学校"。在崔教授的指导下,项目拟在部分学校先行试点。试点学校如何产生?不能行政强行分派,自愿是前提,只有具有强烈意愿的学校才有可能产生改革的持续动力,才会珍惜这样的机会。于是我们在充分介绍项目的基础上,让学校自愿报名。在此基础上,我们选择了17所有代表性的"种子"学校:从办学基础上看,包括优质、中等、薄弱学校;从地理位置上看,涵盖天河教育东南西北中五大片区;从学段来看,小学12所,初中3所,完全中学2所。我们在区教师发展中心设立项目办公室,安排陈伟红副主任牵头,朱云志、江小宇、彭恋思等老师担任办公室成员。特别让我们感动的是,华东师范大学课程与教学研究所也设立了天河项目办,派出18位专家,分成三个大组,分别由崔允漷、吴刚平、胡惠闵三位顶级专家领衔,每个大组下设两个小组,每个小组对接2—3所学校,对种子学校进行一对一的指导。2022年5月,龚维局长成为天河教育掌门人,他一再叮嘱:华东项目要好好做,教育局要优先支持与保障好这个项目的运转。

我们开启了项目的首次培训——天河区学校课程领导力高级研修班,17所"种子"学校每校派出校长等三名管理人员参与培训。课程所为我们用心设计了课程,精心安排了授课教师,课程之系统性与授课教师的专业性,再次点燃了天河教育人的热情。大家感慨:这是我们参加过的最好的培训。因此大家也分外珍惜这次培训,白天培训,晚上或与指导专家见面交流,或小组研讨。整整一周,我们沉浸其中,带着学校课程实施方案编写要求、框架与思路回到了学校。趁热打铁,我们立即召开"种子学校"学习分享与工作计划交流会。各学校纷纷组建项目团队,成立课程实施方案编制小组,建立每周一次研讨工作机制。区域层面,也根据各校推进情况,不定期召开交流会,让学校之间相互借鉴,相互鼓励,营造共同学习的良好氛围。学校在专家的指导下,数易其稿,有的学校改了几十稿,终于拿出了较为满意的课程方案。在这个过程中,学校收获的不仅是一个较为完整的课程实施方案,更重要的是真正厘清了学校的育人目标、办学理念,形成了学校教育哲学,明确了办学使命,理解了国家课程的重要性,明晰了学校课程的设置、实施及评价之间应该保持内在一致性。有的校长说,这样的项目,终于解除了他们的教育焦虑;有的校长说,制定方案的过程让他们的教育人生更加圆满,不留遗憾。学校课程实施方案,是学校纲要性文件,为校本化落实国家课程奠定了扎实的基础。

为了记录和分享天河区新课程、新教学的行动,我们首先结集出版第一本著作——《育时代新人 绘课程蓝图:学校课程实施方案精选》。该书共收录17所"种子学校"的课程实施方案。虽然每份方案的主笔只有几位,但是每所学校的方案都凝聚了全校教育共同体的力量,特别是学生及其家长的参与。通过大家共同努力,经历了长达两年的不断研讨、打磨、修改,才有了17份勤劳和智慧的结晶。方案既体现了学校办学历史的传承,也体现了对未来发展的思考,为学校下一个五年乃至更长时间里的发展绘制了行动蓝图。这些方案,既符合学校课程实施方案的专业规范,也充分彰显了学校个性特色。每个学校课程实施方案都配有专业点评,这有助于读者理解各个实施方案的核心和亮点。此外,随着项目的持续推进,我们继续出版《聚核心素养 做学科规划:义务教育学期课程纲要精选》,探索学科教研组、备课组如何集聚专业力量,规划全学科、全学期、全师生的课程教学安排,确保国家课程的育人蓝图专业地转化为课堂的生动实践。之后,我们还将出版《新教案Ⅰ:小学单元学历案精选》《新教案Ⅱ:初中单元学历案精选》《新教研:学为中心的课例研究》等。

两年来的项目实践改变了一大批教研员、校长、老师的观念和行动,我们感到由衷的欣慰!天河区义务教育正走向高质量的发展,我们无比憧憬!值此书出版之际,我谨代表天河教育人对给予此项目支持、指导的所有专家和参与此项目的全体同仁表示衷心的感谢!此外,我要把特别的感谢献给你们:华东师范大学课程与教学研究所的每位专家、广东省教育研究院傅湘龙院长、广东省教育厅基信处赵琦处长、广州市教育研究院方晓波院长,以及华东师范大学出版社教育心理分社彭呈军社长!因为有你们,天河行动才有方向!

第一部分

学期课程纲要精选

道德与法治(五年级上)课程纲要

基本信息

课程名称:道德与法治

课程类型:国家课程

教材来源:人民教育出版社义务教育教科书·道德与法治(五年级上册)

适用对象:五年级学生

课时安排:36课时

设计者:马可、王爱伦、陈思颖、聂亚婷/广州市天河第一小学

指导老师:徐攀/广州市天河区教师发展中心

课程目标

1. 通过情境演绎、制作 Vlog、辩论赛等方式,联系个人实际,学习安排课余生活,掌握与他人沟通的方法,养成健康的生活习惯。

2. 通过开展班委选举、商讨班级事务等活动,了解民主管理的规则和程序,增强集体荣誉感与团队凝聚力。

3. 通过推介会、资料收集与整理、知识竞赛等方式,感受祖国辽阔的国土、壮丽的山河和不同的风土人情,了解中华民族对人类文明的贡献,树立文化自信,产生民族自豪感和责任感。

课程内容

单元主题	单元内容	单元大任务	课时
分享学期课程纲要			1
第一单元 面对成长中的新问题	1. 自主选择课余生活 2. 学会沟通交流 3. 主动拒绝烟酒与毒品	开展"勃勃生机展风采,我是健康生活代言人"活动,制作宣传健康生活方式的 Vlog。	9

(续表)

单元主题	单元内容	单元大任务	课时
第二单元 我们是班级的主人	4. 选举产生班委会 5. 协商决定班级事务	开展"彬彬有礼树新风,争做班级小主人"活动,讨论、撰写与落实班级提案,参与民主管理。	6
第三单元 我们的国土 我们的家园	6. 我们神圣的国土 7. 中华民族一家亲	开展"一方水土,一方生活"中国风土人情推介会,制作能体现中国风土人情的明信片。	6
第四单元 骄人祖先 灿烂文化	8. 美丽文字　民族瑰宝 9. 古代科技　耀我中华 10. 传统美德　源远流长	开展"千年文明奇妙游,匠人精神我传承"活动,组织班级"中华文化知多少"知识竞赛。	11
课程总结与评估			1
期末复习	复习本学期主干知识		2

课程实施

(一) 课程资源

1. 阅读资源:《了不起的中国古代科技》《写给儿童的中国历史》《中国古代科学家故事》。

2. 社会资源:广东省博物馆(历史文化陈列、相关主题展览、粤博讲座等资源);社区禁毒宣传展。

(二) 学习活动

1. 了解学期课程纲要,明确各单元大任务,围绕单元大任务开展单元主题活动,组织学习成果分享活动。

2. 通过情境演绎、小组合作、辩论赛、知识竞答等方式,参加"我是健康生活代言人""中国风土人情推介会""中华文化知多少"等活动。

3. 走进社区,积极参与社区举办的展览、科普及志愿活动。

4. 参观博物馆,小组合作进行研学探究。

课程评价

学期总成绩=过程评价成绩(40%)+结果评价成绩(60%)。

（一）过程评价

1. 课堂表现评价

评价要素	自评	小组评	教师评
	经常做到:4分;偶尔做到:3分;很少做到:1分		
1. 能做好课前准备,遵守课堂纪律			
2. 能认真倾听,及时做笔记			
3. 能主动思考,积极发言,善于提问			

2. 实践过程评价

评价要素	自评	小组评	教师评
	经常做到:4分;偶尔做到:3分;很少做到:1分		
1. 能积极主动地与小组成员配合			
2. 能文明和谐地进行人际交流,耐心倾听、吸纳他人观点			
3. 参与展示时,能认真倾听、表达和应对			

3. 实践成果评价

实践主题	评价要素	自评	小组评	教师评
		优:4分;良:3分;合格:1分		
1. 宣传并践行健康的生活方式	1-1 能围绕主题展现小学生的健康生活 1-2 展现形式新颖,有创意,整体效果好			
2. 撰写并落实班级提案	2-1 结合班级实际撰写提案,提案内容具体可行、可操作,具有建设性和借鉴性 2-2 能遵循班级管理的规则和程序,与同学协商提案的落实方式			

(续表)

实践主题	评价要素	自评	小组评	教师评
		优:4分;良:3分;合格:1分		
3. 制作中国风土人情明信片	3-1 重点突出,能展现中国风土人情特色 3-2 版面设计美观			
4. "中华文化知多少"知识竞赛	4-1 能主动参与竞赛题库制作或积极参与竞赛答题			

(二)结果评价

结果评价以天河区教育行政部门关于学科测评的相关要求和建议为参照。

(三)评价结果呈现

学期总评成绩采用等级制,将分数换算成等级制的要求及标准为:A≥80分;70分≤B<80分;60分≤C<70分;D<60分。

设计说明

(一)设计依据

本纲要依据《义务教育道德与法治课程标准(2022年版)》,紧扣教材教参,并结合五年级学生学情而设计。

1. 课标要求

《义务教育道德与法治课程标准(2022年版)》明确提出,本课程旨在培养学生政治认同、道德修养、法治观念、健全人格、责任意识五大核心素养。以核心素养和学段特点为导向,课标对第三学段的学业质量要求更加突出国家意识和公民意识教育。

2. 教材分析

根据"健康成长""学校生活""热爱祖国与民族团结""中华文化"四个学习主题,本册教材分别安排了"面对成长中的新问题""我们是班级的主人""我们的国土 我们的家园""骄人祖先 灿烂文化"四个单元共10课内容,聚焦学生成长中的新问题,承接一、二学段学校生活领域内容,并逐步扩展到国家层面,培养学生热爱家乡、热爱祖国的情感。

3. 学情分析

五年级学生的认知水平、参与管理班级事务的意识和能力虽然在不断提高,但在自我成长、学校生活中,仍然会遇到许多新问题。同时,伴随着生活领域的不断扩大,学生的视野也进一步拓展,其中包含了对祖国和社会生活的认识。他们需要通过学习,多方面认识和了解祖国,树立领土主权意识,增进对家乡、祖国的热爱之情。

(二) 设计创意

根据《义务教育道德与法治课程标准(2022年版)》内容及要求,结合教材和学情分析,制定学期学习目标。将学生真实的生活情境引入课堂,通过主题活动、生活实践促进学生的道德发展。

(三) 教学建议

1. 本册教材围绕学习活动设计,要从本班学生的学情出发设计相应的学习任务。
2. 将本学科教学与其他学科的相关主题活动及学校的德育活动进行整合。
3. 坚持素养导向,注重过程评价,从多角度进行学习反馈,引导学生自主学习。

道德与法治(七年级下)课程纲要

基本信息

课程名称:道德与法治

课程类型:国家课程

教材来源:人民教育出版社义务教育教科书·道德与法治(七年级下册)

适用对象:七年级学生

课时安排:36 课时

设计者:钟雪芳、曹玲/广州市长兴中学;刘嘉宜、张雪莹/广州市第八十九中学

指导老师:廖文义、唐素丽/广州市天河区教师发展中心

导入

亲爱的同学们,在七年级上册的学习中,你已学习如何与同伴、老师和家人交往,七年级下册将继续关注我们成长中的问题与矛盾,围绕"青春时光""做情绪情感的主人""在集体中成长""走进法治天地"四个主题进行学习,为八年级的学习作好铺垫。

课程目标

通过本学期的学习,你将掌握以下几点:

1. 以"青春 AB 面"为议题,探讨青春期的生理和心理特点,学会悦纳自我,塑造健全人格。

2. 以"在调节情绪和品味情感中成长"为议题,掌握调节负面情绪的方法,学会传递情感正能量,塑造健全人格。

3. 以冬奥会、世界杯足球赛的感人事迹为例,理解个体与集体的关系,学会处理个人和集体之间的矛盾和冲突,增强责任意识。

4. 以"我们与法同行"为议题,了解法治在保障个人生活和推动国家治理现代化中的重要作用,增强法治观念。

课程内容

单元主题	单元内容	单元大任务	课时
分享学期课程纲要			1
第一单元 青春时光	1.1 悄悄变化的我 1.2 成长的不仅仅是身体 2.1 男生女生 2.2 青春萌动 3.1 青春飞扬 3.2 青春有格 第一单元练习及讲评	开展"青春 AB 面"讨论会,绘制手抄报《我的青春不迷茫》。	8
第二单元 做情绪情感的 主人	4.1 青春的情绪 4.2 情绪的管理 5.1 我们的情感世界 5.2 在品味情感中成长 第二单元练习及讲评 期中复习与阶段性小结	开展我的情绪情感分享会,制作《情绪管理手册》。	8
第三单元 在集体中成长	6.1 集体生活邀请我 6.2 集体生活成就我 7.1 单音与和声 7.2 节奏与旋律 8.1 憧憬美好集体 8.2 我与集体共成长 第三单元练习及讲评	结合冬奥会和世界杯足球赛的感人事迹,制作"我为班集体作贡献"的行动方案。	8
第四单元 走进法治天地	9.1 生活需要法律 9.2 法律保障生活 10.1 法律为我们护航 10.2 我们与法律同行 第四单元练习及讲评	开展"我们与法同行"案例分析会,参加守法少年宣誓活动。	7
期末复习总结			4

课程实施

(一) 课程资源

1. 配套练习:《阳光学业评价》。

2. 本学期推荐阅读与观看:阅读《青春,羞涩的"小痘痘"》《坏情绪惹出大麻烦》;观看 2022 年北京冬奥会比赛、2022 年世界杯足球赛决赛、《今日说法》特别节目《以法护航》。

3. 网络资源:利用网络资源,丰富课程学习资源。

人民教育出版社:https://www.pep.com.cn。

国家中小学智慧教育平台:https://basic.smartedu.cn。

广州共享课堂:gxkt.gzjkw.net。

(二) 学习活动

1. 通过阅读与观看推荐的课程资源,丰富知识拓展视野。

2. 通过议题学习、情境体验、案例分析等,结合教师的讲解与归纳,完成课后作业,掌握本册书的核心知识。

3. 通过完成四个单元大任务来开展主题学习活动,丰富实践体验,促进知行合一。

课程评价

(一) 评价方式

学期总评价由两部分内容组成:过程评价(占 30%)和结果评价(占 70%)。

1. 过程评价(30%)

过程评价=课堂学习评价(10%)+书面作业评价(10%)+活动作业评价(10%)。

(1) 课堂学习评价:对课堂自主学习情况、小组合作学习情况进行评价。

(2) 书面作业评价:对作业完成情况、订正效果进行评价。

(3) 活动作业评价:对单元主题活动的完成情况进行评价。

过程评价表						
评价内容	评价要点	分值	自评	组评	师评	平均分
课堂学习评价	能认真听课,记笔记	5				
	能积极参与课堂活动	5				

(续表)

评价内容		评价要点		分值	自评	组评	师评	平均分
作业评价	书面作业评价	能独立、认真完成作业		5				
		能认真订正错题并进行反思		5				
	活动作业评价	制作手抄报《我的青春不迷茫》	1. 围绕"青春期的我",正确表达对青春的认识 2. 版面设计新颖、有创意,整体效果好	2				
		制作《情绪管理手册》	1. 结合所学知识和生活经验,分享科学的情绪调节方法 2. 方法具体可行	3				
		制作行动方案《我为班集体做贡献》	1. 方案符合班级的实际情况 2. 方案具有建设性和借鉴性	3				
		参加守法少年宣誓活动	1. 内容体现对法治的正确认识 2. 在活动中做到神情庄重、严肃认真	2				
评分说明: 根据实际情况选择相对应的分数进行评价,然后汇总得分。				总评				

2. 结果评价(70%)

结果评价以天河区学业水平质量监测成绩为依据,将得分按其权重进行百分制换算。

3. 学期总评

学期总评=过程评价(30%)+结果评价(70%)。

(二) 评价结果处理

学期总评成绩满分为 100 分,按分数划分为 A、B、C、D、E 五个等级,分别为:A≥

90 分;80 分≤B＜90 分;70 分≤C＜80 分;60 分≤D＜70 分;E＜60 分。

设计说明

(一) 设计依据

1. 课标要求

以《义务教育道德与法治课程标准(2022 年版)》中第四学段的课程目标、课程内容和学业质量为依据,结合教材和学情制定本学期学习目标。本学期的重点是开展生命安全与健康教育、法治教育和中华优秀传统文化教育,引导学生正确认识自己,正确处理个人与他人、集体、社会、国家的关系,塑造健全人格,增强责任意识和法治观念。

2. 教材要求

统编版七年级下册《道德与法治》教材按照四个主题编排内容,分别是"青春时光""做情绪情感的主人""在集体中成长""走进法治天地"。主题紧密结合学生进入青春期的生活实际,引导学生珍惜青春时光,学会调节情绪和品味情感,学过集体生活,增强法治观念,不断完善自我,努力成长为社会主义建设者和接班人。

3. 学情分析

七年级学生的认知能力不断提升,通过之前的学习,已具备了一定的学科知识和思维品质,在课前预习、活动参与等方面都积累了一定的经验。结合本册书的单元主题,我们将从学生生活和社会生活中选取典型、鲜活的案例,采用议题学习、体验式学习等方式,引导学生思考、分辨、体悟,在碰撞与交流中达成共识,形成正确的认知。

(二) 设计创意

设计紧扣《义务教育道德与法治课程标准(2022 年版)》的要求。学生通过参与四个单元的大任务来开展主题学习活动;教师运用过程评价和结果评价,实现教学评一致性,落实本学期的课程要求,培育学生的核心素养。

(三) 教学建议

本学期的课程内容与心理学科、班级管理联系密切,建议可以尝试开展跨学科的项目式学习。

语文(三年级下)课程纲要

基本信息

课程名称:语文

课程类型:国家课程

教材来源:人民教育出版社义务教育教科书·语文(三年级下册)

适用对象:三年级学生

课时安排:126课时

设计者:孙怡、王舒儿/广州市天河区侨乐小学

指导老师:陈燕/广州市天河区教师发展中心

课程目标

1. 通过查阅字典、阅读文本、参加汉字书写比赛等方式,识记250个汉字,会写250个生字,规范、端正、整洁地书写硬笔楷体,感受汉字的书写特点和形体美,初步感受汉字的文化内涵。

2. 通过联系上下文展开想象等方法,理解词句的意思,初步把握文章的主要内容,表达对文章主题、优美语言的阅读感受,将阅读方法在课外阅读中进行实践运用,进一步提升阅读能力和审美情趣。

3. 通过读书交流会、综合性学习等实践活动,与他人分享故事内容、阅读感受和学习成果,学会观察周围世界,不拘形式地写下自己的见闻、感受和想法,尝试在习作中运用平时积累的语言材料,进一步提升语言文字的表达与交流能力。

4. 通过分类整理学过的字词来了解汉字的特点;结合语文学习,尝试用表格、图像等方法呈现参与语文实践活动的观察与探究所得;有目的地收集资料,尝试运用语文并结合其他学科知识解决学习和生活中的问题,提升合作、解决问题的能力。

课程内容

单元主题	单元内容	单元大任务	课时
	分享学期课程纲要		1
第一单元 可爱的生灵	1.《古诗三首》 2.《燕子》 3.《荷花》 4.《昆虫备忘录》 口语交际：春游去哪里 习作：我的植物朋友 语文园地一	开展"植物博览会"活动。参观校园，选择一种植物进行观察，填写好"植物记录卡"，根据观察写一写这种植物，并把笔下的植物推荐给家人	13
第二单元 寓言故事	5.《守株待兔》 6.《陶罐和铁罐》 7.《鹿角和鹿腿》 8.《池子与河流》 口语交际：该不该实行班干部轮流制 习作：看图画，写一写 语文园地二 快乐读书吧：小故事大道理	学校书香节活动即将开始，三年级各班将开展"寓言故事走江湖"活动。请你在《中国寓言》《伊索寓言》《克雷洛夫寓言》中挑选一个印象深刻的故事，以个人或小组合作的方式向大家讲述故事，并说说阅读感受	14 （其中2课时用于开展阅读分享会）
第三单元 综合性学习： 中华传统文化	9.《古诗三首》 10.《纸的发明》 11.《赵州桥》 12.《一幅名扬中外的画》 综合性学习：中华传统节日 语文园地三	开展"我最喜爱的传统节日"推荐会。请你和小组组员共同选取一个传统节日，并进行深入了解，在推荐会上把你们了解到的内容通过手抄报、手工制作等方式清楚地介绍给同学们	20 （其中7课时用于举办综合性学习汇报展示）
第四单元 观察与发现	13.《花钟》 14.《蜜蜂》 15.《小虾》 习作：我做了一项小实验 语文园地四	记录我的小实验。选择一个小实验，动手操作，并留心观察实验中事物的变化，把实验过程写清楚	13
第五单元 习作单元	16.《宇宙的另一边》 17.《我变成了一棵树》 习作例文 习作：奇妙的想象	学校公众号"想象岛"专栏征稿了！同学们可以向专栏投稿想象故事作品，并作为评委评选出"想象大王"，其作品将被刊登在专栏上	9

(续表)

单元主题	单元内容	单元大任务	课时
第六单元 多彩童年	18.《童年的水墨画》 19.《剃头大师》 20.《肥皂泡》 21.《我不能失信》 习作：身边那些有特点的人 语文园地六	缤纷童年人物秀——发现你身边那些有特点的人及有趣的事。通过制作趣味人物卡，动笔写人物，分享身边有特点的人和有趣的事	13
第七单元 奇妙的世界	22.《我们奇妙的世界》 23.《海底世界》 24.《火烧云》 口语交际：劝告 习作：国宝大熊猫 语文园地七	寻找藏在身边的奥秘。把你平时生活中的探索发现介绍给同学们，注意要从不同方面把事物的特点介绍清楚	13
第八单元 有趣的故事	25.《慢性子裁缝和急性子顾客》 26.《方帽子店》 27.《漏》 28.《枣核》 口语交际：趣味故事会 习作：这样想象真有趣 语文园地八	班级将开展"故事推荐官"趣味故事会，请挑选一个你最喜爱的故事进行分享，并给学弟学妹列一份故事书单	14 (其中2课时用于开展阅读分享会)
	期末复习总结		16

课程实施

（一）课程资源

1. 练习：《阳光学业评价》。

2. 推荐共读书目：《中国古代寓言》《伊索寓言》《克雷洛夫寓言》。

3. 推荐选读书目：《大林和小林》《孙悟空在我们村里》《"下次开船"港》《方帽子店》。

（二）学习活动

1. 在每个单元学习过程中，自主归类整理单元课文中的多音字、形近字、易错字词等内容。

2. 利用三年级的巧艺书法课,每月进行一次规范汉字书写比赛。

3. 在每月一次的课堂朗诵会上展示自己所积累的古诗词、文言文、经典美文等。

4. 自主制订课外阅读计划,坚持每天阅读至少半小时,完成本学期三本共读书目的阅读和至少一本选读书目的阅读。

课程评价

(一) 评价方式

按照"双减"要求,三年级第二学期进行一次纸笔考试,学期总评价由两部分内容组成:过程评价(占40%)和结果评价(占60%)。

1. 过程评价(40%)

过程评价=课堂学习评价(10%)+作业评价(10%)+专项评价(20%)。

(1) 课堂学习评价:乐于用普通话围绕话题与人交流,认真倾听别人说话并能把握主要内容,能清楚明白地说出自己的感受和想法,乐于进行小组合作学习。

(2) 作业评价:对作业完成情况、上交时间、订正效果进行观察记录。

(3) 专项评价。

评价板块	评价内容	自评	他评	总评
		优:5★;良:4★;待进步:3★		
识字写字	1. 能借助工具书主动识字		/	
	2. 写字姿势正确,书写规范、端正、整洁			
	3. 自主整理多音字、形近字、听写或习作中的错别字			
	4. 能在真实的语言文字运用情境中独立识字与写字		/	
口语交际	1. 能根据话题需要乐于分享自己的见闻、感受和想法,参与了____次分享交流			
	2. 能抓住他人发言的主要内容并简要转述			
习作	1. 乐于进行书面表达及分享,完成了____次习作和小练笔			
	2. 留心观察,大胆想象。习作获得_____优,_____良			
	3. 能及时修改自己的习作,整理成册			

（续表）

评价板块	评价内容	自评	他评	总评
		优:5★;良:4★;待进步:3★		
课外阅读	1. 能自主制作阅读计划表，按时开展阅读并加以记录。本学期一共读了_____本书			
	2. 能讲述或复述寓言和童话故事内容，分享阅读所得			
	3. 用其他方式展示阅读收获或所得			
综合性学习	1. 乐于参与，主动搜集、整理信息和资料			
	2. 乐于分享，能用多种方式展示对"中华传统节日"的探究和学习成果			
积累	能背诵、默写本册古诗、名言等内容			
突出表现：积极参与校内外的读书、征文、综合性学习等活动并获得奖项，可加5★				

2. 结果评价（60%）

结果评价以纸笔测试（满分100分）评分标准为依据。

3. 学期总评

学期总评＝过程评价（40%）＋结果评价（60%）。

（二）评价结果处理

以上三项内容按百分制计算，所有成绩最后将被转化为对应等级：A≥85分；75分≤B＜85分；60分≤C＜75分；D＜60分。

设计说明

（ ）设计依据

1. 课标要求

以《义务教育语文课程标准（2022年版）》中"识字与写字""阅读与鉴赏""表达与交流""梳理与探究"四大语文实践活动板块的年段要求，三大学习任务群的学段学习内容以及学业质量学段描述为主要依据，结合教材内容及学情，制定本学期学习目标。相较于第一学段，课标对第二学段的学习要求有较大提升，更注重学习方法的积累和运用，更关注与他人交流阅读感受、收获或困惑，更重视学以致用，提高用语文来解决问题的能力。

2. 教材分析

本册教材共安排了八个单元,其中"可爱的生灵""寓言故事""观察与发现""多彩童年""奇妙的世界""有趣的故事"这六个单元是常规单元,"中华传统文化"是综合性学习单元的主题,这是全套教材中第一个综合性学习单元,主要是引导学生初步学习小组分工合作,收集资料,并展示收集的成果,为后续综合性学习打好基础。习作单元的主题是"大胆想象",教材并未在具体的习作方法上有过多指导,而是重在培养学生放飞思绪、大胆想象的意识和习惯,为学生未来的习作能力发展奠定基础。本册教材体裁多样,内容生动,既体现了鲜明的时代特色,也弘扬了中华优良传统,增强了学生的民族自尊心和自信心,激发其热爱祖国语言文字的情感。

3. 学情分析

通过之前的学习,学生具备了一定的语文学习基础。在词语理解、文段理解、观察写话等方面都积累了一定的经验,对周围的世界有好奇心,乐于观察大自然,也乐于分享自己的感受和想法。本学期新增了综合性学习单元,在理解词、句、段方面也提出了更加明确的要求,学生的理解、概括、想象能力需进一步提高。

(二) 设计创意

根据《义务教育语文课程标准(2022年版)》内容及要求,结合教材和学情分析,制定了学期学习目标。以单元大任务串联单元学习内容,创设具体、真实的生活情境,使语文学习与生活实际紧密相连,通过整本书阅读切实推进语文大阅读。

(三) 教学建议

1. 本册教材通过寓言故事、古诗词、童话等多种形式向学生传递正能量,引导学生热爱祖国、实事求是、勤劳勇敢。

2. 以多种活动为平台,使学生在活动中学会运用新知识解决实际问题,并进一步将自己的学习收获运用到实际生活中。

3. 注重过程评价。以过程评价促进学生不断调整学习状态,积累学习方法,获得良好的学习体验,提升自身核心素养。

语文(五年级下)课程纲要

基本信息
课程名称:语文
课程类型:国家课程
教材来源:人民教育出版社义务教育教科书·语文(五年级下册)
适用对象:五年级学生
课时安排:126课时
设计者:冯硕、刘鸣、陈秋萍、宣文婷/广州市天河区华阳小学
指导老师:陈燕/广州市天河区教师发展中心

课程目标
同学们,你知道本学期语文学习之旅的目的地吗?

1. 通过查找工具书、大量阅读等方式进行自主识字,在小组共学、书写比赛等活动中,识记200个汉字,会写180个生字,感受汉字构字组词特点;书写整齐,力求美观,体会汉字蕴含的智慧。

2. 通过联系上下文、结合生活积累等阅读方法,推想关键词句的意思;抓住动作、语言和神态描写,评价人物;迁移课内习得的阅读方法,进行大量拓展阅读,体会作品的情感,表达自己的审美体验,提高感受美、发现美的能力。

3. 通过阅读分享会、单元汇报展示等实践活动,有条理地表达自己的观点或看法;留心观察生活,运用阅读中习得的表达方法,内容具体、感情真实地写下自己的见闻和感受,提高语言表现力。

4. 通过查找资料、整理资料、运用资料,策划简单的校园活动,学写简单的研究报告,在活动中提升合作、分析和解决问题的能力。

课程内容

单元主题	单元内容	单元大任务	课时
分享学期课程纲要			1
整册书通读（以学定教单元教学课型）			8
第一单元 童年往事	1.《古诗三首》 2.《祖父的园子》 3.《月是故乡明》 4.《梅花魂》 口语交际：走进他们的童年岁月 习作：那一刻，我长大了 语文园地	童年岁月大家谈，喜怒哀乐共回味。班级将举办童年趣事分享会，分享自己的童年故事，聊经历、谈感受，并记录下来，出版班级童年故事集	14
第二单元 走近中国 古典名著	5.《草船借箭》 6.《景阳冈》 7.《猴王出世》 8.《红楼春趣》 口语交际：怎么表演课本剧 习作：写读后感 语文园地 快乐读书吧：读古典名著，品百味人生	趣谈古典名著，荟萃中华经典。班级将开展"寻共读好友"的读书活动。通过共同制作人物卡、制作海报、表演课本剧、写读后感等方式表达自己的阅读感受，交流名著阅读方法	14
第三单元 综合性学习： 遨游汉字王国	汉字真有趣 我爱你，汉字	横竖撇捺有乾坤，一笔一画成文章。班级将开展研究汉字演变、姓氏等专题的汉字探究活动，小组合作撰写研究报告	9
第四单元 责任	9.《古诗三首》 10.《青山处处埋忠骨》 11.《军神》 12.《清贫》 习作：他_____了 语文园地	字里行间众生相，大千世界你我他。观察班级内一名同学及其典型事例，记录成文，汇编"班级人物图谱"	14
第五单元 一个特点 鲜明的人	13.《人物描写一组》 14.《刷子李》 习作例文 习作：形形色色的人		10

(续表)

单元主题	单元内容	单元大任务	课时
第六单元 思维的火花	15.《自相矛盾》 16.《田忌赛马》 17.《跳水》 习作：神奇的探险之旅 语文园地	荒野求生——我们去探险吧！编探险故事，进行"神奇的探险之旅"故事分享会	14
第七单元 异域风情	18.《威尼斯的小艇》 19.《牧场之国》 20.《金字塔》 口语交际：我是小小讲解员 习作：中国的世界文化遗产 语文园地	足下万里，大千世界任我游。制订一份暑假研学计划，选定目的地，搜集资料，按一定顺序讲述	14
第八单元 语言的智慧	21.《杨氏之子》 22.《手指》 23.《童年的发现》 口语交际：我们都来讲笑话 习作：漫画的启示 语文园地	一本正经讲笑话。原创或收集一则内容积极向上的笑话，在班级"笑话大会"上进行成果展示	14
期末复习与检测			14

课程实施

(一) 课程资源

1. 阅读资源：《水墨菱塘》《孟子》《琦君散文：粽子里的乡愁》《红岩》《冰心散文精选》《父亲》《呼兰河传》《三国演义》《少年读史记》《手指》。

2. 网络资源：国家中小学智慧教育平台、广州共享课堂。

(二) 学习活动

1. 主题分享汇报：了解学期课程纲要，明确各单元大任务。围绕各单元大任务，班级开展单元主题阅读分享、习作展示及单元汇报展示等活动。

2. 综合学习活动：开展"遨游汉字王国"综合性学习活动，小组合作撰写研究报告；开展"大千世界任我游"跨学科学习活动，制订暑假研学计划。

3. 校园学科活动：通过课内外阅读、朗读、背诵、书写等方式，积累丰富的语言材料，参加"林和雅诵""语文素养比赛""课外阅读素养测评"等活动。

课程评价

(一) 评价方式

本学期总评由两部分组成:过程评价(40%)和结果评价(60%)。

1. 过程评价(40%)

过程评价=学习习惯+学业水平(专项评价)。

评价板块	评价项目	评价内容	自评	组评	师评
			优秀:3分;良好:2分;待努力:1分		
学习习惯	课堂表现	1. 认真倾听,积极思考,能够表达自己的观点与见解			
		2. 参与合作学习,与小组成员一起完成学习任务			
	作业表现	3. 每天坚持阅读30分钟,在本单元学习中共读(　)本书,约(　)万字		/	
		4. 认真完成单元作业		/	
	个体进步	5. 在"倾听/发言/阅读/书写/小组合作学习"中,有一个方面表现进步			
学业水平	识字写字	6. 积极参与朗读、书写活动,在"阅读登记本"上积累富有表现力的词句		/	
	阅读鉴赏	7. 按顺序概括主要内容,结合关键语句评价文本主要事件及人,通过多种方式记录自己的阅读体验		/	
		8. 运用课内学到的阅读方法,理解作品内容,表达自己的观点;在阅读分享会上,有条理地与同伴分享交流			
学业水平	表达交流	9. 善于观察生活,乐于参与讨论,敢于发表自己的见解,组织参与口语交际活动,完成本次习作			
	梳理探究	10. 搜集资料,综合运用各学科知识解决学习与生活中的问题,用多种方式展示个人或小组的学习成果			
家长寄语:			综合得分:		

备注:过程评价每单元进行一次,"评价内容"可修改。

2. 结果评价(60%)

期末参加天河区学业水平测试,结果评价以天河区纸笔测试评分标准为依据。

(二) 评价结果处理

以上两项内容按各自权重百分制计算,所有成绩最后转化为对应等级:A≥80 分;70 分≤B＜80 分;60 分≤C＜70 分;D＜60 分。

设计说明

五年级下册课程纲要主要依据课程标准、教材、学情以及学校课程实施方案进行编制。

(一) 设计依据

1. 课标要求

依据《义务教育语文课程标准(2022 年版)》"识字与写字""阅读与鉴赏""表达与交流""梳理与探究"四大语文实践活动板块的年段要求,结合学业质量要求和五年级下册教材内容,制定了指向核心素养的学期课程目标。相较于第一、二学段,课标对第三学段的要求有明显提高,更注重独立阅读能力,更注重基于理解的梳理和表达,更注重在真实情境中解决问题的能力。

2. 教材分析

人教版统编语文五年级下册共有八个单元,其中六个单元是以人文主题和语文要素双线结构的形式组成的,人文主题分别是"童年往事""走近中国古典名著""责任""思维的火花""异域风情""语言的智慧"。有两个单元较特殊,第五单元"一个特点鲜明的人"是一个习作单元,围绕习作能力的培养编排;第三单元"遨游汉字王国"是一个综合性学习单元,围绕汉字和汉字文化编排,这也是教材第一次设置单元整组的综合性学习内容,自成体系,以活动贯穿始终,以任务驱动的方式带动整个单元的学习。本册教材课文内容生动,题材多样,既体现了鲜明的时代特色,也弘扬了中华优良传统,彰显了文化自信。

3. 学情分析

五年级学生在学校大阅读的持续推进下,有良好的阅读习惯和大量的阅读积累,能抓住要点描述事件,表达自己的阅读感受;具有一定的抽象思维能力,对事物有一定的见解,能就社会现象等发表自己的观点。在语文学习中,学生的分析、归纳能力和合作学习能力需要进一步提升。

(二) 设计创意

基于"教学评一致性"原则,将课程评价嵌入学习过程,落实课程目标。本学期的过程评价分为日常评价与专项评价,注重学生学习习惯养成与学业水平表现,指向语文核心素养。评价主体多元,由学生、同伴、教师共同评价。每一项评价内容对应的"优秀""良好""待努力"都有相应的评分标准,可以真实、完整地记录学生在单元学习中参与语文实践活动的整体表现,帮助学生学会在反思中不断成长。

(三) 教学建议

用好教材,体现教材的育人价值。单元大任务具有情境性、实践性与综合性。根据单元学习目标设计单元大任务时,要体现单元学科实践的内容,协调每一个单元大任务之间的关系,分别指向不同的核心素养。例如,第一单元的童年故事会兼有口头表达与书面表达,指向语言运用与审美创造;第三单元的汉字探究活动,旨在培养学生的文化自信;第六单元的编写探险故事活动,旨在培养学生的思维能力等。

语文(六年级上)课程纲要

■ 基本信息

课程名称:语文

课程类型:国家课程

教材来源:人民教育出版社义务教育教科书·语文(六年级上册)

适用对象:六年级学生

课时安排:126课时

设计者:张莹莹、陈思颖、马可/广州市天河第一小学

指导老师:刘江明/广州市天河区教师发展中心

■ 课程目标

1. 通过运用学过的识字方法,累计认识常用汉字3 000个,学会书写180个常用汉字,达到美观的效果,能保证一定速度,养成良好的书写习惯,在书写中体会汉字之美。

2. 通过联系上下文和自己的积累,能推想关键词句的意思,体会其表达效果;抓住课文中描述的场景、人物、细节等,体会作者蕴含的情感,有条理地表达自己的观点和感受;运用习得的阅读方法,主动进行课外阅读,在阅读中感受中华优秀传统文化的源远流长,体会语文学习的快乐。

3. 通过课前演说、美文分享、习作展示等语文活动,在不同话题的交流活动中表达自己的观点,敢于提出自己的看法;养成留心观察周围事物的习惯,积累写作素材,运用习得的表达方法,提高语言表达能力,体验习作乐趣,乐于表达。

4. 通过搜集、筛选、梳理与整合有用信息,有意识地丰富自己的见闻,学写倡议书;在语文实践活动中,开展跨学科学习活动,运用语文知识解决问题,提升自己的思维能力。

课程内容及实施

单元主题	单元内容	学习活动	课时
分享学期课程纲要			1
第一单元 触摸自然	1.《草原》 2.《丁香结》 3.《古诗词三首》 4.《花之歌》 习作:变形记 语文园地	说说我生活的世界:通过演说、明信片制作等方式,分享最打动我的景和情(来自课文、生活、想象等),做到把重点部分详细地分享给大家	13
第二单元 革命岁月	5.《七律·长征》 6.《狼牙山五壮士》 7.《开国大典》 8.《灯光》 9.《我的战友邱少云》 口语交际:演讲 习作:多彩的活动 语文园地	我是峥嵘岁月见证人:通过编排、展演课本剧,感受革命先辈的崇高品质,致敬自己崇敬的人物	15
第三单元 阅读策略	10.《竹节人》 11.《宇宙生命之谜》 12.《故宫博物院》 习作:_____让生活更美好 语文园地	共享美好生活:通过开展跨学科学习活动,分享趣味手工制作过程、自己喜欢景点的路线等,感受生活的美好	13
第四单元 小说单元	13.《桥》 14.《穷人》 15.《金色的鱼钩》 口语交际:请你支持我 习作:笔尖流出的故事 语文园地 快乐读书吧	班级习作专栏征稿啦:开启班级习作专栏征稿活动,我们可以创编小说进行投稿,评选"小说家",并将其作品张贴在专栏里展出	14
第五单元 习作单元	16.《夏天里的成长》 17.《盼》 习作例文:爸爸的计划/小站 习作:围绕中心意思写	探索成长的世界:结合在校园"蔬菜种植基地"开展的活动,把平时探索中的发现介绍给同学们,注意要围绕中心意思,把事物的特点介绍清楚	11

(续表)

单元主题	单元内容	学习活动	课时
第六单元 保护环境	18.《古诗三首》 19.《只有一个地球》 20.《青山不老》 21.《三黑和土地》 口语交际:意见不同怎么办 习作:学写倡议书 语文园地	我是地球守护者:与道法、科学、美术、劳动、综合实践学科合作,参与绘制宣传海报、录制环保宣传片、学写环保倡议书等活动	15
第七单元 艺术之美	22.《文言文二则》 23.《月光曲》 24.《京剧趣谈》 口语交际:聊聊书法 习作:我的拿手好戏 语文园地	"灼灼其华 展我风采":结合学校艺术节,与音乐、美术、综合实践学科整合,开展活动,通过参观、实操,了解粤剧、粤绣等历史,分享学习的心得与成果	14
第八单元 走近鲁迅	25.《少年闰土》 26.《好的故事》 27.《我的伯父鲁迅先生》 28.《有的人——纪念鲁迅有感》 习作:有你,真好 语文园地	"致敬鲁迅先生"围读会:结合所读作品写推荐语及推荐材料,轮流分享,听众可补充分享或回复批注;深入阅读,形成阅读经验报告,拓展阅读作者其他作品	15
课程总结与评估			2
期末复习			13

课程评价

学期总评成绩=过程评价(40%)+结果评价(60%)。

1. 过程评价:过程评价成绩(100分)=课堂表现(40分)+作业评价(30分)+语文实践活动(20分)+课外阅读(10分)。

具体操作如下:

评价内容	评价指标	评价方式及等级描述		
		自评（分）	小组评（分）	教师评（分）
课堂表现（40分）	1. 倾听与记录：善于倾听，做好笔记；积极发言，有礼貌地进行补充 2. 思考与表达：积极、主动参与学习，能带着问题读书标注，留下思考痕迹；能有理有据地表达自己的观点；提出自己不懂的问题 3. 合作与互助：积极参与小组探究；能主动积极地帮助同学解决问题	A:8—10 B:5—7 C:1—4	A:8—10 B:5—7 C:1—4	A:15—20 B:7—14 C:1—6
作业（30分）	1. 书写工整，按时上交，正确率高 2. 认真订正错误，主动找老师再次批改 3. 背诵默写主动过关	A:11—15 B:6—10 C:1—5	/	A:11—15 B:6—10 C:1—5
语文实践活动（20分）	1. 积极参与，小组协作，搜集整理，精选内容 2. 目标明确，重点突出，条理清晰，创意表达，自信大方	A:4—5 B:2—3 C:1	A:4—5 B:2—3 C:1	A:6—10 B:3—5 C:1—2
课外阅读（10分）	能定时定量完成阅读任务，做好阅读记录卡，写好读后感，做阅读分享	A:5 B:2—4 C:1	/	A:5 B:2—4 C:1

2. 结果评价：主要以综合纸笔检测评分为准。试卷采用百分制：积累与运用30分＋阅读与鉴赏30分＋表达与交流40分，最终以60％折算。

3. 评价结果处理：学期成绩以等级形式呈现，共分为A、B、C、D四个等级。等级与分值的换算如下：A≥80分；70分≤B＜80分；60分≤C＜70分；D＜60分。

设计说明

（一）设计依据

1. 课标要求

根据《义务教育语文课程标准（2022年版）》中"识字与写字""阅读与鉴赏""表达与交流""梳理与探究"四大语文实践活动板块的年段要求，结合本学段的学业质量要求和本册教材内容特点，制定了指向核心素养的学期课程目标，以提升学生的自主学习、合作探究、解决问题等能力。

2. 教材分析

教材按专题组织单元，共设计了八个专题，学习内容与形式更加丰富多彩，角度更加灵活多样。既保留了传统的优秀篇目，又增加了富有时代感的新课文。综合性学习既培养了学生的语文综合运用能力，同时也加强了语文学习与学生实际生活的联系。

3. 学情分析

六年级学生已经具备较强的阅读能力，能正确把握文章内容，理清课文顺序。根据学生特点，在阅读教学中，引导学生综合运用已有知识和方法，提高自主学习和探究能力。以开展学习活动的方式，体现单元整体教学思路。

(二) 设计创意

本课程纲要编制主要依据《义务教育语文课程标准(2022年版)》，立足教材、学生学情及学科核心素养的发展，设计不同的语文实践活动，创设真实的学习情境，开展跨学科学习，构建实践性学习活动体系，重视过程性评价，从而落实学生核心素养的养成。

(三) 教学建议

以活动为抓手，创设真实的学习情境，开展学科学习活动或跨学科学习活动，引导学生在实践活动中进行单元学习，在情境中学会运用语文知识解决问题。关注学习活动的过程性评价，以评促学，提升学生的关键能力。

语文（七年级下）课程纲要

基本信息

课程名称：语文

课程类型：国家课程

教材来源：人民教育出版社义务教育教科书·语文（七年级下册）

适用对象：七年级学生

课时安排：108课时

设计者：刘媛媛/广州市第八十九中学

指导老师：邵颖/广州市天河区教师发展中心

导语

上个学期我们一起探四季之美，感亲情友情之真，明修身之重和生命之可贵……

本学期我们将歌颂红色血脉，感受脊梁力量；关注凡人小事，唱响"凡人之歌"；重温中国千年飞天梦，一同讲好中国故事。让我们一起开启本学期的语文学习之旅吧！

课程目标

1. 通过查阅课下注释和工具书，认读、书写并理解本学期的字词，能在朗诵时通过语气、语调、节奏表达自己的理解和感受。

2. 通过精读、批注阅读《黄河颂》《木兰诗》等优秀诗文，感受英雄品质、榜样美德、凡人品格，理解作者情感，赓续中国精神，增强文化自信。

3. 通过阅读《陋室铭》《紫藤萝瀑布》等古今文学作品、制作创意明信片等，体会物中志、景中情，表达对自然的观察和思考，提高审美鉴赏能力和创意表达能力。

4. 通过浏览科学探索类作品及组织"天宫圆桌派"分享活动，了解中国千年飞天梦，体会人类探求未知的科学精神，提升语言感悟能力和口语交际能力。

5. 参与策划诗文诵读会、撰写榜样小传、制作人物访谈播客、宣传非遗粤文化等实践活动,在真实情境中提升语言运用能力。

课程内容及实施

单元主题	单元内容	单元大任务	课时
分享课程纲要 感知学期内容	语文(七年级下)课程纲要	了解学习目标及活动,共同完善纲要	1
第一单元 群星闪耀	1.《邓稼先》 2.《说和做——记闻一多先生言行片段》 3.《回忆鲁迅先生(节选)》 4.《孙权劝学》 写作:写出人物的精神	班级开展"榜样星光,照亮征程"课间微视频展播活动。请你和小组组员为本单元的榜样撰写小传,并制作宣传视频	12
第二单元 家国情怀	5.《黄河颂》 6.《老山界》 7.《谁是最可爱的人》 8.《土地的誓言》 9.《木兰诗》 写作:学习抒情 综合性学习:天下国家	年级将开展"奏响红色乐章,赓续革命血脉"朗诵比赛。请结合本单元课文,以小组朗诵的方式,歌颂爱国精魂	14
第三单元 凡人小事	10.《阿长与〈山海经〉》 11.《老王》 12.《台阶》 13.《卖油翁》 写作:抓住细节	采访身边的平凡人,通过录制声音播客,分享我们身边的"平而不凡,传承中华美德"的故事	18
第四单元 中华美德	14《叶圣陶先生二三事》 15.《驿路梨花》 16.《最苦与最乐》 写作:怎样选材 综合性学习:孝亲敬老,从我做起		
名著阅读	《骆驼祥子》圈点与批注	我们将化身祥子,用朋友圈记录"我"的三起三落;探讨祥子的悲剧人生及其成因	12

(续表)

单元主题	单元内容	单元大任务	课时
知识系统梳理及期中考试			3
第五单元 生活哲理	17. 短文两篇 18.《紫藤萝瀑布》 19.《一颗小桃树》 20.《外国诗二首》 21.《古代诗歌五首》 写作:文从字顺	拍摄身边的景/物并制作成明信片;创作温暖的寄语,将其传递给身边的朋友	18
第六单元 科幻探险	22.《伟大的悲剧》 23.《太空一日》 24.《带上她的眼睛》 写作:语言简明	班级将围绕"中国飞天梦"展开圆桌访谈,一同分享千年飞天故事,体会航天精神	12
名著阅读	《海底两万里》快速阅读	挑战复原"鹦鹉螺号",绘航线图,解开尼摩之谜;并尝试续写第23章	12
跨学科学习	25.《活板》 综合性学习:我的语文生活	用对联、宣传语、直播带货等方式,开展"广府非遗推介会"	3
课程复习、总结与评估			3

其他活动:本册教材课后古诗词将分散到各单元,利用早读时间理解和背诵。

课程资源

(一) 文本资源

1. 本学期共读书目:《骆驼祥子》《海底两万里》。

2. 选读文章:《我怎样写〈骆驼祥子〉》。

3. 练习:《阳光学业评价》。

(二) 影音资源

"感动中国十大人物"精选、班级平台播客等。

(三) 网络资源

国家中小学智慧教育平台、广州共享课堂。

课程评价

（一）评价方式

学期评价构成：学期总成绩（100％）＝过程评价成绩（30％）＋结果评价成绩（70％）。

1. 结果评价成绩（共 70 分）

纸笔测试，折合为 100 分后分别按期中测试 20％和期末测试 50％计入。

2. 过程评价（共 30 分）

项目	评价标准	分值	自评	他评	均分
识字与写字	根据语境，借助工具书，独立识字	2		/	
	规范、端正、整洁地书写正楷字	2			
	背诵并准确默写本册古诗文及名句	2			
阅读与鉴赏	熟练运用精读、略读、浏览等方法进行阅读	3		/	
	能梳理课文的主要内容，体会名人传记等作品的情境，结合文本说出体会	3			
	与他人分享自己在阅读中获得的对自然、社会、人生的有益启示	3			
表达与交流	能在朗诵时通过语气、语调、节奏等表达自己的理解和感受	3			
	在"采访身边的平凡人""圆桌访谈"等小组合作和汇报时，能耐心倾听他人观点，并清楚连贯地表达自己的观点	3			
	观察自然之景、凡人小事，抓住细节和特征，在 45 分钟内完成 500 字以上的习作	3			
梳理与探究	通过书刊、网络等方式搜集、整合"榜样星光""天宫圆桌派"等资料	2		/	
	在名著阅读时，能用提纲、思维导图、小论文等形式完整清晰地展现自己的研究	2			
	参与小组合作，综合运用图像、文字、视频、朗诵等方式展示学习成果	2			

（二）评价结果处理

总评成绩等级划分：A≥90 分；80 分≤B＜90 分；70 分≤C＜80 分；60 分≤D＜70 分；E＜60 分。

设计说明

（一）设计依据

1. 课标要求

本课程纲要依据《义务教育语文课程标准（2022 年版）》中的第四学段要求，结合学情和教材，确定单元大任务。

2. 教材要求

七年级下册语文教材分为"人与自我""人与自然""人与社会"三大板块，包含散文、小说、诗歌等文体，单元包含阅读、写作、综合性学习等。

3. 学情分析

七年级的学生已初步具备文学鉴赏能力和阅读课外文言文的能力，但表达与交流、梳理与探究的能力仍需加强。

（二）设计创意

本纲要结合教材语文要素，设计视频展播、诗文朗诵、播客制作、明信片传递等真实情境。学生将在完成学习任务、解决真实问题的语言实践中，关注家庭、校园、社会生活，在生活中学语文、用语文。同时，避免死记硬背、机械训练，增强学习的趣味性和吸引力。

（三）教学建议

在阅读教学上，教师应引导学生根据文本，自主选择朗诵、默读、评述等阅读方式；鼓励学生运用朗诵、视频等方式进行口头交流和书面创作，成为有创意的表达者。在写作教学上，教师可搭建学习支架，启发学生根据不同的语境、对象和目的，选择适切的表达方式和素材，如人物小传、明信片等。在学习情境的创设上，教师应在情境中赋予学生具体身份，使其获得角色认同，进而积极投入到语文实践中。在本学期的各项学习活动中，教师应在指导学生策划、交流、制作、分享的过程中，将语文生活与学习生活、社会生活相结合，实现跨学科学习，在不断学习中提升语言运用能力。

数学(五年级上)课程纲要

基本信息

课程名称:数学

课程类型:国家课程

教材来源:人民教育出版社义务教育教科书·数学(五年级上册)

适用对象:五年级学生

课时安排:90课时

设计者:马伟豪/广州市天河区华景小学;彭楚福/广州市天河区侨乐小学

指导老师:陈艳梅/广州市天河区教师发展中心

课程目标

1. 通过自主探索、合作交流,理解小数乘除法计算的算理,能正确计算小数乘法和除法,会运用小数乘除法的知识解决实际问题,提升运算能力,发展应用意识。

2. 能在具体的情境中用字母表示数和常见的数量关系,了解等式的性质,理解方程的意义,能用等式的性质解简单的方程,能用方程表示简单情境中的等量关系并解决问题,形成符号意识和模型意识。

3. 结合具体的生活情境,能用数对表示物体的位置,能在方格纸上确定物体的位置。通过观察、对比、探究等活动,探索并掌握平行四边形、三角形、梯形的面积公式,并能用公式解决简单的实际问题,形成几何直观和空间观念。

4. 在具体情境中,通过实验、游戏等活动,体验事件发生的可能性以及可能性的大小,能对一些简单的随机现象发生的可能性大小做出定性的描述,形成数据意识和推理意识。

5. 通过综合实践、主题活动等,积累数学活动经验,体会数学学习的价值。

课程内容

章节	课程内容	课时
开学第一课	★分享学期课程纲要	1
第一单元　小数乘法	小数乘整数、小数乘小数	13
	积的近似数	
	整数乘法运算律推广到小数	
	解决问题	
	整理与复习	
	★主题活动：速算大比拼	
第二单元　位置	位置	2
第三单元　小数除法	除数是整数的小数除法及一个数除以小数	16
	商的近似数	
	循环小数及用计算器探索规律	
	解决问题	
	整理与复习	
	★主题活动：速算大比拼	
第四单元　可能性	可能性	3
综合与实践	★掷一掷	1
第五单元　简易方程	用字母表示数	22
	方程的意义、等式的性质及解方程	
	实际问题与方程	
	整理与复习	
第六单元　多边形的面积	平行四边形、三角形及梯形的面积	16
	组合图形的面积	
	解决问题	
	整理与复习	
	★主题活动：小小设计师	
数学广角	植树问题	4
总复习	小数乘除法、方程、面积、解决问题等	12
合　　计		90

课程实施

（一）课程资源

1. 人民教育出版社。

2. 基础教育精品课：https://jpk.eduyun.cn/resource/byzs.jsp。

3.《阳光学业评价》，广州出版社，2022年出版。

4. 学具：三角尺，直尺，自制的平行四边形、三角形、梯形等。

（二）学习活动

1. 在课堂学习过程中，我们继续借助学历案采用"教—学—评"的学习模式，需要学生在课堂上认真听讲、踊跃发言，能在具体的学习任务指引下进行自主探索和合作交流，能有理有据地表达自己的观点。

2. 本学期的学习活动，除了常规的书面作业，我们也会进行一些个性化的操作实践作业，例如每个单元学习结束的知识整理作业，需要学生用自己喜欢的方式，如手抄报、思维导图等对单元知识进行整理和汇报分享。

3. 本学期安排了3次主题活动和1次综合实践活动，主要涉及小数乘除法、多边形的面积、综合实践的学习内容，旨在通过参与主题活动的过程，引导学生掌握解决问题的一些策略，提升运用知识解决实际问题的能力，感悟数学与实际生活的联系。

课程评价

（一）评价方式

学期总评成绩(100分)＝过程评价成绩(30分)＋结果评价成绩(70分)。

1. 过程评价

过程评价主要关注核心素养的养成以及单元练习的掌握情况，评价细则详见下表：

评价项目		评价要素	评价等级	评价方式
会观察	符号意识	能用数对表示位置及用字母表示数和常见的数量关系，形成符号意识	A：4—5分 B：2—3分 C：1分	自评、师评
	几何直观 空间观念	会计算平行四边形、三角形及梯形的面积，发展几何直观和空间观念		

(续表)

评价项目		评价要素	评价等级	评价方式
会思考	运算能力	能正确地计算小数乘法和除法,发展运算能力	A:4—5分 B:2—3分 C:1分	自评、师评
	应用意识	能运用所学的知识解决实际问题,发展应用意识		
	推理意识	能推导出多边形面积的计算公式,发展推理意识		
会表达	数据意识	在具体的情境中,能推断出事件发生的可能性大小,形成数据意识	A:4—5分 B:2—3分 C:1分	自评、师评
	模型意识	理解方程的意义,能用方程解决问题,形成模型意识		
单元练习		掌握各单元的知识,并能灵活运用所学知识	A:11—15分 B:6—10分 C:5分	师评

2. 结果评价

结果评价成绩以期末测评(满分100分)卷面成绩的70%计入总评。

(二) 评价结果呈现

学期总评成绩按分数划分为 A、B、C、D、E 五个等级,分别为:A≥90分;80分≤B<90分;70分≤C<80分;60分≤D<70分;E<60分。

设计说明

(一) 设计依据

1. 课标要求

按照《义务教育数学课程标准(2022年版)》对培养学生核心素养的要求,在教学中,以课程内容为载体,以主题活动为依托,在教学活动中落实发展核心素养。

2. 教材分析

本册教材内容涵盖"数与代数""图形与几何""统计与概率"和"综合与实践"四个领域。其中,小数乘法、小数除法、简易方程与多边形的面积是本册教材的重点教学内容。小数乘除法在实际生活中有着广泛的应用,是小学生应该掌握和形成的基础知识和基本技能,有利于进一步巩固整数四则运算,发展数感,提升运算能力。在简易方程的学习中,学生将了解有关代数的初步知识,重视解决实际问题能力的培养及抽象、转化、等价、模型等数学思想方法的渗透。平行四边形、三角形与梯形面积的学习要求学生掌握这些图形的特征以及会计算长方形、正方形的面积,以进一步巩固所学的平面图形的特征及计算公式,进一步感悟转化的思想方法,积累数学活动经验,发展几何直观和空间观念,为后续学习圆的面积和立体图形的表面积奠定基础。

3. 学情分析

经过一至四年级的学习,学生已经掌握了整数与小数四则运算,会计算长方形、正方形的面积等知识技能,具备一定的抽象、比较与分析能力,初步积累了解决问题等活动经验,但五年级学生仍然以具体形象思维为主,本册教材的容量较大,难度相比以前的知识增加不少,尤其是小数乘除法的算理的理解、用字母表示数及用方程解决问题等知识都比较抽象,对部分学生来说学习起来比较吃力。

(二) 设计创意

本课程纲要注重设计有趣的主题活动,激发学生学习数学的兴趣,促进学生的学习,形成和发展学生的核心素养。

(三) 教学建议

在教学中,要注重主题活动的开展,沟通新旧知识之间的联系。在帮助学生理解小数乘除法算理的时候,可以利用学生熟悉的人民币、长度单位,结合整数乘法的意义和小数乘法的意义,沟通小数乘除法与整数乘除法的联系,为学生理解算理提供感性支撑。在引导学生解方程的时候,要充分借助实物直观、几何直观,发挥数形结合的优势,帮助学生理解方程变形、求解的过程。

数学(八年级下)课程纲要

基本信息

课程名称:数学

课程类型:国家课程

教材来源:人民教育出版社义务教育教科书2013年版·数学(八年级下册)

适用对象:八年级学生

课时安排:90课时

设计者:陈舒芳/广州中学;王丽莎/广州市第八十九中学;张翠/广州市天河外国语学校

指导老师:刘永东/广州市天河区教师发展中心

课程目标

与你分享本学期数学学习之旅的目的地:

1. 结合具体实例,类比数与整式的运算,了解二次根式(根号下仅限于数)加、减、乘、除运算法则,并用它们进行简单四则运算,发展符号意识和运算能力。

2. 通过探索证明勾股定理及其逆定理、平行四边形的性质与判定定理等几何命题,进一步体会研究图形几何性质的思路与方法。

3. 通过运用勾股定理、平行四边形的性质等几何定理解决一些简单的实际问题,感受数形结合思想,发展几何直观和推理能力。

4. 结合情境,理解一次函数和正比例函数的意义,能确定它们的表达式及画出它们的图象,能利用函数知识分析和解决简单问题,提升抽象能力和发展模型观念。

5. 经历更有条理的数据处理的过程,会计算加权平均数等统计量,会用样本平均数、方差估计总体平均数、方差,发展数据观念和模型观念。

课程内容与实施

1. 本学期课程涉及五大主题内容,需要通过同伴互助、数学日记和数学活动等方式发展数学素养,具体安排如下:

主题	内容	课时	实施建议
开学第一课	学期课程纲要学习	1	结合课本目录自行阅读纲要,老师解读时认真聆听
主题1: 二次根式	1. 二次根式的定义 2. 二次根式的性质 3. 二次根式的乘除 4. 二次根式的加减 5. 二次根式的混合运算 6. 主题总结与复习	14	1. 学习二次根式需要类比整式的运算,注重联系地学、整体地学,同时加强运算技能训练,提高运算能力 2. 综合与实践活动①:制作长方形礼盒
主题2: 勾股定理	1. 勾股定理的探究、证明及简单应用 2. 勾股定理的计算与应用 3. 勾股定理逆定理证明及简单应用 4. 勾股定理与逆定理的综合应用 5. 主题总结与复习	14	1. 注重经历勾股定理及其逆定理的探索过程,并通过了解我国古代数学家研究勾股定理的成就,培养民族自豪感 2. 综合与实践活动②:探寻勾股定理的"前世今生"
主题3: 平行四边形	1. 平行四边形的性质 2. 平行四边形的判定 3. 三角形的中位线定理 4. 矩形的性质与判定 5. 菱形的性质与判定 6. 正方形 7. 主题总结与复习	20	1. 注意归纳研究几何图形的方法与思路,理清平行四边形和特殊平行四边形之间的关系 2. 综合与实践活动③:以下活动二选一完成,记录在数学日记中 (1)探秘黄金矩形 (2)探究梯形的判定与性质
主题4: 一次函数	1. 变量与函数 2. 函数的图象 3. 正比例函数 4. 一次函数 5. 一次函数与方程、不等式 6. 课题学习:方案选择 7. 主题总结与复习	22	1. 注意在大量的生活实例中,感受函数思想,通过一次函数的学习体会从特殊到一般和数形结合的思想方法 2. 综合与实践活动④:"我为学校建言献策"——图书馆空调采购方案

(续表)

主题	内容	课时	实施建议
主题5：数据的分析	1. 平均数 2. 中位线和众数 3. 数的波动程度 4. 主题总结与复习	13	1. 注意通过丰富的素材，体会统计与生活的联系，通过经历数据处理的基本过程，发展统计观念 2. 综合与实践活动⑤：体质健康测试中的数据分析
课程小结	学期课程复习	6	五个主题综合复习

2. 综合与实践。每个主题学习结束后都有相应的数学活动，这些活动需要以小组为单位合作完成，有的需要动手操作，有的需要跨学科的知识，有的需要查阅文献或进行社会调查，我们可以通过活动提升合作交流能力，发展应用意识和创新意识。

3. 数学日记。在老师的指导下，参考以下内容撰写数学日记，整理内化数学知识，发展数学交流素养和反思学习能力：

(1) 观察生活中与数学有关的现象，或探索与数学有关的跨学科内容。

(2) 回顾课堂内容并用自己的话或思维导图表达，写下学习感悟、收获与困惑。

(3) 整理错题，分析错因；或分享一道好题，分析解题切入点。

(4) 对阶段性学习进行反思和总结，可以归纳一个主题的知识框架。

课程评价

1. 学期总评成绩（100 分）＝过程评价（30 分）＋结果评价（70 分），具体安排如下：

评价类别	评价项目	评价要素	评价方式
过程评价（30%）	课堂表现（10%）	认真听讲、积极发言、参与小组讨论与探究	自评、组长评、师评
	作业表现（5%）	作业质量、订正错题的习惯、数学日记的撰写	教师评价
	综合与实践（5%）	活动表现、作品质量	自评、组长评、师评
	关键能力（10%）	根据各主题学习表现进行评价	教师评价

(续表)

评价类别	评价项目	评价要素	评价方式
结果评价 (70%)	期中考试(20%)	纸笔测试(90分钟,卷面120分),期中和期末考试成绩折合为100分后分别按20%和50%计入	
	期末考试(50%)		

2. 合作小组组长的选举采取"推荐流动制",每个主题的起始课后自荐或他人推荐产生。组长负责小组合作的任务分工、学业互评等事宜。

3. 课程结束印发《过程评价表》(见附件),教师、小组长、本人参与评分,得到期末过程评价分数。

4. 学期总评成绩按分数划分为A、B、C、D、E五个等级,分别为:A≥90分;80分≤B<90分;70分≤C<80分;60分≤D<70分;E<60分。

附件: 过程评价表

班别:_____ 姓名:_____ 学号:_____ 组名:_____

评价项目	评价要素(分值)	自评 (20%)	组长评 (30%)	师评 (50%)	分值
课堂表现 (10分)	遵守课堂纪律、认真听讲(4分)				
	积极发言(3分)				
	主动参与小组讨论与探究(3分)				
作业表现 (5分)	独立、认真地完成作业(含数学日记),并及时订正(5分)	\	\		
综合与实践活动(5分)	积极参与活动,与小组成员合作交流,提出自己的观点和疑问,能较好地完成实践活动任务(5分)				
关键能力 (10分)	主题1运算能力,主题2应用意识,主题3几何直观和推理能力,主题4模型观念,主题5数据观念(2分/主题)	\	\		
过程评价总分(30分)					

说明:1. 请按评价表中每项描述并依据实际表现进行客观、公正的评价;

2. 参考相应主题的学习表现对数学关键能力进行评价。

设计说明

（一）设计依据

1. 课标要求

课程标准对相关主题学习的学业质量描述主要有：能从生活情境、数学情境中抽象概括出二次根式、一次函数的概念和规则，掌握相关的运算求解方法，合理解释运算结果，形成一定的运算能力、推理能力和抽象能力；知道运动过程中图形运动的变化特征，能运用三角形、平行四边形的基本性质进行推理证明，初步掌握几何证明方法，进一步增强几何直观、空间观念和推理能力；能够进行简单的数据分析，形成数据观念。知道解决问题方法的多样性，具备一定的应用意识和模型观念，能够在解决问题的过程中，学会独立思考、合作探究，在批判质疑中具备一定的创新意识，并能综合运用数学和其他学科知识与方法解决问题，积累数学活动经验，发展核心素养。

2. 教材要求

本册教材由5个主题组成，"二次根式"的学习需要学生进一步体会类比学习的思想，发展抽象能力和运算能力；"勾股定理"和"平行四边形"的学习需要引导学生感受数形结合思想，发展几何直观和推理能力；"一次函数"需要引导学生利用函数知识分析和解决简单问题，为后续学习其他函数知识奠定基础，重在发展模型观念；"数据的分析"重点在于发展数据观念，这是评价数学关键能力的重要依据。

3. 学情分析

八年级学生已具备一定的运算能力、抽象思维能力，初步建立了几何直观、数据观念和模型观念，掌握了简单的逻辑推理方法，正处于思维能力培养的重要时期，虽思维活跃、富有创造力，但同时处于心理特征变化的敏感时期，分析问题、解决问题的能力较为欠缺。

（二）设计创意

基于课标、教材和学情分析，本课程设计主要依托合作探究学习模式，同时借助数学日记和数学活动发展实践探究、批判质疑和合作交流的能力，形成和发展"三会"的数学学科核心素养。

（三）教学建议

建议在教学中要精当设置素养目标，并通过结构化的知识内容和任务驱动方式实现目标，注意通过创设真实的教学情境和问题提出场景，以任务驱动和问题解决促进学习方式多样化，以及设置合理的任务评价达成教学评一体化。

英语(四年级下)课程纲要

● 基本信息

课程名称:英语

课程类型:国家课程

教材来源:教育科学出版社义务教育教科书·英语(四年级下册)

适用对象:四年级学生

课时安排:54课时

设计者:陈燕/广州市天河区教师发展中心　　李静/广州市天河区四海小学
　　　　张君/广州市天河区华阳小学　　　　曾淑芳/广州市天河区华阳小学

● 课程目标

通过本学期的学习,你能够:

1. 借助图片、多媒体资源、拼读规则,能认读、拼写本册教材"四会"词汇,并运用一般现在时和现在进行时,围绕"People""Sports"等主题,与他人简单交流、表达喜恶,在情境中提高语言综合运用能力。

2. 借助图片和标题等,结合个人经历,推测、归纳"Daily routine""Celebrations"等语篇信息,并对语篇内容进行改编或续编,发表自己的想法和意见,提升批判性思维。

3. 通过阅读配图故事、听唱歌曲或韵文等,了解有关"Daily routine""Celebrations"等中外文化,在学习、对比中外文化中形成识别、比较中外文化的意识。

4. 在教师的指导下,与同伴共同制作和分享"Weekly schedule""Festival posters"等,提高与他人合作的能力,形成合理规划学习与生活、感恩生活的意识,体验用英语做事情的乐趣。

课程内容

主题	课程内容	任务提示	课时
开学第一课	分享本学期课程纲要		1
Module 1 People	Unit 1 He looks like a cook	绘制 An information card of my friend，介绍身边熟悉的一个人。	7
	Unit 2 She is kind		
Module 2 Daily routine	Unit 3 It's time to get up	小组合作讨论，制作合理的 Weekly schedule（含一日作息表）。	8
	Unit 4 When do you have class?		
Module 3 Days of the week & Module 4 Activities	Unit 5 What day is it today?		8
	Unit 6 What do you usually do on Sunday?		
	Unit 7 What do you do when you have free time?		8
	Unit 8 What are you doing?		
Module 5 Sports	Unit 9 It looks fun	小组合作完成"Our sports stories"手册。	8
	Unit 10 I am very fast		
Module 6 Celebrations	Unit 11 I was born in January	制作 Festival posters，录制视频介绍、宣传。	8
	Unit 12 Mother's Day is coming		
Module 7 Celebrations	收集、整理每个单元的作品，合成主题为"My colourful life"个人生活集，在分享会上展示，并投票选出最欣赏的个人集。		2
期末复习			4

课程实施

(一) 课程资源

1. 校内资源：《阳光学业评价》四年级下册、广州市共享课堂平台四年级。

2. 推荐绘本阅读资源：《牛津阅读树》(4级)、《大猫英语分级阅读》(4级)。

(二) 学习活动

1. 每天听、读 10 分钟，每周阅读 1 本绘本，完成听读登记卡。

2. 通过课内外阅读、朗读、背诵等，积累词句和素材，参加课本剧表演、配音小达人、"People"和"Sports"主题阅读分享活动。

3. 制作"My colourful life"个人生活集，包括：

(1)"An information card of my friend":从职业、外貌、性格等角度介绍身边的人;

(2)"Weekly schedule":记录一日作息、一周活动,形成个人周程表。小组间讨论、优化;

(3)"Our sports stories"手册:参加跨学科实践活动,记录日常运动趣事,分享喜爱的运动海报,制作运动计划并尝试实施;

(4)"Festival posters":了解生活中重要节日的时间、庆祝活动和方式,制作小组喜爱的节日海报。

课程评价

学期总评成绩(100分)

(一)评价方式

1. 过程评价(40分)

	评价内容	自评	师评
		优秀5分 良好4分 待努力3分	
学习习惯	积极参与课堂,乐于与同伴交流、表演		
	作业书写工整、拼写正确,按时上交,订正及时		
	每天坚持听、读10分钟,每周完成听读登记卡		
学业表现	能模仿语音语调,正确、流利朗读课文		
	能运用正确时态改编或续编"People""Celebrations"等主题对话		
	能围绕"Daily routine""Sports"等主题,与他人简单交流、表达喜恶		
活动表现	根据单元任务完成的过程表现、成果进行评价(各单元评价表由师生共同设计)	各单元及学期任务评价量表由教师与学生共同设计,采取小组评与师评相结合的方式	
	综合得分为:_____ 注:综合得分=(学习习惯+学业表现+活动表现)/3		

2. 结果评价(60分)

以期末学业水平测试(满分100分)卷面成绩的60%计入学期总评成绩。

(二)评价结果呈现

学期总评成绩按分数划分为 A、B、C、D 四个等级,分别为:A≥85 分;75 分≤B<85 分;60 分≤C<75 分;D<60 分。

▋ 设计说明

(一)设计依据

1. 课标要求

《义务教育英语课程标准(2022 年版)》一级学业质量有如下标准:

(1)在跟读简短的音视频材料时,能模仿说话者的语音、语调;(2)能用简单的语言介绍自己的基本情况和熟悉的事物(如个人喜好、学校生活等);(3)乐于观察生活中的语言和文化现象,尝试从不同角度看待事物;(4)愿意参与课堂活动,与同伴一起通过模仿、表演等方式学习英语。

新课标强调通过模仿、表演等方式学习和运用语言,围绕主题与他人进行简短交流,表达观点和喜好,感知不同的语言和文化现象。

2. 教材分析

四年级下册六个单元属于"人与自我""人与社会"范畴,12 篇对话语篇贴合学生生活,涉及人物外貌特点、学生本人和家人的日常生活,包括运动、节日庆祝;教材中语言聚焦于一般现在时(主语为第三人称单数)及现在进行时。要求学生能掌握相关主题的词汇和表达方式,并能以交际功能为主线,兼顾语言结构,正确运用时态完成有实际目的的语言任务。

3. 学情分析

学生已初步积累了谈论个人喜好与日常生活的语言知识,具备简单表达、对话能力,自主意识增强,开始从被动学习向主动学习转变,热衷参与有挑战性的任务式活动。其处于具体思维向抽象思维过渡阶段,直观的图片、音视频、TPR 等多感官的活动有助于加强他们对语言知识的理解和运用。但时态的概念相对抽象,学生对一般现在时、现在进行时的综合运用仍有难度。

(二)设计创意

根据教材内容和学情,本纲要中创设学期大任务"My colourful life"个人生活集,以此推动各单元学习和实践活动。学期大任务由各单元任务组合而成,形式丰富,如人物卡、周程表、计划、故事、海报等,与学生生活息息相关。随着学习、运用语言完成各单元任务,学生对自己的生活画像越来越清晰,学会欣赏他人,合理规划学习与生活,感恩生活,逐渐把知识转化为能力,形成素养。

(三) **教学建议**

1. 在开展单元整体教学中,如果"Module 2"到"Module 4"的大单元整合难以实施,可根据实际学情拆分任务来完成。实际教学中,根据主题补充的教学内容可以参考同主题下其他版本教材内容,如"Module 5 Sports"主题可以参考冀教版运动主题单元中的语篇"Play basketball",对单元内容进行补充。

2. 关注过程评价。单元任务评价可以与学生共同设计,关注任务达成度和学习过程。

英语(五年级下)课程纲要

基本信息

课程名称:英语

课程类型:国家课程

教材来源:教育科学出版社义务教育教科书·英语(五年级下册)

适用对象:五年级学生

课时安排:72课时

设计者:陈雪琼、易华平/广州市天河区高塘石小学;龚玮/广州市天河区灵秀小学

指导老师:李利锋/广州市天河区教师发展中心

课程目标

同学们,新学期好!迫不及待想同你们分享本学期英语学习之旅的目的地:

1. 能通过跟读、比较、归纳和迁移等学习方法,自我归纳并正确朗读多音节单词的轻、重读音规则,句子的语调、停顿、连读、失去爆破和不完全爆破,提升语音意识和语言素养。

2. 运用猜测、联想、对比、分类等方法,理解本册书中的"四会单词"、重点句型和一般将来时,发展逻辑思维和在真实情境中综合运用语言的能力,形成适合自己的学习策略。

3. 借助图片、思维导图、音视频等资源,提取对话和篇章的关键信息,正确流利朗读所学语篇,对语篇内容进行续编或改编,提升阅读素养,发展辩证思维、创新思维和问题意识。

4. 在听、说、读、写、看的过程中,就季节、计划、邀请、旅游、安全、方位等主题进行交际,表达观点,发现四季之美,拓展旅游知识,并能做好旅游计划,学会热爱生活。

课程内容

大单元主题	单元内容	单元大任务	课时
学期课程纲要分享课			2
Module 1 Seasons	Unit 1 What's your favourite season? Unit 2 It's the middle of winter	城市四季之美：学校"英语园地"展示板三月主题是"Seasons in Different Cities"。请各学习小组选定一座城市，制作四季海报，介绍该城市的不同季节的月份、天气情况、人们衣着、热门景点及活动等	10
Module 2 Plans	Unit 3 We are going to have an English test Unit 4 Have a good time in Hainan	春日研学计划：各班级3—5人组成研学小组，根据各成员行程安排，设计2天的研学计划（图表及语篇说明，清晰呈现研学活动的具体日期时间、地点和主要活动内容）	10
Module 3 Invitations	Unit 5 Would you like to go with us? Unit 6 See you at the party	如何邀请他人：4月为我校"经典阅读月"，4月18日将举行主题为"阅读经典，你我同行"的校园开放日。请你写一封邀请函，邀请亲人和朋友到校参观体验（请你指导亲朋如何用英文回复你的邀请）	10
Module 4 Travel	Unit 7 We will go by train Unit 8 Ben's first trip to Beijing	我的五一计划：五一劳动节将至，请你根据喜好和实际情况制订3—5天的出游计划（包含出游时间、地点、人员、方式、行程安排等），计划需合理可行	10
Module 5 Safety	Unit 9 Be careful! Unit 10 How to stay safe	守护校园安全：请发挥学校主人翁精神，以3—5人学习小组为单位设计校园各场所安全提示语列表（包括校门口、厨房、楼道、操场、洗手间及多功能室），整理汇编后张贴到各场所，为同学们的安全学习保驾护航	10
Module 6 Directions	Unit 11 Can you tell me the way? Unit 12 I know a short cut	校园生活地图：根据学校10分钟生活圈，绘制校园生活地图，标出学校周边的超市、餐饮、银行、医院、电影院等场所，并能根据地图准确说出到达各场所的路线和方式	10
期末总复习：运用观察、分析、对比、归纳小结等整理本学期知识要点。			10

课程实施

1. 词汇识记与运用:通过自主复习、堂上听写,以及每月一次的单词竞赛活动,能够正确、美观书写本学期136个"四会"单词。

2. 口语训练与表达:从季节、计划、邀请、旅游、安全、方位等六大单元主题中任选2个,自选搭档(可以是亲人、朋友或同学),围绕话题进行对话交流(可以表演、续编或改编课文内容),并录制视频发至班级群分享。

3. 阅读理解与拓展:自主制定课外阅读计划,每天阅读10分钟,推荐资料有《小鹰阅读(五下)》《英语周报(五下)》《二十一世纪学生英文报(小学)》等,完成阅读记录。

课程评价

(一)评价方式

1. 学期总评:学期总评=过程评价(集星总数×40%)+结果评价(期末纸笔测试得分×60%)。

2. 过程评价:集星卡从同学们的学习习惯、学业表现和活动表现三大方面对整个学期学习进行评价。

3. 结果评价:天河区期末纸笔测试,满分100分。

(二)评价结果呈现

学期总评成绩按分数划分为A、B、C、D四个等级,分别为:A≥80分;70分≤B<80分;60分≤C<70分;D<60分。

集星卡(过程评价)			
	评价依据	自我评价	教师评价
学习习惯	认真倾听,积极参与课堂活动	( )☆	( )☆
	按时、按质完成作业	( )☆	( )☆
	有良好的课外听力和阅读习惯	( )☆	( )☆
学业表现	能识记本册所学词汇并流利朗读课文	( )☆	( )☆
	能读懂相关主题语篇	( )☆	( )☆
	能围绕话题进行表达与交流,解决问题	( )☆	( )☆

(续表)

	评价依据	自我评价	教师评价
活动表现	任务一:制作四季海报	( )☆	( )☆
	任务二:设计研学计划	( )☆	( )☆
	任务三:设计一份邀请函	( )☆	( )☆
	任务四:制定3—5天的出游计划	( )☆	( )☆
	任务五:设计校园安全提示语列表	( )☆	( )☆
	任务六:绘制校园生活地图,并能根据地图准确说出到达各场所的路线和方式	( )☆	( )☆
集星总数 评分标准:5☆:Super 4☆:Great 3☆:Good 2☆:OK 1☆:Try again		( )☆	

设计说明

(一) 课标要求

以《义务教育英语课程标准(2022年版)》为依据,教学设计与实施要以主题为引领,以语篇为依托,通过学习理解、应用实践和迁移创新等活动,引导学生整合性地学习语言知识和文化知识,进而运用所学知识、技能和策略,围绕主题表达个人观点和态度,解决真实问题,达到教学中培养学生核心素养的目的。

(二) 教材要求与学情分析

教科版五年级下册英语要求学生学习掌握与季节、计划、邀请、旅游、安全、方位等主题相关的词汇和表达方式,能听懂和读懂相关语篇,并能围绕每个主题开展口语交际和书面表达。首先,在三到四年级的学习中,学生已对这些话题有过初步感知,可以联系旧知学习新知。另一方面,五年级的学生在生活中对有关主题已经积累了一定的生活经验,具有强烈的表达意愿。通过对本学期话题进一步的深入学习,学生对相关话题有新的更深层次的认识,同时语言表达得到丰富。

(三) 设计创意与教学建议

教科版五年级下册英语共6个模块,包含12个单元,话题涉及季节、计划、邀请、安全提醒、问路指路。通过研读教材后,设计者基于文本内容与知识点,从学生学习生活实际出发,设置6个操作性和实用性兼具的模块任务,以期学生在任务中运用所学语言解决真实问题:①制作四季海报,介绍该城市的不同季节的月份、天气情况、人们衣着、热门景点及活动等;②设计2天的研学计划(图表及语篇说明,清晰呈现研学活动的具体日期时间、地点、主要活动内容);③设计一份邀请函,邀请亲人或者朋友到校参观体验(请指导你的亲朋如何用英文回复你的邀请);④根据喜好和实际情况制订3—5天的出游计划(包含出游时间、地点、人员、方式、行程安排等),计划需合理可行;⑤设计学校各场所安全提示语列表(包括校门口、厨房、楼道、操场、洗手间及各功能室),整理汇编后张贴在各场所,为同学们的安全学习保驾护航;⑥根据学校10分钟生活圈,绘制校园生活地图,标出学校周边的超市、餐饮、银行、医院、电影院等场所,并能根据地图准确说出到达各场所的路线和方式。

英语(七年级下)课程纲要

基本信息

课程名称:英语

课程类型:国家课程

教材来源:上海教育出版社义务教育教科书·英语(七年级下册)

适用对象:七年级学生

课时安排:90课时

设计者:林映映/广州市天河区教师发展中心

　　　　陈幽群/广州市广州中学

课程目标

通过本学期的学习,你能够:

四大模块主题

> 利用多模态资源,借助重音、词汇搭配、观察-归纳等策略积累主题常用的词汇、搭配和一般现在时等语法项目,并能正确运用所学语言知识进行日常交流和表达。

> 通过听、读、看等策略识别英文记叙文、诗歌等的文体特点,获取主题语篇的重点信息,整体理解和简要概括主要内容,并能借助框架,用英语以分享、汇报等口头或书面任务完整描述身边的人、自然、生活和世界,简单表达自己的观点和看法。

> 通过辨析、归纳、推断四大主题语篇中的重点信息,能够用英文提取水循环、电传输的自然科学进程;能够有逻辑地用英语讲故事,以及描述身边的人和地。

> 通过分析、评价等方式探究英语语篇的主题意义;懂得自我规划,树立人生理想;懂得尊重自然、关爱动物、保护地球,提升社会责任感。

> 通过学习工具、英语学习策略和小组合作等方式主动积极参与到英语学习和主题实践活动中;保持学习兴趣,明确学习的目的,逐步找到适合自己的学习方法,适应初中的英语学习。

课程内容

大单元主题	单元内容	课时	单元/模块任务
开学第一课	学期课程纲要学习	1	结合课本目录自行阅读纲要,小组讨论,以及老师解读。
Module 1 People and places	Unit 1 People around us	10	**My favourite _____ 我最喜爱的_____（朋友/亲人/老师）** 请描写你最喜爱的朋友、亲人或老师,把他/她介绍给更多人吧!
	Unit 2 Travelling around the world	10	**The attractive city show 魅力城市展演** 你们心目中的魅力城市是哪个?请小组合作,选择一个城市,查找相关信息,制作城市指南,并向全班同学介绍其魅力所在。
Module 2 Man's best friends	Unit 3 Our animal friends	10	**My animal friend and I 我与我的动物朋友** 分享你与动物朋友的一个故事。想想故事怎样才能吸引读者呢?
	Unit 4 Save the trees	10	**A green project for my school 校园绿色工程** 你会如何改善校园环境呢?请为校园环境改善行动写一份计划书,告诉大家活动的意义和具体安排。来吧,让我们一起加入到绿化校园行动中!
Module 3 Natural elements	Unit 5 Water	10	**Save water and electricity 节约水电,人人有责** 你了解家庭用水/电情况吗?请调查自己家庭去年每月用水用电情况,并根据调查结果小组合作制定家庭节水/电公约,撰写调查报告。
	Unit 6 Electricity	10	
Module 4 Colorful life	Unit 7 Poems	10	**My _____ dad/mum 诗歌仿写** 你了解爸爸/妈妈在家和上班的情况吗?试试用优美的诗歌记录下来,分享给同学们吧!
	Unit 8 From hobby to career	10	**Who has the same hobby as me? 谁与我志趣相投?** 谁是我志趣相投的朋友呢?请与同伴交流彼此的兴趣爱好,并完成一份报告。加入我们,你会找到更多的朋友!
课时小结	学期课程复习	9	四个模块内容综合复习

课程实施

(一) 课程资源

1. 教材资源：教材、课件、教材配套听力音频、《阳光学业评价》、教师自编单元配套学案和练习；

2. 网络资源：人民教育出版社官网、国家中小学智慧教育平台、广州共享课堂。

(二) 学习活动

Morning Reading
元气晨读

模仿录音、大声朗读，开启元气满满的一天！
JUST READ!

Classic English Poetry Reading

诗词歌赋，信手拈来，
音乐舞蹈，驾轻就熟，
广中学子，演绎中外经典诗歌精彩！
SHOW YOUR TALENT !

Spelling Smart!
爱"拼"才会赢

巧用方法，巧记单词，
一起来驰骋拼读的赛场，
拼出英语学习的新天地！

Your Handwriting Can Change Your Life
Best Handwriting

写一写，比一比，谁的英语写得最漂亮？
谁的书写最整洁？
下一个"英语书法小能手"会不会是你？

课程评价

(一) 评价内容

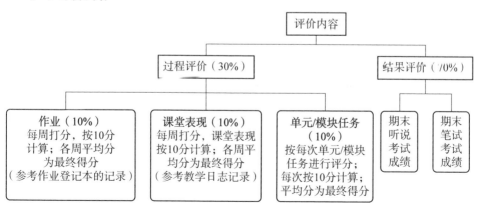

（二）评价标准

板块	过程评价标准		自评	组评	师评
	9—10分:达成度90%或以上 5—6分:达成度50%—69% 1—2分:达成度10%—29%	7—8分:达成度70%—89% 3—4分:达成度30%—49%			
作业	**Listening & Speaking**： 能在听中准确记下关键词；能运用辅音、爆破等策略进行大声朗读；能根据主题内容进行简单表达与交流			/	/
	Reading： 能勾画关键词；能简单批注关键信息、大意或个人观点				
	Writing： 能使用圆体或意大利体等规范书写；能根据主题，运用关键词、图片、提示等有逻辑地写出简单、完整的段落，发表个人观点				
	Correction：能坚持认真做订正、反思				
	提交时间：按时提交，按要求独立或小组完成				
课堂表现	遵守课堂要求，积极思考，主动用英语进行发言、提问、交流				/
	能按要求完成课堂上英语听、说、读、写、看的任务				
单元/模块	积极参与研讨，按时完成任务		/		
	内容凸显主题意义；语言准确无误；形式美观、丰富多样		/		

备注:
1. 本评价标准采用100分制。过程评价总分＝(作业得分＋课堂表现得分＋单元/模块任务得分)；过程评价由作业、课堂表现、单元/模块任务三部分组成。作业主要由教师进行评价。课堂表现由学生自评和小组互评；单元/模块任务主要由小组和教师评价，最终结果取二者平均分。2. 由于期末听说考试和笔试的总分为120分，结果评价总分需先将听说和笔试的总成绩折成百分制后再按比例计算，即结果评价总分＝(听说成绩＋笔试成绩)÷120×100×70%。

（三）评价结果等级处理

学期总评成绩满分为100分，按分数划分为A、B、C、D、E五个等级，分别为：A≥90分；80分≤B<90分；70分≤C<80分；60分≤D<70分；E<60分。

设计说明

（一）设计依据

1. 课标要求

本课程纲要立足英语学科核心素养，依据《义务教育英语课程标准（2022版）》的课程总目标和三级内容的要求制定。

2. 教材要求

本册教材主要由"People and places""Man's best friends""Natural elements""Colourful life"四个模块组成。四个模块分别对应课标中的人与自然、人与社会、人与自我三大主题范畴，包含故事、旅游手册、海报、诗歌、对话等多种方式。

3. 学情分析

七年级学生积累了简单的语言知识，具有初步的理解分析能力，在中外文化知识方面有初步的认知，掌握了简单的语言技能和英语学习方法，需要进一步在主题统领下积累主题内容和语言，学习文化知识，提升语言技能，发展思维品质，掌握学习方法。

（二）设计创意

内容上，本课程纲要从学科核心素养出发，以主题为引领组织课程内容，基于学思结合、用创为本理念设计单元模块任务，落实"教—学—评"一体化的评价设计。形式上，本纲要从学情出发，整体设计简洁清晰，采用图文并茂、图表结合等进行可视化展示，丰富、愉悦学生的阅读体验。语言上，本纲要从学科出发，进行双语撰写，凸显英语特色；从学情出发，采用简单、亲和、鲜活的语言，增加与学生的互动感。

（三）教学建议

本学期的教学应引导学生积累语言知识，掌握语言技能，学会使用主题内容来进行简短表达，进一步发展学生的理解、分析、推断、评价能力，增强他们的跨文化认知，拓展英语学习渠道，提升英语学习的兴趣、效率和能力。同时，教学中可以依托小组合作，借助课堂活动和评价，进一步发展学生在真实情境中学习和使用英语的能力，养成用英语认识周围的人、地和物，用英语思考和解决问题的习惯。

英语(九年级上)课程纲要

基本信息

课程名称:英语

课程类型:国家课程

教材来源:上海教育出版社义务教育教科书·英语(九年级上册)

适用对象:九年级学生

课时安排:90课时

设计者:葛红霞/广州市天河区教师发展中心

　　　　阮祁/广州市第八十九中学

导语

同学们,欢迎进入九年级的英语学习!

在过去的两年中,我们学习了中外故事、观点对对碰、健康生活和娱乐方式等相关主题。在本学期,我们会读名人轶事和英美经典文学选段,感受名人名著的魅力;借助"采访"了解不同的家庭生活方式和观念,探讨"家"最重要的因素;通过安娜(Anna)等学生的"网络帖子",了解青少年的问题与困惑,学会清晰有逻辑地表达求助;我们还将跟随安吉拉(Angela)的脚步,体验闲暇时光的乐趣,学会选择文明健康的娱乐方式;在艾米莉(Emily)和杰瑞(Jerry)的"对话"中了解食物金字塔和平衡饮食。

期待大家能在学习中互相交流,碰撞思想!让我们一起开启本学期的英语学习之旅吧!

课程目标

同学们,完成本学期的学习之旅,你将能够:

1. 借助图片、视频等多模态资源,运用观察—归纳等策略在主题语境下学习理解词汇和宾语从句等语法项目,积累词语搭配和句法结构等语言知识,提升语言素养。

2. 能通过听、读、看等策略识别应用文等文体特点,获取、梳理、概括"家庭生活"等主题语篇的关键信息,理解隐含意义,并根据获取的信息进行分析、推断、评价、续编或改编,发展辩证思维、逻辑思维和创新思维。

3. 能围绕主题进行交际和表达观点,提升在真实情境中综合运用英语的能力,并在听、说、读、写和看的过程中,理解中外优秀文化内涵,形成正确的家庭观念和健康生活意识。

4. 能积极尝试运用不同学习策略和平台进行自主学习、合作学习,探索适合自己的学习策略,能根据学习目标和进度进行反思和调整,提升学习效率和自我管理的能力。

课程内容与实施

(一) 课时安排

本学期共 90 课时,其中课程纲要学习分享 1 课时,单元课时 80 课时,测试课时 4 课时,期末复习 5 课时。

(二) 单元学习规划

模块大任务	单元话题与内容	学法指导
制作一份介绍伟人及其名言的海报	Unit 1 Wise men in history 运用"故事六要素"理解、复述历史上的智者故事 Unit 2 Great minds 运用"理解情节构成"分析故事情节,写故事	词汇学习 ✓猜测词意(上下文、构词法等) ✓"词块"学词汇(搭配与用法) ✓整理话题词汇(思维导图) 句法学习 本学期的句法/语法知识提要: ✓简单句:句子类型(U1) 　　　　动词不定式(U2) 　　　　句子成分和结构(U3 & U4) ✓复合句:让步状语从句(U5) 　　　　宾语从句(U6) 　　　　定语从句(U7) 　　　　介词搭配(U8)
制作一份宣传海报,介绍你最喜欢的短篇小说	Unit 7 The Adventures of Tom Sawyer 通过"人物对话",理解小说情节,分析人物心理变化 Unit 8 Surprise endings 分析意外的结局在小说中的作用	

(续表)

模块大任务	单元话题与内容	学法指导
为校园报制作提建议的网页	Unit 3 Family life 对比不同家庭生活方式,探讨幸福家庭的关键要素	语篇学习 1. 阅读策略提要: √"故事六要素"(5W1H) √"理解情节构成"(课本 P21) √"故事中的对白"(课本 P101) √"意外的结局"(课本 P116) 2. 写作策略提要: √梳理单元话题词汇 √模仿范文 √列提纲梳理思路 √对照 checklist 修改作文 √借助句法知识、修改语言错误
	Unit 4 Problems and Advice 描述问题与困惑,清晰有逻辑地进行求助;学习分析问题,并给予相关建议	
撰写一份美食食谱	Unit 5 Action! 了解休闲娱乐活动,撰写主持稿	
	Unit 6 Healthy diet 介绍均衡饮食、食物金字塔等相关内容,制作一份健康饮食餐单	

学习要求:
1. 共同学习和完善本学期课程纲要。
2. 以学历案为导航,做好课前预习和资料准备,课中学习,课后总结、反思与复习。
3. 本学期还将会有"用英语讲中国故事"比赛、"主题词汇思维导图"比赛。期待你的积极参与!

课程资源:
1.《广州市阳光学业评价》英语九年级上册(广东教育出版社)。
2. 教师编制的单元和课时学历案。
3. 网络资源:国家中小学智慧教育平台资源、"广州共享课堂"线上资源。

课程评价

(一) 评价方式

1. 本学期评价构成:学期总评成绩(100%)=过程评价成绩(30%)+结果评价成绩(70%)。

评价项目		具体内容及赋值	自评	组评	师评
		总能做到:9—10分 经常做到:7—8分 基本做到:5—6分 很少做到:3—4分 极少做到:1—2分			
常规表现	课堂表现 (10分)	1. 使用英语高质量地完成听、说、读、写任务 2. 使用英语与老师、同学交流 3. 使用英语进行自评互评、自我反思 4. 使用文明、得体的英语表达		/	/
	作业表现 (10分)	1. 规范书写英语字母 2. 作业获得"A+"等级或"Progress"等评语 3. 听说作业能运用缩写、符号等方式做笔记 4. 对照 Checklist 对作文进行修改		/	/
活动表现	单元大任务 (10分)	1. 能够主动与同伴、组员合作,认真完成任务 2. 能够运用各种工具查找英语资料 3. 能够对照四个单元大任务具体评价标准完成任务 4. 能够用英语撰写反思总结	/		

备注:
1. 常规表现由学生进行自评;活动表现由小组和教师进行评价,取两者的平均分。
2. 评价标准:
总能做到:达成度90%或以上   经常做到:达成度70%—89%
基本做到:达成度50%—69%   很少做到:达成度30%—49%
极少做到:达成度10%—29%

2. 过程评价包含常规表现和活动表现。常规表现包括课堂表现(10%)及作业表现(10%),活动表现指单元大任务(10%)。

3. 结果评价指天河区学业水平质量监测,包括听说考试30分及纸笔测试90分。

4. 得分将会进行换算(原始分÷120×100×70%)后计入学期总成绩。

(二)评价结果划分及处理

学期总评成绩满分为100分,按分数划分为 A、B、C、D、E 五个等级,分别为:A≥90分;80分≤B<90分;70分≤C<80分;60分≤D<70分;E<60分。

设计说明

(一)设计依据

1. 课标要求

本课程纲要的制定依据《义务教育英语课程标准(2022年版)》对本学段学生的要

求以及对应学业质量标准描述，以目标为导向，发挥核心素养的统领作用。

2. 教材要求

本学年为初中最后一年学习，教材四大模块的学习内容让同学既能"温故"又能"知新"，教师在使用本教材教学时，可以引导同学们回顾七、八年级相关话题，并在本学期的学习中进行延伸拓展。

3. 学情分析

初三的学生已经具备了基本的语言技能和语法知识，并积累了相当的话题知识，具备一定的语言能力，但是仍需要在听说读写活动中进一步发展思维品质，提升文化意识和学习能力。

（二）设计创意

本课程教学内容按照主题群和内容的关联度进行重构。其中模块一和模块四主题相近，同属故事类记叙文体裁，会整合成一个大单元进行教学，有利于学生逐步构建关于故事类记叙文的大概念。

（三）教学建议

教师应以单元主题为联结，深入分析语篇，梳理各版块之间内在联系，以大单元教学为主线，基于学情，进行单元整体教学；设计好评价活动（课堂评价、作业评价、单元大任务评价），实现教—学—评一致。教师要主抓关键环节，引导学生乐学善学，培养学生关键能力。

历史(八年级下)课程纲要

■ 基本信息

课程名称：历史

课程类型：国家课程

教材来源：人民教育出版社义务教育教科书·历史(八年级下册)

适用对象：八年级学生

课时安排：36课时

设计者：朱如奇/广州市天荣中学

指导老师：朱云志/广州市天河区教师发展中心

■ 导语

同学们，欢迎进入八年级第二学期的历史学习。

八年级第一学期，我们学习了中国近代史。我们了解了中国如何逐渐沦为半殖民地半封建社会，中华民族如何夺取新民主主义革命伟大胜利的光辉历程。

这个学期，我们将学习中国现代史。中国现代史叙述了自中华人民共和国成立至今，全国各族人民在中国共产党领导下，进行社会主义革命、建立社会主义制度、推进社会主义建设、开创中国特色社会主义道路的历程，同时也叙述了民族团结和祖国统一大业、国防建设与外交成就、科技文化与社会生活等各方面的成就，展现了中华民族从站起来、富起来到强起来的伟大飞跃。

中国现代史与我们今天的社会与生活联系最为紧密，历史材料也最为丰富，除了教材，我们还可以通过实地考察、访谈、寻访历史遗迹、观看历史影像、听口述史等方式获取更多的历史信息，进而逐步提高理解历史的能力，分析和解决历史问题的能力。

课程目标

1. 结合具体情境和探索活动，了解中国现代史上重要的历史事件和历史人物等，梳理中国现代史的基本线索，初步养成历史时序意识和历史空间感。

2. 通过搜集资料，举办故事会等活动，说出王进喜、雷锋、袁隆平、邓稼先等人的先进事迹，感受英雄模范艰苦创业、乐于奉献的精神，知道社会主义建设的成就，理解社会主义建设的艰巨性。

3. 通过查找历史资料等活动，运用唯物史观分析毛泽东思想、邓小平理论、"三个代表"重要思想、科学发展观、习近平新时代中国特色社会主义思想对社会主义现代化建设和实现中华民族伟大复兴的重要指导意义，逐步提高史料实证和提升历史解释的素养。

4. 通过收集资料、撰写研究报告和口述史文章等方式，了解改革开放以来中国在各个领域取得的成就及家乡巨大变化，增强爱祖国、爱家乡的情感，涵养家国情怀和历史解释。

5. 通过观看视频、查找资料、撰写研究报告等活动，知道祖国统一大业的发展，了解新中国的外交成就，提高民族自信心和自豪感。

课程内容与实施

课程内容			课时	课程实施
课程纲要			1	分享课程纲要
第一单元	中华人民共和国的成立和巩固	中华人民共和国成立	3	1. 观看《开国大典》《建国大业》等影片，了解中华人民共和国成立的伟大意义 2. 撰写《长津湖》或《上甘岭》等影片的影评，感受抗美援朝精神
		抗美援朝		
		土地改革		
第二单元	社会主义制度的建立与社会主义建设的探索	新中国工业化的起步和人民代表大会制度的确立	3	1. 收集王进喜、雷锋、袁隆平、邓稼先等人的相关资料，举办历史故事会，了解英雄模范人物艰苦奋斗的事迹，知道社会主义建设的成就。 2. 收集社会主义探索时期与国计民生有关的统计数据，理解中国走社会主义道路的艰巨性和曲折性
		三大改造		
		艰辛探索与建设成就		

(续表)

课程内容			课时	课程实施
第三单元	中国特色社会主义道路	伟大的历史转折	5	1. 收集相关资料,认识毛泽东思想、邓小平理论、"三个代表"重要思想、科学发展观、习近平新时代中国特色社会主义思想对社会主义现代化建设和实现中华民族伟大复兴的重要指导意义,并与同学交流讨论 2. 以改革开放为核心,选取广州的某一企业为代表,开展社会调查,形成研究报告
		经济体制改革		
		对外开放		
		建设中国特色社会主义		
		为实现中国梦而努力奋斗		
第一至第三单元复习			2	复习单元主干知识,配以练习
期中测试及讲解			4	
第四单元	民族团结与祖国统一	民族大团结	3	观看香港和澳门回归的纪录片,认识"一国两制"对实现祖国统一的意义
		香港和澳门回归祖国		
		海峡两岸的交往		
第五单元	国防建设与外交成就	钢铁长城	3	查找资料,以"新中国外交事业的发展"为主题撰写研究报告,了解新中国的外交成就
		独立自主的和平外交		
		外交事业的发展		
第六单元	科技文化与社会生活	科技文化成就	3	1. 收集、整理社会主义科技、文化的图文资料,了解社会主义科技、文化事业取得的伟大成就 2. 以"社会生活的变迁"为主题,通过对家庭中的长辈进行访谈,收集家庭的老照片和老物件,撰写口述史文章
		社会生活的变迁		
第四至第八单元复习			2	复习单元主干知识,配以练习
活动课:生活环境的巨大变化			2	通过访谈、资料收集、实地考察等途径了解生活环境的巨大变化
期末复习			5	复习本学期主干知识,配以练习
期末测试				

■ **课程评价**

本学期学业成绩(100分)=过程评价成绩(30分)+结果评价成绩(70分)

(一) 过程评价

过程评价成绩=历史研究报告(10分)+课堂表现(10分)+期中测评(100分×10%)

1. 历史研究报告(10分)

以改革开放为核心,选取广州的某一企业为代表,开展社会调查,撰写研究报告。

附评价标准:

优(9—10分)	选题能紧扣改革开放;能很好地体现历史核心素养的四个或五个方面;研究报告结构严谨完整,内容充实
良(6—8分)	选题与改革开放关系较为密切;能较好地体现历史核心素养的两个或三个方面;研究报告结构较为严谨完整,内容较为充实
合格(3—5分)	选题与改革开放关系不大;能体现历史核心素养的一个方面;研究报告结构基本完整,有一定研究内容
不合格(0—2分)	选题与改革开放没有明确关系;不能体现历史核心素养;研究报告结构不完整,研究内容空洞

说明:历史核心素养主要包括唯物史观、时空观念、史料实证、历史解释、家国情怀五个方面。

2. 课堂表现(10分)

优(9—10分)	积极举手发言,积极参与课堂活动;能很好地掌握中国现代史相关知识;思维能很好地体现历史核心素养的四个或五个方面
良(6—8分)	能较为积极地参加课堂活动;能较好地掌握中国现代史相关知识;思维能较好地体现历史核心素养的两个或三个方面
合格(3—5分)	能按要求参加课堂活动;对中国现代史相关知识有一定程度的掌握;思维能体现历史核心素养的一个方面
不合格(0—2分)	不愿意参加课堂活动;基本没有掌握中国现代史的相关知识;思维不能体现历史核心素养

3. 期中测评成绩:满分100分,按10%计入。

(二) 结果评价

期末测评成绩:满分100分,按70%计入。

(三) 评价结果处理

学期总评由上述各部分组成,学期总评成绩按分数划分为五个等级,分别为 A≥90 分;80 分≤B<90 分;70 分≤C<80 分;60 分≤D<70 分;E<60 分。

◆ 设计说明

(一) 设计依据

1. 课标要求

中国现代史叙述的是从中华人民共和国成立直到今天的历史。中国现代史的课程内容,包括四个大专题:中华人民共和国成立及向社会主义过渡、社会主义革命和社会主义建设道路的探索、改革开放与中国特色社会主义建设、中国特色社会主义进入新时代。在学习专题的选择上,以"社会主义现代化的建设"这一大概念统领内容,突出了历史发展的主线和大趋势。

课程标准要求教师要从历史课程本身的特点出发,将中国现代史的发展历程置于整个中国历史长河中去理解,并选取贴近社会、贴近生活、贴近学生的情境素材,加深学生的情感体验和实际感受。学生在学习过程中可以通过开展社会调查、撰写口述史文章、撰写研究报告等多种学习方式主动参与学习,在掌握中国现代史必备知识的同时提升核心素养。

2. 教材要求

八年级下册《中国历史》讲述的是中国现代史。教材采用通史加专题的形式呈现课程内容。教材第一单元到第三单元根据时序性概述了中国现代历史发展的基本线索和脉络,第四单元到第六单元以专题的形式记叙了中华人民共和国在民族关系、国家统一、国防、外交、科技文化和社会等各方面取得的成就。

中国现代史是离我们最近的历史,了解中国现代史,有利于学生树立社会主义核心价值观,树立中国特色社会主义道路自信、理论自信、制度自信、文化自信,增强对祖国的责任感。

3. 学情分析

八年级学生具备了一定的历史基础知识,具有初步的史料分析能力和探究能力,但对历史学科的研究方法掌握有限,历史学科核心素养有待加强,因而可以创设情境,设置史料探究、社会调查、撰写研究报告等多样化的活动,培养学生的历史学科核心素养。八年级学生有一定的逻辑思维能力,但仍以形象思维为主,喜欢直观有趣的图片、视频、历史故事等,因而适宜优化教学资源,运用多种教学手段调动学生的学习积极性。

(二) 设计创意

本纲要立足学生核心素养发展,树立以学生为主体的教学观念,以单元任务的学习形式,开展多样化的探究活动,同时结合部分跨学科学习活动,培养学生学会学习、发现和解决问题的能力,逐步提高学生的历史核心素养。

(三) 教学建议

要确立基于核心素养的教学目标,教学目标要有可操作性和可检测性。要创设历史情境,设计学生主体的教学活动,调动学生学习历史的积极性和创造性。要关注学习活动的过程评价,以评促学,提升学生历史核心素养。

地理(八年级下)课程纲要

基本信息

课程名称:地理

课程类型:国家课程

教材来源:人民教育出版社义务教育教科书·地理(八年级下册)

适用对象:八年级学生

课时安排:36课时

设计者:蒲杨婕/广州市天河区教师发展中心

导语

这学期我们将在中国地理总论(八年级上册)的基础上学习中国地理分区。在认识我国地理环境差异大的特征后,我们再从自然、经济、文化等方面认识北方地区、南方地区、西北地区、青藏地区。最后以《中国在世界中》总结我国国情。期末我们会进行初中地理学业水平测试。如果你对已学知识印象模糊,不用担心,我们会进行系统的复习。

在学习我国四大分区时要注意以下三点:一是能归纳某区域的地理位置和自然地理特征;二是在此基础上认识"因地制宜"的重要性;三是自然条件对区域经济发展有哪些影响,反之,人类生产活动对环境又会产生哪些影响。

本学期我们有一项跨学科主题学习活动"我的家乡在这里"。从中我们不仅可以实践书本上关于地球表层的相关内容,也能从地理学科角度对自己家乡有更系统、更深刻的认识。

课程目标

1. 通过分享交流和绘制要素关联图,说明人类活动与自然环境的相互影响,发展正确的人地协调观。

2. 通过社会调查、野外考察、资料查阅等方式,说明广州环境特征给当地居民生产生活带来的影响和变化,增强热爱家乡的意识,提升地理实践力。

3. 在不同的情境中获取地理信息,描述不同空间尺度地区地理事物和现象的位置、分布和地理特征,提升区域认知能力。

4. 通过专题和热点事件学习,能运用初中地理基本概念、原理和规律分析热点问题,提升综合思维水平。

课程评价

一、学期总评成绩结构及来源

学期总评成绩(100分)＝课堂表现(10分)＋作业评价(30分)＋期中检测(10分)＋期末测试(50分)。

学期总评成绩按分数划分为 A、B、C、D、E 五个等级,分别为:A≥90分;80分≤B<90分;70分≤C<80分;60分≤D<70分;E<60分。

二、过程评价

(一) 课堂表现(10%)

评价项	细目	分值
口头表达	能用地理学科专业术语进行清晰的表达,体现较强的综合思维	35分
纸笔练习	能准确、熟练地使用地理概念,关注到地理各要素的联系	35分
活动参与	能积极主动地与同学交流地理问题或请教老师地理问题	30分

(二) 作业评价(30%)

1. 单元任务一:天南地北探地理成因

作业分层	具体内容	作业要求
基础性作业 (必做)	绘制四大地理区域地理各要素之间的联系图	图示地理要素完整、要素与地理现象间逻辑关系正确、考虑时空变化
拓展性作业 (必做)	(跨学科主题学习活动)通过社会调查、野外考察、资料查阅等方式,归纳广州某地地理环境特征	从地理位置及自然特征、生态治理、农业特点、工业特点、服务业状况、交通状况等角度说明,可用图示或文字表述

(续表)

作业分层	具体内容	作业要求
挑战性作业（选做）	（跨学科主题学习活动）小组合作调查，以报告形式呈现广州某地的历史变迁、建设与发展	小组分工与合作，从社会发展状况、绿色发展、给家乡的建议等角度分析，并交流探究过程中使用工具和克服困难的方法

2. 单元任务二："主题＋区域"专题复习

作业分层	具体内容	作业要求
基础性作业（必做）	情境练习题	依据参考答案评分
拓展性作业（选做）	小组合作选择一个热点问题，模仿情境练习题设计一组选择题	设问科学规范、题干简洁，表述准确、严谨、选项准确，体现地理要素的相互作用、小组分工与合作
挑战性作业（选做）	小组合作选择一个热点问题，模仿情境练习题设计一道综合题	

三、期中检测（10%）

考试时长为 60 分钟，纸笔测试。卷面满分为 100 分。

四、期末测试（50%）

考试时长为 60 分钟，上机测试。卷面满分为 100 分。

课程内容与实施

课程内容		学习活动安排	课时
章	节		
开学第一课	分享课程纲要	活动主题：主题分享会——我的年夜饭与地理环境的关系：搜集年夜饭食材产地并说明产地的自然环境特征，复习八年级上册中国地理总论，认识我国的地理差异	1
中国的地理差异	中国的地理差异		2

(续表)

课程内容		学习活动安排	课时
章	节		
北方地区	自然特征与农业	活动主题:天南地北探地理成因 小组活动:选择四大地理分区中的某个地理现象(问题)进行研究,图示地理现象(问题)与地理环境的关系 单元作业一: (1) 基础性作业:绘制四大地理区域地理各要素之间的联系图(必做) (2) 拓展性作业:通过社会调查、野外考察、资料查阅等方式,归纳广州某地地理环境特征(必做) (3) 挑战性作业:小组合作调查并交流分享广州某地的历史变迁、建设与发展(选做)	8
	"白山黑水"——东北三省		
	世界最大的黄土堆积区		
	祖国的首都——北京		
南方地区	自然特征与农业		10
	"鱼米之乡"——长江三角洲地区		
	"东方明珠"——香港和澳门		
	祖国的神圣领土——台湾		
	我的家乡在这里(跨学科主题学习)		
期中检测	反思与小结		2
西北地区	自然特征与农业		3
	干旱的宝地——塔里木盆地		
青藏地区	自然特征与农业		3
	高原湿地——三江源地区		
中国在世界中	中国在世界中		1
"主题+区域"专题复习	位置与分布	活动主题:"主题+区域"专题复习:围绕热点事件设计"主题"选择"区域"进行地理知识复习。 单元作业二: (1) 基础性作业:情境练习题(必做) (2) 拓展性作业:选择一个热点问题,模仿情境练习题设计一组选择题(选做) (3) 挑战性作业:选择一个热点问题,模仿情境练习题设计一道综合题(选做)	6
	特征与差异		
	地理要素因果关系		
	地理过程与变化		
	区域联系与区域发展		
期末学业水平测试(上机考试,满分100分,时间60分钟)			—

附:课程资源
1. 航拍中国
2. 中国国家人文地理·广州

设计说明

(一) 设计依据

1. 课标要求

本课程纲要依据《义务教育地理课程标准(2022年版)》编制。根据课标要求,创设多样的教学情境,让学生感受我国山河的壮美、人们生产生活的丰富多彩,培养热爱祖国和家乡的情感。

2. 教材要求

八年级下册教材内容从空间—区域的视角认识四大地理区域的地理环境及人地关系。本册内容除使学生获得中国地理分区知识外,更强调区域地理学习方法的意义。"认识家乡"作为"认识中国"的一部分,突出了对中国地理环境整体认识过程,且强化家国情怀的教育。

3. 学情分析

学生倾向于从生活中感知和认识地理事物,因此设计时选择从学生视角创设生活情境。此外,本学期末学生需参加广州市初中地理学业水平考试,但学生对前三册书印象不深,且内容碎片化,缺乏全局性的整体建构。

(二) 设计创意

考虑广州市义务教育课程计划以及新授课的课时需求,新授课开展主题式教学。毕业复习时间3周,以"主题+区域"的形式整合教材内容,进行七、八年级地理的专题复习。

(三) 教学建议

在教学实施过程中,教师可根据教材、校情和学情进一步调整教学。教师可结合课标要求对教材内容灵活处理,如从区域划分、区域位置与区域特征、区域差异与区域联系、区域协调和区域发展的几方面组织单元教学;根据学校及周边的资源等对教学策略进行调整,例如利用学校地理园、图书馆等资源开展地理实践活动;根据学生的认知水平和学习兴趣,选择适合学生的教学方式和策略,例如选择当下学生感兴趣的热点话题创设学习情境,设计分层作业和选做题,满足不同学生的学习需求。

科学(六年级下)课程纲要

基本信息

课程名称:科学

课程类型:国家课程

教材来源:教育科学出版社义务教育教科书·科学(六年级下册)

适用对象:六年级学生

课时安排:36 课时

设计者:赖泓滔/广州市天河区石东小学　刘雯怡/广州市天河区侨乐小学

指导老师:雷晓晖/广州市天河区教师发展中心

课程目标

亲爱的同学们,我们即将步入小学阶段最后一个学期的科学学习之旅,在这学期,我们将完成以下课程目标。

1. 通过亲历建立塔台模型活动,能够根据限制条件设计、制作、检测、优化塔台模型,认识到工程的系统性和复杂性,感受工程魅力和合作的重要性,提升技术与工程实践能力。

2. 通过实地调查、观察比较和科学阅读,能举例说明生物的遗传、变异、进化使得生物多种多样,意识到生物多样性的价值,关注生物资源保护,树立推动生态文明建设责任感。

3. 通过科学阅读、模拟实验和想象推理,能够建立天体模型并利用天体模型来介绍天体层次、解释相关自然现象,形成对探索宇宙的浓厚兴趣,进一步提升模型建构的科学思维。

4. 通过实验探究和推理论证,能寻找证据解释和判断物体发生变化时有无新物质产生,并据此判断该物质变化是否发生了化学变化,领悟化学与人类的紧密联系,提高科学探究能力。

课程评价

1. 总成绩由过程评价(30分)、实验操作考核(20分)和结果评价(50分)组成,学期总评成绩按分数划分为 A、B、C、D 四个等级分为:A≥80分;70分≤B<80分;60分≤C<70分;D<60分。

2. 过程评价(30分)＝课堂表现(9分)＋实验表现(12分)＋单元作品呈现(9分)。过程评价标准如下表:

评价内容	评价标准	分值	评价对象
课堂表现 （9分）	1. 做好课前准备、遵守课堂纪律、按时完成检测与练习	3分	学生自评与小组互评相结合
	2. 积极参与课堂交流互动、表达有理有据	3分	
	3. 注意力集中、思维活跃	3分	
实验表现 （共12分）	1. 能依据工程建设过程步骤,完成塔台模型制作,能根据设计要求改进塔台模型的设计和制作,并进行展示交流	3分	小组互评与教师评相结合
	2. 能小组合作调查校园生物,并绘制校园生物分布图,展现校园生物大家庭	3分	
	3. 能根据收集到的资料制作各种类型的天体模型,利用天体模型进行模拟实验,理解天体的空间关系和产生的自然现象	3分	
	4. 能观察并记录白砂糖、食盐、小苏打分别滴入水、白醋后的实验变化,蜡烛燃烧发生的变化,加热白砂糖发生的变化,并分析得出结论	3分	
单元作品呈现 （共9分）	1. 塔台模型设计科学细致、制作符合要求、外形美观、建造成本合理	3分	
	2. "保护生物多样性"宣传海报素材新颖、内容翔实、表述科学、版面美观,能从多角度科普"生物多样性"的意义和保护方法	3分	
	3. "天体模型"能够很好地帮助理解天体的空间关系和产生的自然现象,结构稳定、造型美观、选材恰当	3分	

课程内容与实施

（一）课程内容

主题	课程内容	单元教学活动安排	课时
开学第一课	分享课程纲要	明确本学期学习目标、内容和评价。	1
小小工程师	1.1 了解我们的住房	分组模型制作：亲历工程建设的过程，制作塔台模型。	9
	1.2 认识工程		
	1.3 建造塔台		
	1.4 设计塔台模型		
	1.5 制作塔台模型		
	1.6 测试塔台模型		
	1.7 评估改进塔台模型		
生物的多样性	2.1 校园生物大搜索	分组活动：调查校园生物，绘制校园生物分布图。	2
	2.2 制作校园生物分布图		
	2.3 形形色色的植物	分组活动：制作"保护生物多样性"宣传海报。	6
	2.4 多种多样的动物		
	2.5 相貌各异的我们		
	2.6 古代生物的多样性		
	2.7 保护生物多样性		
宇宙	3.1 太阳系大家庭	分组模型制作：制作八大行星位置模型，尝试利用模型解释太阳系的结构。	2
	3.2 八大行星		
	3.3 日食	分组模型制作：制作"太阳、地球、月球"模型，尝试利用模型解释日食的成因。	2
	3.4 认识星座	分组模型制作：制作星座模型。	2
	3.5 夏季星空		
	3.6 浩瀚的宇宙	分组模型制作：制作银河系模型，尝试利用模型解释银河系的结构。	2
	3.7 探索宇宙		

(续表)

主题	课程内容	单元教学活动安排	课时
物质的变化	4.1 厨房里的物质与变化 4.2 产生气体的变化 4.3 发现变化中的新物质 4.4 变化中伴随的现象 4.5 地球家园的化学变化 4.6 生命体中的化学变化 4.7 美丽的化学变化	分组实验：观察白砂糖、食盐、小苏打分别滴入水、白醋后的变化；观察蜡烛燃烧产生的新物质；观察加热白砂糖产生的新物质。 课后实践：观察铁钉生锈实验的现象并拍摄化学变化科学视频。	8
实验考查	实验考查	实验考查	2

（二）学习策略

1. 自主探究和小组合作相结合，同学们将在老师指导下开展自主探究学习和小组合作学习。4—5人为一个小组，开展设计制作、实验探究等学习活动，共同完成学习任务。

2. "小小工程师"单元我们将围绕设计制作塔台模型这一任务展开，通过小组合作亲历设计、制作、测试、改进塔台模型的活动，了解工程建设的一般过程，知道工程的关键是设计，认识到工程的系统性和复杂性，发展技术与工程实践能力。

3. "生物多样性"单元将围绕设计"保护生物多样性"的宣传海报任务展开，课程学习的过程也是信息收集的过程，通过调查研究了解生物种类的多种多样，通过观察比较和推理论证理解遗传变异、生物进化与生物多样性的关系，进而讨论生物多样性与人类的关系。

4. "宇宙"单元我们将围绕制作一系列天体模型用于科普讲解这一任务展开，通过科学阅读获取信息，动手建构模型，进行模拟实验，帮助理解宇宙中天体的层次关系，了解宇宙的星系或星体都在运动变化，分布在不同的宇宙空间并有不同的特征，并借助模型解释相关自然现象。

5. "物质的变化"单元我们将围绕拍摄化学变化科学视频这一任务展开，观察物质变化及其伴随的现象，借助实验和推理总结，了解化学变化的本质，掌握区分物理变化与化学变化的方法，发展正确的物质观，认同物质的变化与人们的生活紧密相关。

设计说明

(一) 设计依据

1. 课标要求

依据《义务教育科学课程标准(2022年版)》中核心素养学段特征,结合学段的学业质量要求和六下教材内容,制定了指向核心素养的学期课程目标。相较于第一、二学段,课标对第三学段的学段要求以及相应的课程内容要求均有较为明显的提高,特别是期望完成学习后,学生具备提出问题和制定比较完整计划的能力,能基于证据反思和调整探究活动;具有运用科学方法描述和处理信息并得出结论的能力,能进行过程性反思和总结性评价。

2. 教材要求

六年级下册教科书是小学阶段总结性的单元,由"小小工程师""生物的多样性""宇宙"和"物质的变化"四个单元组成,设置了丰富的科学实践探究和设计制作活动,着力促进学生探究实践能力的发展,将为初中阶段的学习奠定基础。"小小工程师"单元的学习,让学生经历一个工程建造的系统过程;"生物的多样性"单元的学习,是基于六年级学生的认知特点,围绕物种多样性和基因多样性进行的;"宇宙"单元的学习,是建立在学生对地球、月球等天体的认识基础上的再次扩展,通过对太阳系、星座和宇宙的逐步认识,学生初步形成宇宙是一个大系统的观点;"物质的变化"单元从学生身边的物质变化现象开始研究,观察物质变化及其伴随的现象,认识物理变化与化学变化的本质特征。

3. 学情分析

学生经过五年半的学习,已经经历过小车、船等物品的设计与制作,一定程度上具备了将自己的创意转化为模型或实物并进行改进的能力,具有初步的技术与工程实践能力。学生已经知道地球上存在动物、植物、微生物等不同类型的生物,初步认识了动植物之间、动植物与环境之间存在着相互依存的关系,为探究生物的多样性打下基础;学生能够说出许多关于地球、太阳和月球的知识,对地球的自转和公转及由其产生的自然现象也有所了解,对探究神秘浩瀚的宇宙感兴趣;知道有些物体在大小和形状改变时,其构成物质没有改变,这些学习基础能够帮助学生更好地理解物理变化和化学变化。

(二) 设计创意

根据《义务教育科学课程标准(2022年版)》内容及要求,结合教材分析和学情分析,制定了学期学习目标。以单元大任务串联单元学习内容,设计了塔台模型设计制作、保护生物多样性海报编制、天体模型制作与讲解、拍摄化学变化科学视频制作四个大任务,挖掘科学探究中的思维和认知发展过程,培养学生的探究实践能力和问题解决能力。

(三) 教学建议

"小小工程师"要让学生亲身尝试工程实践,指引学生像工程师一样根据规定的任务目标,运用科学知识和已有经验,设计并建造出相应的产品;"生物的多样性"要指导学生搜集生物多样性的相关证据,可以将证据推理和科学论证引入课堂,让学生在课堂针对问题提出观点,寻找证据互相辩驳;"宇宙"要重视学生体验与模型制作,着力引导学生通过科学观测、模拟实验、模型制作等方式了解天体系统;"物质的变化"要注意引导学生感受物质变化与化学反应的真实存在,结合具体的物质变化认识化学反应,关注物质变化与化学反应在生产生活中的作用。

物理(八年级下)课程纲要

基本信息

课程名称:物理

课程类型:国家课程

教材来源:人民教育出版社义务教育教科书·物理(八年级下册)

适用对象:八年级学生

课时安排:54课时

设计者:陈德凯/广州市天河区教师发展中心   王亚飞/广州市泰安中学
　　　　陈文澄/广州市天河区汇景实验学校   麦东强/广州市南国学校

导语

欢迎进入八年级下学期物理的学习!

在八年级上学期的学习过程中,我们尝试了用基本物理方法定义新概念,如用比值法定义速度和密度;经历了声现象、物态变化、光现象及其应用的系列探究实验,在实验中我们明确实验目的、规范实验步骤、动手动脑验证探索,这些好习惯要继续坚持!

八年级下册共有六章,我们将学习更多的新物理量,学习过程中要注意章节之间的关联,比如"压强""弹力""浮力"与力的基本概念的联系。

本学期的重要概念是"力是改变物体运动状态的原因"和"能量的形式、转移与转化"。所学内容不仅是初中的主干知识,也为高中学习打好关键基础,请做好深入学习的准备吧!

课程目标

1. 通过观察实验、分析交流,准确了解压强、浮力等新概念,突破认识误区,能初步运用物理概念,分析熟悉情景下的物理问题,初步形成相互作用观念、能量观念。

2. 通过完成习题、开放性问题,学会构建物理模型,能运用物理概念、规律解释现象,进行简单论证,发展科学思维。

3. 通过制订实验方案,完成实验流程,深入总结领会牛顿第一定律、二力平衡条件等物理规律,能规范、安全进行实验操作,读取数据,描述图表信息,形成结论,提高科学探究能力。

4. 通过制作简易杆秤等生活实例和案例探究,体会物理学对人类发展的推动作用,培养端正严谨求是的科学态度,具备用科学促进社会发展的使命感和责任感。

课程内容与实施

课程内容		课时安排	学习活动
课程纲要		1	自主阅读、老师点拨,同伴交流,了解本学期的学习内容和目标
力、重力、弹力	1. 力的基本概念 2. 弹力及弹簧测力计 3. 重力	5	1. 实验观察、分析讨论认识力 2. 实验(学生必做) 用弹簧测力计测量力
运动和力	1. 牛顿第一定律与惯性 2. 二力平衡 3. 摩擦力	8	1. 实验(学生必做) 探究滑动摩擦力的大小与哪些因素有关 2. 调查和分享 生活中增大摩擦和减小摩擦的现象
压强	1. 压强的概念 2. 液体压强 3. 大气压强 4. 流体压强与流速的关系	9	1. 实验活动 探究液体压强与哪些因素有关(学生必做) 2. 压强的定义与相关情景分析计算 3. 调查和分享 生活中增大压强和减小压强的现象
浮力	1. 浮力的产生 2. 阿基米德原理 3. 浮沉条件及应用	8	1. 实验活动 探究浮力大小与哪些因素有关(学生必做) 2. 情景分析计算 (1) 利用受力分析求浮力 (2) 利用阿基米德原理求浮力
期中复习与测评		3	

(续表)

课程内容		课时安排	学习活动
功和机械能	1. 功和功率 2. 动能和势能 3. 机械能及其转化	6	1. 实验活动 动能和势能的影响因素 2. 功和功率的定义 3. 观察和分析秋千、滚摆等的能量转化过程
简单机械	1. 杠杆、滑轮、斜面 2. 机械效率	10	1. 实验活动 探究杠杆的平衡条件(学生必做) 2. 杠杆平衡条件与机械效率定义 3. 调查和分享 我国古代部分机械的工作原理,如龙骨水车等 4. 制作简易杆秤
期末复习		4	

附：1. 练习册：《阳光学业评价》(八年级下册)。

2. 网络平台：

广州共享课堂 https://gzclass.gztv.com/gksubjecpc/index.html；

粤教翔云：http://zy.gdedu.gov.cn/。

课程评价

学期总评成绩 X(满分 100 分)＝结果评价得分 M(满分 70 分)＋过程评价得分 N(满分 30 分)，学期总评成绩按分数划分为 A、B、C、D、E 五个等级,分别为：A≥90 分；80 分≤B<90 分；70 分≤C<80 分；60 分≤D<70 分；E<60 分。

具体操作为：

结果评价部分由纸笔考试 M_1(90 分)和实验操作考试 M_2(10 分)构成,按照 70% 计入总评。

过程评价部分含课堂表现 N_1(30 分)、作业表现 N_2(30 分)、单元测试成绩 N_3(30 分)、实践活动 N_4(10 分),综合评分后,按 30% 计入学期总评,即 X＝(M_1＋M_2)×70%＋(N_1＋N_2＋N_3＋N_4)×30%

评什么	怎么评	满分值	谁来评
课堂表现 (30 分)	遵守课堂纪律	10	个人、小组、教师
	参与活动的主动性	8	个人、小组、教师

(续表)

评什么	怎么评	满分值	谁来评
课堂表现 （30分）	小组参与作用大小	6	个人、小组、教师
	分享总结的创造性	6	个人、小组、教师
作业表现 （30分）	按时交作业	5	组长、科代表
	能独立完成作业	10	组长、科代表
	作业能够及时订正	10	组长、科代表
	书写规范、整洁	5	组长、科代表
单元测试成绩 （30分）	分数换算	30	教师
实践活动 （10分）	科普小作文、手抄报	5	教师
	科技制作、创新	5	教师

设计说明

（一）设计依据

1. 课标要求

根据《义务教育科学课程标准（2022年版）》中的学段目标和分学段内容要求，以及《义务教育物理课程标准（2022年版）》中内容要求、学业要求、学业质量评价描述制订本学期的课程目标。

2. 教材分析

本学期教材内容包含2个一级主题"运动和相互作用"与"能量"，3个二级主题"机械运动和力""能量的转化和转移""机械能"和12个三级课标要求。教材各章节内容系统性、关联性较强。

3. 学情分析

经过八年级上学期的学习，学生初步了解初中学习的特点和方法，学生的实验规范意识在逐步养成。本学期内容有两大核心概念，即运动与相互作用及能量的转化与能量守恒。物理概念、定量计算增多，力学部分学生会感觉比较难。

（二）设计创意

关注物理初中学段的课标要求的同时，关注义务教育科学课标要求，结合教材和学情分析，制定学期目标和课程内容，做好小学科学与初中物理相应内容的教学衔接，注重按照学业要求进阶式培养学生的核心素养。

(三) **教学建议**

本学期章节内容联系密切，适合开展大单元教学，开展项目化和情景化教学尝试，可以很好地培养相互作用观念和能量观念，让物理学习从定性观察到定量计算分析，进而模型建构、推理论证，培养科学思维。本学期测量类学生实验偏少，探究类学生实验偏多，按照2022新课标的理念及要求，要注重科学探究的流程要素，从问题、证据到解释、交流；要注重学习过程的设计，学习目标指向素养能力，在探究过程中形成规范习惯，掌握物理学科方法，培养严谨的科学态度和责任意识。关于评价，要关注过程评价，注重多元评价方式，为了起到鼓励学生，激发学生兴趣的目的，也可以按照一定比例设置等级，各等级比例可以按照实际情况作调整。

化学(九年级上)课程纲要

基本信息

课程名称:化学

课程类型:国家课程

教材来源:人民教育出版社义务教育教科书·化学(九年级上册)

授课对象:九年级学生

课时安排:72课时

设计者:冯熙妍/广州市天河区教师发展中心
　　　　曾远花、何劲帆、刘力宇/广州市长兴中学

导语

我们已经接触过物理、生物等科学课程,现将学习一门新的科学——化学,从中领略物质的千变万化,探寻物质变化的规律及微观世界,学习用化学语言描述物质的组成和变化,学会制备一瓶纯净的气体——氧气、二氧化碳等。这一年,让我们一起感受化学的美丽与奥妙,一起走进化学的世界吧!

课程目标

1. 通过生活、实验等说出常见物质的性质和用途,能用化学方程式表示物质化学性质,建立性质与用途的关系等化学观念。

2. 结合实验探究、模型拼插等手段初步认识分子、原子,能从宏观、微观等角度认识物质的组成和变化,能解释生活中的常见现象,初步建立"宏观现象—微观解释—化学符号"等科学思维。

3. 通过具体实验学会试剂和仪器的使用,会描述及分析实验现象。初步体会提出问题、形成假设、设计并实施、获取证据、分析数据、形成结论等科学探究与实践。

4. 能从物质的组成和变化的视角,分析和讨论资源综合利用等有关问题,能举例说明化学在保护环境等方面的作用,初步形成节能低碳等科学态度。

■ 课程评价

学期总评成绩(100分)＝过程评价(30分)＋结果评价(70分)。学期总评成绩按分数划分为 A、B、C、D、E 五个等级,分别为:A≥90分;80分≤B<90分;70分≤C<80分;60分≤D<70分;E<60分。

(一) 过程评价(30分)

1. 课堂学习表现(10分,学生自评)

评价项目	优秀	良好	合格	不合格	分数	总分
课前预习、认真听讲、及时做笔记	3	2	1	0		
主动思考、积极回答、善于提问	4	3	2	1		
积极参与小组合作、主动承担小组任务	3	2	1	0		

2. 实验表现(10分,小组互评)

评价项目	优秀	良好	合格	不合格	分数	总分
注意安全、操作规范	3	2	1	0		
记录分析、讨论交流	4	3	2	1		
设计实验、反思创新	3	2	1	0		

3. 作业表现(10分,教师评价)

评价项目	优秀	良好	合格	不合格	分数	总分
按时按量完成	3	2	1	0		
做题认真、做题有痕迹	4	3	2	1		
红笔订正、收集错题	3	2	1	0		

(二) 结果评价(70分)

结果评价分值＝期中检测(20%)＋期末检测(70%)＋实验操作考试(10%)

课程内容与实施

课程内容	课时	课程实施
课程纲要	1	了解本学期学习内容及评价方式
第一单元 走进化学世界	8	从化学视角探究蜡烛燃烧、呼出气体,初步了解如何学习化学
第二单元 我们周围的空气	11	制取一瓶较纯净的氧气,感受让熄灭木条复燃
第三单元 物质构成的奥秘	8	大任务:制作氧原子、水分子的模型
第四单元 自然界的水	9	大任务:用多种方法表示水的组成
期中检测	2	通过检测了解上半学期的学习情况,通过收集错题、反思总结进一步提高学习能力
第五单元 化学方程式	10	用化学方程式规范表示化学变化,能根据化学方程式进行简单计算,如能根据反应物的质量计算生成物的质量
第六单元 碳和碳的氧化物	12	设计制取二氧化碳的装置,制取二氧化碳并探究其性质
第七单元 燃料及其利用	7	能利用控制变量法设计实验探究燃烧的条件 跨学科实践:调查家用燃料的变迁与合理使用
期末复习	4	通过专题复习知识结构化,套题模拟考试情境真实化

说明:

1. 本学期的化学学习要养成良好的听课习惯、作业习惯、实验习惯。每个星期请根据过程评价三方面自我检测是否做到。

2. 化学是一门以实验为基础的学科,要重视化学实验在学习中的作用,要根据实验目的领会为什么要进行这些实验操作,学会如何观察实验现象,如何根据实验现象、实验目的分析得出实验结果,如何评价实验及改进实验。

3. 课程资源:①国家中小学智慧教育平台;②广州共享课堂;③化学大师;④美丽化学。

设计说明

(一) 设计依据

1. 课程要求

本课程纲要依据《义务教育化学课程标准(2022年版)》编制。本学期重点要形成物质由元素组成、物质结构决定性质、物质性质决定用途等化学观念;基于实验事实进行证据推理,形成从宏观、微观、符号相结合的视角探究物质及其变化的认识方式等科学思维;以实验为主的科学探究与实践能力。

2. 教材要求

本册教材内容涉及五个一级主题：科学探究与化学实验，物质的性质与应用，物质的组成与结构，物质的化学变化，化学与社会。共分为七个单元，具体内容包括空气、氧气等常见物质，分子、原子等基本概念，探究蜡烛的燃烧等科学实验探究。学生了解基本概念和原理、基本的实验操作和科学探究的一般思路与方法，了解化学与生活、社会的关系，为下册学习常见的物质打下理论基础。

3. 学情分析

通过物理等科学课程的学习，初三学生已认识实验这种科学方法。学生在生活中也接触了一些常见的化学物质及化学知识，但所知道的知识比较零碎。同时，学生正处在好奇心强的时期，对很多化学问题充满好奇，渴望了解更深的化学知识，具备学习化学的兴趣与探索欲。这都为学生系统认识与学习化学打下了基础。

(二) 设计创意

第三单元和第四单元是本学期学生学习化学的分水岭之一，为了突破难点，以大任务统领单元学习，通过制作氧原子、水分子模型将微观粒子具体化，帮助学生认识微观世界。通过用多种方法表示水的组成，构建多角度认识物质组成的认知模型。结合新课程标准的要求，将跨学科内容渗透在单元教学中。

(三) 教学建议

认真研读新课程标准，知道每个内容需要培养哪些核心素养，基于大概念、大观念、大任务、大项目整体设计单元教学。

通过实验、创设真实情境等手段激发学习化学的兴趣，充分运用实验突破教学的重难点。注重运用课堂的生成性资源，针对学生的思维盲点展开教学。

注重过程评价，依据教学内容设计相应的评价规则，指引学生依据评价规则自我反思，促进自我成长。

化学(九年级下)课程纲要

基本信息

课程名称:化学

课程类型:国家课程

教材来源:人民教育出版社义务教育教科书·化学(九年级下册)

适用对象:九年级学生

课时安排:72课时

设计者:冯熙妍/广州市天河区教师发展中心

　　　　张映林、郑晓明/广州市南国学校

课程目标

与你分享本学期化学学习之旅的目的地:

1. 结合实例认识物质的分类、物质的变化与转化,分析常见物质性质与用途的关系,体会化学学科与社会发展的关系,深化物质多样性的化学观念。

2. 结合实验探究、模型与画微观图等形式认识常见物质的组成与结构,能依据组成对物质进行分类,从物质类别的视角初步预测常见物质的主要性质,发展建立模型并运用模型解决实际问题的科学思维。

3. 经历常见物质性质与变化的探究过程,独立完成配制溶液等基础实验,设计简单的物质分离检验和制备等实验方案或探究活动方案,提升解决真实情境问题的科学探究与实践能力。

4. 调查与研究生活中的化学,关注化学学科与社会发展的关系,形成合理利用物质的意识,体会化学学科价值,形成正确认识化学促进社会可持续发展的科学态度与责任担当。

课程内容

单元	课程内容	活动安排	课时
前言	分享学期课程纲要		1
第八单元 金属和金属材料	课题1 金属材料	(1) 课堂内完成实验活动：金属的物理性质和某些化学性质； (2) 课后完成"铁制品生锈的条件"的探究活动，一周后分享探究结果。	13
	课题2 金属的化学性质		
	课题3 金属资源的利用和保护		
	单元小结与评价		
第九单元 溶液	课题1 溶液的形成	(1) 课堂内完成实验活动：一定溶质质量分数溶液的配置； (2) 课后完成"自制白糖晶体"或"自制汽水"的家庭实验，上交照片。	13
	课题2 溶解度		
	课题3 溶液的浓度		
	单元小结与评价		
第十单元 酸和碱	课题1 常见的酸和碱	(1) 课堂内完成实验活动：酸、碱的化学性质； (2) 课后完成"鲜花变色"的探究活动。	14
	课题2 酸和碱的中和反应		
	单元小结与评价		
第十一单元 盐 化肥	课题1 生活中常见的盐	课堂内完成实验活动：粗盐中难溶性杂质的去除。	14
	课题2 化学肥料		
	单元小结与评价		
第十二单元 化学与生活	课题1 人类重要的营养物质	查阅资料，了解我国航天科技领域中新型材料的应用。	5
	课题2 化学元素与人体健康		
	课题3 有机合成材料		
	单元小结与评价		
复习	综合复习	(1) 整理基础知识，画出知识网络图； (2) 梳理典型考题，形成解题思路。	12

课程实施

（一）课程资源

1. 实验：20次教师演示实验，4次学生实验探究。

2. 网络资源：①国家中小学智慧教育平台；②广州共享课堂；③化学大师。

(二) 学习活动

1. 课内实验活动：穿戴好实验服与护目镜，做好防护措施。实验前充分思考实验目的与实验原理。实验过程注意安全，如有突发情况及时报告。

2. 课后探究活动：留意身边的溶液、金属和酸碱盐等物质，积极完成课外实验与调查研究。从宏观、微观、符号相结合的角度，运用实验探究，形成认识物质的化学思维方法，提高运用所学知识和方法解决问题的能力。

课程评价

学期总评成绩由两部分组成，即过程评价（占30%）和结果评价（占70%）。

(一) 过程评价

过程评价（30分）＝课堂表现（6分）＋作业表现（6分）＋平时知识点检测情况（4分）＋单元小结与评价情况（8分）＋化学实验表现（6分）

评价内容	评价方法
课堂表现（6分）	根据课堂上回答或提出问题的质量、与同学交流合作的效果，小组评价，占3分；教师给分，占3分
作业表现（6分）	根据作业是否及时上交，是否独立完成，准确率、规范性及纠错情况，教师给分，占6分
平时知识点检测情况（4分）	根据日常知识点检测的准确率与纠错情况，教师给分，占4分
单元小结与评价情况（8分）	根据单元小结与评价情况，教师给分，占8分
化学实验表现（6分）	主动参与课堂探究活动，并能清楚讲解实验思路，教师给分，占2分；必做实验活动符合广州市中考实验操作评分标准，教师给分，占2分；积极参与课外兴趣实验，并能分析与形成结论，教师给分，占2分

(二) 结果评价

结果评价（70分）＝期末测试成绩（笔试90分＋实验操作10分），按70%计入。

(三) 学期总评成绩

学期总评成绩（100分）＝过程评价成绩（30分）＋结果评价成绩（70分）。

学期总评成绩按分数划分为 A、B、C、D、E 五个等级,分别为:A≥90 分;80 分≤B<90 分;70 分≤C<80 分;60 分≤D<70 分;E<60 分。

设计说明

(一) 设计依据

1. 课标要求

以《义务教育化学课程标准(2022 年版)》中的课程目标、课程内容和学业质量为依据,结合教材和学情制定本学期学习目标,旨在引导学生形成化学观念,发展科学思维,增强实践创新能力。

2. 教材要求

本学期新授课的具体内容分为金属、溶液、酸和碱、盐和化肥、化学与生活五个单元,它们不再是某种单一的具体物质,而是具有相似性质的一类物质。通过本学期的学习,学生学会从类别角度认识物质的性质与变化,体会到物质多样性的化学观念,深化证据意识,发展学生的核心素养。

3. 学情分析

通过上学期的学习,学生们已经学习身边的具体物质如空气、水、碳与碳的氧化物,初步认识了学习化学物质的一般思路和方法,体会到以实验探究为基础,宏观、微观和符号相结合的化学学科特点。

本学期通过这五个单元的学习,引导学生体会到学习一类物质的基本思路与方法,进一步发展化学学科特有的宏观、微观、符号相结合的思维方法,形成从化学学科视角探究身边物质的学科观念。

(二) 设计创意

本课程纲要编制主要依据《义务教育化学课程标准(2022 年版)》,立足教材、学生学情及学生学科核心素养的发展,以单元学习形式构建实践活动体系,开展以化学实验为主的多样化探究活动,体现化学学科育人的基本要求。

(三) 教学建议

1. 充分挖掘化学实验的功能,开展多样化的探究活动,激发学生的学习兴趣。

2. 创设真实问题情境,倡导"做中学""用中学""创中学",培养学生主动学习的能力。

生物学(八年级上)课程纲要

基本信息

课程名称：生物学

课程类型：必修

教材来源：人民教育出版社义务教育教科书·生物(八年级上册)

适用对象：八年级学生

课时安排：36课时

设计者：陈燕君/广州市泰安中学　郑雪萍/广州市天河区教师发展中心

导语

同学们,欢迎进入八年级的生物学学习!

通过七年级的学习,同学们已经了解了生物体的结构层次、生物与环境、植物的生活、人体生理与健康的基础知识,初步形成了生物学的结构与功能观、物质与能量观、生态观等。同时初步掌握了学习生物学的科学思维方法,能够用所学知识和技能解决一些生物学问题,意识到了树立健康意识、保护环境、服务社会的重要性。本学期我们将学习第五单元"生物圈中的其他生物"和第六单元"生物多样性及其保护",建构"生物可以分为不同的类群,保护生物多样性具有重要意义"的大概念,形成保护生物多样性的意识和行为习惯,增强社会责任感。同时,初步形成进化的观点,为学习八年级下册"生物进化的历程"打好基础。

课程目标

完成本学期的学习之旅,你们将能够:

1. 通过观察和比较,说出各动物类群、细菌和真菌的结构特征及功能,形成生物的结构与功能相适应的观点。

2. 根据生物的形态结构、生理功能等特征,尝试将生物进行分类并说明生物的分类等级及其相互关系,初步形成生物进化的观点。

3. 通过实例分析、调查、交流等活动,举例说明动物、细菌、真菌与人类生活的关系,学会辩证地看待动物、细菌和真菌与人类的关系,建立生物与环境和谐统一的观点。

4. 通过制作发酵食品、调查生物资源等跨学科实践活动,学会运用生物技术解决现实问题或生产特定产品,发展科学探究和科学实践能力。

5. 通过调查与交流活动,认识生物多样性面临的威胁及其原因,了解保护生物多样性的方法和措施,积极主动参与保护生物多样性的活动,树立社会责任感。

课程评价

你们学得怎样,将通过以下几个方面进行评价:

本学期课程评价由过程评价和结果评价两部分组成,过程评价占40%,结果评价占60%。学期总评成绩以等级(A、B、C、D、E)呈现。

(一)过程评价(40%)

过程评价(40分)=作业表现(10分)+实验表现(20分)+课外实践(10分)

过程评价标准如下表:

评价内容	评价标准	分值	评价方式
作业表现 (10分)	1. 按时上交作业	4分	师评
	2. 作业准确率达80%以上并及时订正	4分	
	3. 作业书写规范、整洁	2分	
实验表现 (20分)	1. 能认真观察蚯蚓的外部形态及运动,乐于分享观察结果	5分	自评 组评 师评
	2. 能对鸟的形态结构适于飞行的特点作出假设、制订并实施计划,分析得出结论,进行表达与交流	5分	
	3. 在探究蚂蚁的通信实验中,能根据问题作出假设、讨论完善计划,根据计划进行实验,认真观察做好记录,分析结果,得出结论	5分	
	4. 能设计实验检测不同环境中的细菌和真菌,正确记录实验结果,分析得出结论,反思实验过程	5分	

（续表）

评价内容	评价标准	分值	评价方式
课外实践（10分）	1. 能正确掌握制作发酵食品的方法，认真按时完成	5分	自评组评师评
	2. 能对广州市重要经济价值的生物资源进行调查，撰写调研报告，提出保护和开发利用的合理建议	5分	

（二）结果评价(60%)

以期末考试成绩(满分100分)卷面成绩的60%计入。

（三）学期总评成绩

学期总评成绩(100分)＝过程评价成绩(40分)＋结果评价成绩(60分)

学期总评成绩按分数划分为A、B、C、D、E五个等级，分别为：A≥90分；80分≤B＜90分；70分≤C＜80分；60分≤D＜70分；E＜60分。

课程内容与实施

主题	课程内容		单元教学活动安排	课时
	开学第一课	分享课程纲要	小组交流：制定本学期学习计划	1
动物王国	5.1 动物的主要类群	1. 腔肠动物和扁形动物	演示实验：观察河蚌内部结构、观察鲫鱼及其鳃 分组实验：观察蚯蚓、鸟适于飞行的形态结构	12
		2. 线形动物和环节动物		
		3. 软体动物和节肢动物		
		4. 鱼		
		5. 两栖动物和爬行动物		
		6. 鸟		
		7. 哺乳动物		
	5.2 动物的运动和行为	1. 动物的运动	演示实验：探究小鼠走迷宫获取食物的学习行为 分组实验：蚂蚁的通信	6
		2. 先天性行为和学习行为		
		3. 社会行为		
	5.3 动物在生物圈中的作用	动物在生物圈中的作用	角色扮演情景剧：动物的作用	1

(续表)

主题	课程内容		单元教学活动安排	课时
微生物秘境	5.4 细菌和真菌	1. 细菌和真菌的分布	演示实验:观察酵母菌和霉菌、发酵现象 分组实验:检测不同环境中的细菌和真菌 课外实践:制作发酵食品	8
		2. 细菌		
		3. 真菌		
		4. 细菌和真菌在自然界中的作用		
		5. 人类对细菌和真菌的利用		
	5.5 病毒	病毒	模型制作:制作病毒模型	1
多样性阶梯	6.1 根据生物的特征进行分类	1. 尝试对生物进行分类	制作检索表:对所学的动物类群制作简易检索表	2
		2. 从种到界		
	6.2 认识生物的多样性	认识生物的多样性	跨学科课外实践:结合地理学的区域性和乡土地理,对广州市具有重要经济价值的生物资源进行调查,撰写调研报告,提出保护和开发利用的合理建议。	3
	6.3 保护生物的多样性	保护生物的多样性		
期末复习和检测				2

设计说明

(一) 设计依据

1. 课标要求

本课程纲要设计以《义务教育生物学课程标准(2022年版)》理念为指导,落实立德树人根本任务,充分发挥生物学育人价值,聚焦核心素养,围绕"生物可以分为不同的类群,保护生物的多样性具有重要意义"大概念组织教学内容和教学活动。重视以探究和实践为特点的教学过程,通过实验、探究、调查、制作等学习活动落实学生的核心素养的培养。

2. 教材要求

本学期的主要内容是认识生物的多样性,同时认识到从生物个体到类群到不同物种间体现出的多样性和适应性是生物进化的结果。生物的进化是不可逆的,已灭绝的物种不可能在地球上重现,所以在认识生物多样性的基础上保护生物多样性是本学期的内容重点。通过本主题的学习促使学生形成保护生物多样性的意识和行为习惯是本学期的学习难点。

3. 学情分析

学生在日常生活中会接触各种各样的生物,对生物有丰富的感性认识,而且对动物、微生物等十分感兴趣。学生在小学阶段和七年级学习相关的生物学知识,具有一定的科学思维和探究能力,但对生物各类群的特征以及它们之间的进化关系并不清晰,对保护生物多样性的认识也不足,没有意识到物种的灭绝会影响到其他生物和人类的生存。

(二) 设计创意

本课程纲要围绕学习目标设计评价体系,重视过程评价。过程评价的重点放在动手操作、实践类的活动评价上,凸显生物学科的特色,实验是学生学习生物学的重要方法,故在过程评价上设置有实验表现的评价内容。本设计尽量能够体现教—学—评一致性,在实施过程中会不断调整和改进,以更符合学生学情,促进学习目标达成。

(三) 教学建议

采用视频、图片等直观的素材,充分利用本地的生物资源,激发兴趣,引导学生通过列表、概念图等多种方式比较、归纳和概括出各生物类群的特征,帮助学生逐步形成进化与适应观。开展实验探究、调查等实践活动,在"做中学""用中学",发展科学思维和实践能力。通过组织学生收集生物多样性保护的典型实例,认识到保护生物多样性的重要性,促进学生主动宣传保护生物多样性的重要意义,增强社会责任感。

信息科技(六年级下)课程纲要

■ 基本信息

课程名称：信息科技

课程类型：国家课程

教材来源：广东教育出版社广州市信息技术教科书·信息技术小学第三册

适用对象：六年级学生

课时安排：18课时

设计者：王洁娜/广州市天河区天府路小学

指导老师：杨磊/广州市天河区教师发展中心

■ 导语

本学期我们学习如何运用App Inventor编程平台进行趣味编程。我们将通过制作"探索空间站"App活动，引导同学们使用App Inventor新建项目、设计界面、编写程序、进行测试，并创作简单作品。我们希望同学们在平时的学习中，能根据需要选择合适的数字设备、平台和资源，开展自主学习和合作探究；在发现问题时，对问题进行抽象、分解、建模，并通过设计算法解决问题；能符合规范、负责任地使用App Inventor编程平台创作作品。

■ 课程目标

1. 通过分析探索空间站活动，利用微课、影视频的数字化资源，了解空间站，提出针对空间站的问题及设想，体验分析问题的过程，提升信息意识。

2. 通过制作"探索空间站"App活动，利用微课、教材、学历案等资源，学会用App Inventor新建项目、设计界面、编写程序、进行测试，体验计算机程序的编写过程和特点，感受用App Inventor解决问题的乐趣。

3. 通过作品创作活动，利用教材、微课等数字化资源开展自主探索，能运用 App Inventor 编程平台进行趣味编程，客观认识算法的价值及局限性，初步具备知识产权保护和应用的安全意识。

课程内容

本学期主要学习根据活动情景中的实际需求，运用 App Inventor 开发简单的移动运用程序。具体的课程内容如下图所示。

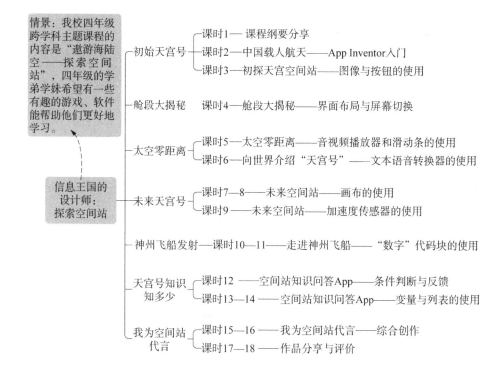

课程实施

（一）课程资源

1. 广州市信息技术教科书《信息技术》小学第三册配套光盘资源；
2. 教师自主设计的移动运用程序范例、微课等资源；
3. "中国载人航天"公众号。

（二）学习方式

1. 在教师的指导下，在 UMU 互动学习平台、平板、微课等数字化学习资源与工具环境下进行自主学习和合作探究；

2. 从单元或者每课的情景中发现问题，制定简单的解决方案，制作"探索空间站"App；

3. 关注"中国载人航天"公众号，通过公众号、互联网或者相关书籍，了解中国天宫号空间站的相关知识，并与同学交流分享；

4. 将制作的移动应用程序安装到手机上，邀请四年级小朋友、家人、老师一起测试，评价作品，巩固内化知识，达到知识意义建构。

课程评价

学期总评成绩＝过程评价成绩(40%)＋结果评价成绩(60%)。学期的总成绩以百分制计算，折算后最终以等级制呈现：A≥90 分；90 分＞B≥80 分；80 分＞C≥70 分；70 分＞D≥60 分；E＜60 分。

（一）过程评价

从以下维度对学生进行过程评价，并记录分数。

评价内容	评价等级描述	分　　数		
	（每个细则做到得 10 分，满分 100 分）	（　）月（　）日	（　）月（　）日	（　）月（　）日
情感态度	做好课前准备、遵守课堂纪律、按时完成技能训练			
	对学习内容表现出浓厚兴趣，努力完成任务			
问题解决	根据每节课空间站相关情景提出自己的问题			
	能找到恰当的算法解决问题，提出问题解决的思路			
	能运用 App Inventor 完成当节课的任务，解决问题			
自主学习	在完成任务的过程中能自主利用教材、微课等资源			
	能主动学习运用 App Inventor 设计简单的移动运用程序的方法			

(续表)

评价内容	评价等级描述	分　　数		
	（每个细则做到得 10 分,满分 100 分）	（　）月 （　）日	（　）月 （　）日	（　）月 （　）日
分享评价	能根据实际任务需求,使用自然语言、流程图等方式描述解决问题的过程			
	能说出同学的作品使用的技术并能发现问题,必要时提出优化解决路径			
	在信息分享与交流活动中,认识到自主可控技术的重要性,尊重原创			

（二）结果评价

设置如何帮助学弟与学妹学习空间站的相关知识的情景。结果评价主要针对学生提交的"我为空间站代言"作品,从以下维度进行评价,并记录分数。

评价维度	评价细则	分数
科学性(30%)	空间站相关知识正确,移动程序的设计无科学性错误,主题特色鲜明,具有一定的科普作用	
创新性(20%)	呈现形式新颖独特,素材、组件或者逻辑的设计体现自主创作,界面富有特色	
艺术性(20%)	界面设计和谐,素材选择清晰,字体字号合适,颜色搭配合理,整体协调美观	
技术性(30%)	能合理运用 App Inventor 的组件,能根据需要进行逻辑设计,能运用变量、程序结构等实现相应功能	

设计说明

（一）设计依据

1. 课标要求

《义务教育信息科技课程标准(2022 年版)》提出算法是计算思维的核心要素之一。本学期以身边的算法为载体,让学生了解利用算法求解简单问题的基本方式,培养学生初步运用算法思维的习惯,并通过实践形成设计与分析简单算法的能力。

通过本模块的学习,学生能熟悉一些常用的算法描述风格与方式,理解算法执行的流程；能利用自然语言、流程图等方式，描述求解简单问题的算法，并对算法的正确性与执行效率进行讨论与辨析。

2. 教材要求

教材通过运用 App Inventor 开发简单的移动运用程序，帮助学生熟悉一些常用的算法描述风格与方式，理解算法执行的流程，让学生学会针对简单问题，尝试设计求解算法，并通过程序进行验证。

3. 学情分析

六年级的学生已经体验了使用数字设备解决问题的过程，知道信息的多种表达方式，能根据需要选择合适的数字设备解决问题。在简单问题的解决过程中，能有意识地把问题划分为多个可解决的小问题，通过解决各个小问题，实现整体问题解决；并能依据问题解决的需要，用图符的方式表达解决问题的过程。但是通过抽象和分解形成最优问题求解方案的能力有待提升。

能利用在线平台和数字化设备获取学习资源，开展合作学习，有效管理个人在线学习资源；借助信息科技进行简单的多媒体作品创作、展示、交流；具有一定的信息社会责任意识，能用社会公认的行为规范进行网络交流。这些为本学期的学习奠定了基础。

（二）设计创意

本学期的教学内容以大单元为单位进行整体设计，以探索空间站为主题，以完成大任务——创作"我为空间站代言"移动作品为目标，让学生在完成任务的过程中，掌握 App Inventor 的相关操作。在教学过程中，把探索空间站这个大主题分为"初始空间站""舱段大揭秘"等 7 个小主题。把一个大任务划分为多个子任务，目的是引导学生学会把大问题分解成多个小问题，通过小问题的解决实现整体问题的解决。在问题解决过程中进行抽象和分解，形成问题求解方案，从而了解算法描述、算法结构，感受算法的魅力。

（三）教学建议

在教学过程中建议教师运用 UMU 互动学习平台、平板、微课等数字化学习资源与工具创设数字化学习环境；引导学生自主学习与合作探究，帮助学生在制作"探索空间站"App 的活动中，通过"模仿——验证——创作"的过程，通过多轮的"提出问题——探究问题——解决问题——展示交流"，掌握用 App Inventor 创作作品的方法，提升数字素养和技能。

信息科技(七年级下)课程纲要

基本信息

课程名称:信息科技

课程类型:国家课程

教材来源:广东教育出版社广州市信息技术教科书·信息科技初中第一册(2022年版)

适用对象:七年级学生

课时安排:18课时

设计者:江小宇/广州市天河区教师发展中心

导语

Welcome back,同学们！上学期我们开启初中信息科技学习之旅的第一站"信息与信息技术"和第二站"网络基础及应用",收获了不少信息科技的基础知识和基本技能。本学期来到第三站"制作多媒体作品——向世界介绍广府文化",大家可以大展身手,在做中学、创中学哦！

本学期我们将以"向世界介绍广府文化"为项目主题,一起来当"编剧",与伙伴们合作策划"剧本";当"导演"和"编导",综合运用图像、声音、视频等的采集与加工原理和技术,融合信息科技、语文、历史等学科知识,打造一份属于你们团队的、属于这座城市的文宣作品,向广交会(中国进出口商品交易会)的来宾们介绍广府文化！

课程目标

与你分享本学期信息科技学习之旅的目的地:

1. 通过观察、分析、实验等,掌握多媒体作品制作的一般流程,了解图像及声音的数字化原理,掌握图像、声音、视频的采集方法,知道信息编码、传输和呈现的基本原理。

2. 通过多媒体作品的分析与策划，自觉调用信息科技、语文、历史等多学科知识，根据实际需要有效采集素材，合理设计和规划多媒体作品，感受应用信息科技服务于文化表达的鲜明优势。

3. 通过多媒体作品创作的项目活动，掌握用软件和硬件相结合进行采集、分析、加工和呈现数据的能力，形成开展创新实践活动的意识和能力。

4. 通过多媒体作品的评价及赏析，增强保护个人隐私、尊重他人隐私、尊重崇尚原创的意识，树立反思和优化解决方案的意识与能力，形成良好的团队协作和乐于共享的意识。

课程内容

大项目名称	课程内容/活动	课时	提示
制作多媒体作品——向世界介绍广府文化	分享"课程纲要"	1	明晰这学期我们要做的事情
	多媒体作品的分析与策划	3	第1课时进行基本知识学习及作品分析 第2课时开展跨学科教学（语文、历史）
	图像的采集与简单加工	2	图像采集与加工的原理和技术
	声音的采集与简单加工	2	声音采集与加工的原理和技术
	视频的采集与简单加工	3	视频采集与加工的原理和技术
	初识动画	2	动画制作的原理和技术
	多媒体作品的集成	3	大项目作品集成
	多媒体作品的测试与评价、总结	2	大项目汇报评价
备注："课程内容"中的"初识动画"为第三册教材的内容，根据本学期的项目需要，作教学内容顺序的调整和整合，老师会提前将电子学习资源（含教材）发给大家。"多媒体作品的分析与策划"是对应教材内容"认识多媒体"的一部分，结合学习需要，已独立成为3个课时，大家可以提前预习、了解。			

课程实施

（一）课程资源

1. 课本对应的学习光盘；

2. 广州共享课堂；

3. 广州市数字教育城——师生多媒体平台(http://ss.gzjkw.net/)；

4. 广府文化研究网(http://gzgfwh.gzhu.edu.cn/index.htm);

5. 自主设计、创作的相关数字媒体资源;

6. 身边的同伴、教师、广府文化传承人、广府文化自媒体人等。

(二) 实施策略

1. 项目式学习:整个学期以"向世界介绍广府文化"为主线,开展跨学科项目式学习活动。通过确定主题——分析与策划——采集与加工——作品集成——测试与评价的程序,主动探究,层层递进,在做中学、创中学。

2. 任务驱动学习:老师在每节课上会精心设计学习任务和评价任务,以评价任务引领大家开展课堂学习,实现"教—学—评"一致。

3. 小组合作学习:无论是大项目学习活动还是每个课时中涉及的评价活动,小组合作探究都将贯穿其中,大家一起分享设计思路、学习资源、问题解决方案等。

课程评价

学期的总成绩以百分制计算,折算后最终以等级制呈现:A≥90 分;80 分≤B＜90 分;70 分≤C＜80 分;60 分≤D＜70 分;E＜60 分。学期总成绩由过程评价(占 60%)和结果评价(占 40%)两部分组成。

(一) 过程评价(占 60%)

过程评价由课堂表现评价(30 分)和项目作品评价(70 分)两部分组成。

1. 课堂表现评价(30 分)

课堂评价贯穿于整个学期的课堂教学的全过程:课前、课中、课后,具体见下表。教师平时对学生每节课的表现情况进行赋分(满分 30 分),在学期课堂学习结束后求平均值,以此作为课堂表现评价的分值。

环节	评价观测点和评价指标
课前	登录:准时/提前到达电脑室
	打字:中/英文打字速度达标
课中	任务:完成课堂小测/提出高质量问题
	协作:担任小老师/解决同学提出的问题
课后	习惯:保持座位的卫生清洁、物品的整齐摆放、设备的完好保护

2. 项目作品评价(70 分)

由组内互评、组间互评和教师评价三部分构成,组内评价是获得个人的得分(占 20%),组间互评和教师评价是获得作品的得分(分别占 30%+50%),作品得分是该组同学的统一得分,再加上个人得分即为个人分值。

评价主体	评价维度	权重
A. 组内互评	从完成作品过程中的参与度(50 分)和贡献度(50 分)两个维度进行赋分	20%
B. 组间互评	从作品的科学性(10 分)、原创性(30 分)、技术性(30 分)、艺术性(10 分)、交互性(20 分)五个维度进行赋分	30%
C. 教师评价 (含信息科技、语文、历史等)	从作品的思想性(20 分)、科学性(20 分)、原创性(20 分)、技术性(20 分)、推广性(20 分)五个维度进行赋分	50%

评价主体根据相应评价维度和分值,给成员(A 项)/作品(B,C 项)赋分,满分 100 分。多主体时取平均分。

(二) 结果评价(占 40%)

结果评价即本学期最后一节课随堂进行的期末测试所得的成绩。期末测试采用上机的方式进行,内容紧紧围绕本学期课堂上学习的内容,与广州市初中学业水平信息科技考试难度相当,含选择题、判断题和操作题,满分 100 分。

设计说明

(一) 设计依据

在当前还未有新教材的情况下,本学期整体结合落实新课标理念、现行教材内容要求及本地区初中学业水平考试等进行综合考虑和设计。

1. 课标要求

在学段素养目标要求上有四个方面:信息意识(观察、探究、理解互联网对社会各领域的影响)、计算思维(知道网络中信息编码、传输和呈现的原理;能通过软件与硬件相结合的项目活动采集、分析和呈现数据)、数字化学习与创新(主动利用数字设备开展创新实践活动;根据任务要求,借助在线平台,与合作伙伴协作设计和创作作品)、信息社会责任(保护个人隐私、尊重他人隐私等)。课标中本学段五个跨学科主题之

——向世界介绍我的学校与教材内容"制作多媒体作品"有高度吻合之处。

2. 教材要求

教材中"制作多媒体作品"以"学习制作简单的多媒体作品"为主线,主要内容包括认识多媒体,图像、声音、视频的采集与简单加工,多媒体作品的集成,多媒体作品的测试与评价等。

3. 学情分析

七年级的学生乐于探索、表达、合作和创作,在信息科技课堂上喜欢"动手做",学以致用。虽然他们在小学阶段有一定的多媒体作品制作的经历,但还缺乏对原理的认识以及作品制作的规范。

(二) 设计创意

该学习内容贴近学生生活,以大项目"向世界介绍广府文化"作为统领进行大单元整体设计,能更好地串联起教材中的教学内容(含第三册的初识动画)。以项目作品创作为主线,层层递进,环环相扣,让学生在"做中学、用中学、创中学",大大提升学习的质量和效率。同时将本学期10%的课时用于跨学科主题学习,将广府文化的历史和写作技巧融进来,有针对性地指导、帮助学生更好地开展项目作品的创作。

(三) 教学建议

教师可结合地域的特色、学校的品牌活动等,适当调整大项目的主题,并根据主题内容,适当引入相关学科进行合作。在具体的教学实施中,建议充分利用网络优质资源,挖掘实地优质素材,及时推荐给学生,并给学生提供交流、共享的线上平台,促进学生更好地进行作品创作。

体育与健康(五年级上)课程纲要

基本信息

课程名称:体育与健康

课程类型:国家课程

教材来源:人民教育出版社义务教育教师用书·体育与健康·5至6年级(全一册)(2017年版)

适用对象:五年级学生

课时安排:54课时

设计者:朱越强/广州市天河区教师发展中心

导语

同学们经过水平一走、跑、跳、投、翻滚、爬越等基本运动和田径类的快速跑、蹲踞式跳远、投掷沙包等专项运动技能的学习,熟悉掌握了一定的运动技能,发展了一定的体能,形成了一定的健康行为,也养成了一定的体育品德。对于各种姿势、各种方向组合走、走与跑、跑与跳、跑与投组合的基本动作,以及快速跑、投掷等专项运动有一定的基础。大多数同学能够把基本运动技能、体能运用于专项运动技术的学习。根据我们已有的学习基础和同学们的身心特点,本学期我们主要选择田径类的50米×8往返跑、投掷垒球、蹲踞式跳远等项目进行学练,从健康知识、体能、专项运动技能、跨学科主题学习等方面开展学习活动,为掌握1—2项专项运动技能、形成良好运动习惯创造条件。

课程目标

1. 学练田径类、新兴体育类运动项目的基本、组合及完整动作技术和技战术,并能在游戏、展示或比赛中运用,体能得到发展;在游戏、展示和比赛中运用相关规则参与裁判工作;了解所学运动项目的相关知识和文化;能够描述并做出所学运动项目的动作技术要领和练习方法,观看田径类、新兴体育类运动项目比赛并能进行简要评价。

2. 理解田径类、新兴体育类运动对健康的重要性,在校内外的体育锻炼中主动运用所学田径类、新兴体育类运动技能;将健康与安全知识和技能运用于日常生活中,知道根据自身身体状况选择适合的体育锻炼内容和运动负荷;知道户外运动对预防近视的作用;掌握一些情绪调控方法,能积极同他人交流与合作。

3. 在参加田径类、新兴体育类项目等有挑战性的游戏、展示或比赛内容时能迎难而上,表现出自信和抗挫折能力;在田径类、新兴体育类项目学练、游戏、展示或比赛中遵守规则,尊重裁判,尊重对手,表现出公平竞争的意识,并具有团队精神和集体意识,能接受比赛结果。

课程内容

根据《义务教育体育与健康课程标准(2022 年版)》目标要求及学校实际,本学期体育与健康课程选择田径类、新兴体育类共两类进行学习。

体育与健康(五年级上)学习内容安排表

单元	主题	内　　容	课时
开学第一课	解读纲要	1. 本学期我们有哪些学习任务?分别要达到什么目标? 2. 本学期将要参加哪些学习活动?要经过哪些练习和比赛过程? 3. 不同运动项目的学练、游戏、展示或比赛时的注意事项及安全知识是什么? 4. 每个主题学习结束,老师将要对我们进行哪些评价?主要要求什么?	1
田径类	田径	1. 各种姿势、各种方向组合走、走与跑、跑与跳、跑与投组合的基本动作; 2. 50 米快速跑; 3. 接力跑与障碍跑; 4. 定向跑(或 50 米×8 往返跑); 5. 投掷垒球; 6. 蹲踞式跳远	18
新兴体育类	花样跳绳	1. 单人技能:背后交叉单摇跳、后抛旋转接绳、双手膝后交叉单摇跳、异侧跨交叉单摇跳、双手胯下交叉单摇跳、俯卧撑跳、固定交叉双摇跳; 2. 双人技能:两人一绳并排步伐跳(开合跳、弓步跳)、两人一绳左右轮换反摇跳、两人两绳连锁双摇跳、车轮跳(基本交叉跳);	18

(续表)

单元	主题	内　　容	课时
		3. 基本套路：正摇单摇跳＋交替交叉单摇跳＋固定交叉双摇跳＋背后交叉单摇跳＋侧打混合双摇跳＋停绳；正摇单摇跳＋交替交叉单摇跳＋固定交叉双摇跳＋侧打混合双摇跳＋异侧胯下交叉单摇跳＋背后交叉单摇跳＋后抛旋转接绳＋手臂缠绕＋停绳； 4. 团队技能：三人一绳轮换基本步伐跳（提膝跳、弹踢腿跳）、"2＋5"长绳跑步跳、10人同步跳长绳	
体能	综合体能	发展位移速度、协调、灵敏、爆发力的综合体能	6
健康教育	身心健康、疾病预防	青春期的生长发育特点、女生月经初潮和男生的遗精、青春期卫生、常见疾病预防、食物中毒预防、保护视力	5
跨学科主题学习	快乐的田径运动会	运动会中的小法官、运动会的精彩瞬间、运动会的小小设计师、体能大挑战、讲好运动会故事	6
总课时			54

课程实施

（一）课程资源

1. 视频资源

（1）国家中小学智慧教育平台；

（2）广州共享课堂。

2. 文化资源

（1）中国跳绳协会：http://www.rspc.net.cn/；

（2）中国田径协会官方网站：https://www.athletics.org.cn/。

（二）学习活动

1. 了解学期课程纲要，明确各单元学习任务及要求。

2. 学习田径类的跑、跳、投基本动作技术及组合动作技术，新兴体育类的花样跳绳组合动作技术，健康知识和跨学科主题学习活动，并把所掌握的基本知识、技能、方法运用于日常体育锻炼中。

3. 每周完成3次以上体育家庭作业和参加"每周一赛"活动。

4. 在课堂学习中，积极参与团队游戏、展示或比赛活动，并运用所学专项运动技术解决活动中遇到的问题。

5. 参加一次班级及以上的体育竞赛活动。

6. 在课堂学习、课外体育锻炼、家庭体育作业过程中,注意科学的运动方法,运用安全知识指导锻炼。

课程评价

学业评价方式包括教师评价和学生自评两种,评价内容由学习过程、学习结果、体质健康标准测试(2014年版)三部分组成。

(一) 单元学业评价＝学习过程评价(20分)＋学习结果评价(20分)。

(二) 学期学业评价＝学习过程评价(一)20％＋学习过程评价(二)20％＋学习结果评价(一)20％＋学习结果评价(二)20％＋体能发展评价20％。最终评价结果以A、B、C、D四个等级呈现。具体评价方法及标准如下。

1. 过程评价(20％)

核心素养	维度	评价内容	分值	教师评价	学生自评
运动能力	体能状况	在田径类、新兴体育类项目展示或比赛中表现出充沛的体能;在原地小步跑＋行进间高抬腿、1分钟跳绳等体能学练中积极主动,努力完成任务,体能得到发展	10		
	运动认知与技战术运用	能描述田径类、新兴体育类项目的基本原理和文化;主动探索田径类、新兴体育类基本动作技术、组合动作技术和完整动作技术运用方法	10		
	体育展示或比赛	在田径类、新兴体育类游戏和比赛中运用快速跑、接力跑、投掷垒球、蹲踞式跳远、花样跳绳运动项目的技战术	10		
健康行为	体育锻炼意识与习惯	积极参加课堂学习,出勤率高;主动完成课外锻炼任务,具有较好的锻炼意识和习惯,课堂上积极学练,每周参加课外锻炼3次以上	10		
	健康知识与技能的掌握和运用	在田径类、新兴体育类活动中有安全意识;能预防或简单处理田径类、新兴体育类运动损伤;知道消除运动疲劳的方法;主动与同伴合作完成运动项目的学练赛	10		
	情绪调控	正确看待田径类、新兴体育类游戏或比赛中的输赢,在游戏或比赛失利时保持良好心态	10		

（续表）

核心素养	维度	评价内容	分值	教师评价	学生自评
体育品德	环境适应	适应田径类、新兴体育类课堂教学、游戏或比赛的环境	10		
	体育精神	在快速跑、接力跑、投掷垒球、蹲踞式跳远等技能学练中表现出积极进取、勇敢顽强、不怕困难的品质，在游戏或比赛中表现坚持到底的品质和团队精神	10		
	体育道德	在田径类、新兴体育类游戏或比赛中遵守规则、尊重裁判、尊重对手、诚信自律、公平竞争	10		
	体育品格	在校内外的体育锻炼中表现出自尊自信、文明礼貌、责任意识、正确的胜负观	10		
合　计			100		

2. 结果评价

（1）投掷垒球技能评价（20％）（单位：米）

熟练掌握（A等级）	较好掌握（B等级）	基本掌握（C等级）	没有掌握（D等级）
能熟练地完成投掷垒球的完整动作技术，在游戏或比赛中运用投掷垒球组合动作技术，主动运用所学技能参与班级学习成果展示或游戏比赛。技能测试，男生A≥24.0，女生A≥20.0	能较完整地完成投掷垒球的动作技术，在游戏或比赛中较好地运用投掷垒球组合动作技术，能够参与班级学习成果展示或游戏比赛。技能测试，男生23.5≥B≥18.5，女生19.5≥B≥15.5	基本能够完整地完成投掷垒球的动作技术，在游戏或比赛中基本能运用投掷垒球组合动作技术，能够参与班级学习成果展示或游戏比赛。技能测试，男生18.0≥C≥12.0，女生15.0≥C≥9.0	不能完整地完成投掷垒球的动作技术，在游戏或比赛中不会运用投掷垒球组合动作技术，在教师的鼓励下勉强参与班级学习成果展示或游戏比赛。技能测试，男生D≤11.5，女生D≤8.5

说明：A等级为17—20分，B等级为13—16分，C等级为9—12分，D等级为8分。

（2）蹲踞式跳远技能评价（20％）（单位：米）

熟练掌握（A等级）	较好掌握（B等级）	基本掌握（C等级）	没有掌握（D等级）
能熟练地完成蹲踞式跳远的完整动作技术，在游戏或比赛中运用跳远组合动作技术，主动运用所学跳跃技能参与班级学习成果展示或游戏比赛。技能测试，男生A≥3.20，女生A≥2.90	能较完整地完成蹲踞式跳远的动作技术，在游戏或比赛中较好地运用跳远组合动作技术，能够参与班级学习成果展示或游戏比赛。技能测试，男生3.15≥B≥2.70，女生2.85≥B≥2.40	基本能够完成蹲踞式跳远的动作技术，在游戏或比赛中基本能够运用跳远组合动作技术，基本能够参与班级学习成果展示或游戏比赛。技能测试，男生2.65≥C≥2.25，女生2.35≥C≥2.05	不能完整地完成蹲踞式跳远动作技术，在游戏或比赛中不会运用跳远组合动作技术，在教师的鼓励下勉强参与班级学习成果展示或游戏比赛。技能测试，男生D≤2.20，女生D≤2.00

说明：A等级为17—20分，B等级为13—16分，C等级为9—12分，D等级为8分。

(3) 体能发展评价(20%)

评价内容	评价方法	评价标准
BMI、肺活量、50米跑、坐位体前屈、1分钟跳绳、1分钟仰卧起坐、50米×8往返跑	根据国家学生体质健康标准（2014年修订）测试的项目及方法测试。把测试结果录入国家学生体质健康标准数据管理与分析系统，由系统综合各项成绩评分	国家学生体质健康标准综合成绩的20%计入学期成绩

(三) 学期成绩认定

学期成绩＝过程评价成绩＋结果评价成绩＋体能发展评价成绩。分别为A、B、C、D四个等级，其中A≥85分；75分≤B＜85分；60分≤C＜75分；D＜60分。

设计说明

(一) 设计依据

1. 课标要求

《义务教育体育与健康课程标准（2022年版）》提出，根据五年级学生的身心发展规律、运动技能形成规律和课程的育人特点，设计不少于18课时的运动项目或项目组合进行相对系统和完整的教学。原则上每学期指导学生学练2个不同的运动项目，在重点发展学生各种体能的基础上发展多项运动技能，以满足学生多样化的运动需求。每节课群体运动密度应不低于75%，个体运动密度应不低于50%；每节课应达到中高运动强度,班级所有学生平均心率原则上在140—160次/分。每节课应有10分钟左右体现多样性、补偿性、趣味性和整合性的体能练习。

2. 教材分析

本学期教材选择田径类、新兴体育类两类专项运动项目和健康教育、跨学科主题学习等内容进行学习。田径类运动是走、跑、跳、投掷等运动项目,以及由以上部分项目组成的全能运动项目的总称。花样跳绳是一项简单易行、锻炼效率高、适合大众广泛参与的运动项目,跳绳的发展已经有一千多年的历史,随着广大体育工作者不断地实践与研究,音乐、武术、舞蹈、街舞、健美操等元素也被融入跳绳运动中,还创编出了丰富多彩的花样动作。田径类选择快速跑、投掷垒球、蹲踞式跳远作为学习内容,新兴体育类选择花样跳绳作为学习内容,这些对发展学生的协调性、灵敏性、肌肉力量、心肺耐力、上下肢力量、爆发力等体能,发展快速跑、节奏跑与跳跃、节奏跑与投掷、花样跳绳套路等组合动作技术,培养学生积极进取、勇敢顽强、不怕困难、坚持到底、团队一致以及遵守规则、尊重裁判、尊重对手、良好责任意识、正确的胜负观等品质具有重要意义。

3. 学情分析

本单元的教学对象是五年级的学生,该阶段的学生正处于生长发育、运动感觉的成长阶段,模仿能力强,并且爱表现。同时他们处在位移速度、力量等发展的敏感期,他们对趣味性强的学练手段、游戏、竞赛特别感兴趣,有较强的学习和表现欲望。但是此阶段的学生注意力不太稳定,自我约束能力较差。学生在前期学习中知道了快速跑、跳绳的起源和发展,掌握了一定的走、跑、跳、投等基本技能和专项运动技能,了解了体育课堂常规、运动损伤的预防及简单处理方法、运动中安全距离的把控、基本的自我安全监督方法等基础知识。

（二）设计创意

在教学设计、课堂组织、教学评价等方面从"以知识与技能为本"向"以学生发展为本"转变。在内容重构及组合设计上,根据学生身心发展情况,田径、跳绳等专项运动技能形成的规律和育人特点设计大单元。

（三）教学建议

在教学中教师通过设计进阶性结构化的内容、新颖的练习手段和游戏方法,加强"学、练、赛"过程的指导与评价,引导学生体验学练过程,激发兴趣,养成科学运动习惯,培养学生积极进取、勇敢顽强、不怕困难、坚持到底、团结一致,以及遵守规则、尊重裁判、尊重对手、良好的责任意识、正确的胜负观等品质。

体育与健康(八年级上)课程纲要

基本信息

课程名称:体育与健康

课程类型:国家课程

教材来源:华东师范大学出版社体育与健康教师用书·体育与健康·7至9年级(全一册)(2012年版)

适用对象:八年级学生

课时安排:54课时

设计者:朱越强/广州市天河区教师发展中心

导语

同学们经过小学阶段和初一年级学习,熟悉并掌握了一定的基本运动技能、专项运动技能,形成了一定的健康行为,也养成了一定的体育品德。在耐力跑、蹲踞式跳远、前抛实心球等方面具有一定的基础。大多数同学有一定的田径类运动基础,能够把基本运动技能、体能运用于专项运动技能的学习。根据我们已有的学习基础,再综合考虑对接中考的要求,本学期我们主要选择田径类的耐力跑、蹲踞式跳远、前抛实心球等项目进行学习,从健康知识、体能、专项运动技能、跨学科主题学习等方面开展学习活动,为掌握1—2项专项运动技能、进入高中的选项运动技能学习创造条件。

课程目标

1. 学练并掌握田径专项运动技能,合理运用田径运动项目的知识与技能解决展示或比赛中遇到的问题;在田径的耐力跑、蹲踞式跳远、前抛实心球展示或比赛中表现出充沛的体能;运用裁判知识与方法担任课内教学比赛裁判;自觉观看课堂教学游戏、展示、比赛或主动观看国内外重大的田径比赛,并能作出分析与评价。

2. 有规律地参与耐力跑、蹲踞式跳远、前抛实心球运动,与同伴融洽相处,运用情绪调控方法缓解展示或比赛中的紧张情绪,会自我监控运动过程中的身体状态,发生运动损伤时能及时处理。

3. 在展示或比赛中,能正确看待比赛的胜负,体现出自信自强、坚忍不拔、积极进取、尊重对手的品质,具有责任意识和集体荣誉感。

课程内容

根据《义务教育体育与健康课程标准(2022年版)》的目标要求及学校实际,本学期体育与健康课程选择田径类进行学习。具体内容如下表。

单元	主题	内容	课时
开学第一课	解读纲要	1. 本学期我们的学习任务有哪些?分别要达到什么目标? 2. 了解本学期将要学习的主题内容、参加的学习活动及经历的比赛过程。 3. 了解田径运动项目和体能训练的注意事项及安全知识。 4. 每个主题学习结束后,将要进行哪些评价?具体的学习要求是什么?请同学们分别确定一个自己经过努力可达成的体能目标。	1
田径类	田径	100米快速跑,中长跑,蹲踞式跳远,前抛实心球。	36
体能	综合体能	发展位移速度、跳跃能力、上肢力量的综合体能。	6
综合类	健康教育	调控情绪,养成良好的锻炼习惯,远离不良嗜好,预防运动损伤和疾病,消除运动疲劳。	5
	跨学科主题学习	长途奔袭,火速增援,钢铁战士,劳动最光荣。	6
总课时			54

课程实施

(一) 课程资源

1. 视频资源

(1) 国家中小学智慧教育平台。

（2）广州共享课堂。

2. 文化资源

中国田径协会官方网站。

（二）学习活动

1. 了解学期课程纲要，明确各单元学习任务及要求。

2. 在课堂学习田径类运动如快速跑、耐力跑、蹲踞式跳远、前抛实心球等技术动作，参加健康教育及跨学科主题学习活动。

3. 每周完成3次以上体育家庭作业和参加"每周一赛"活动，注重体能的发展。

4. 在课堂学习和课外体育锻炼中，主动组织或参与团队游戏、展示或比赛活动，并运用所学专项运动技能解决活动中遇到的问题。

5. 参加不少于1次的班级及以上级别的体育竞赛及裁判工作。

6. 在课堂学习、课外体育锻炼、家庭体育作业过程中，注意科学的运动方法，运用安全知识指导锻炼。

课程评价

学业评价由教师和同伴评价均可，评价内容由学习过程、学习结果、体质健康标准测试（2014年版）三部分组成。

学期学业评价＝过程评价（60%）＋结果评价（30%）＋体能发展评价（10%）。最终评价结果以A、B、C、D四个等级呈现。具体评价方法及标准如下。

（一）过程评价（60%）

核心素养	维度	具体表现	分值	教师评价	同伴评价
运动能力（12分）	体能状况	在展示或比赛中表现出充沛的体能；在体能训练中积极主动，努力完成任务	6		
	运动认知与技战术运用	能描述所学运动项目的基本原理和文化；运用比赛规则与裁判方法组织、策划比赛活动；总结归纳基本动作技术、组合动作技术和完整动作技术的运用策略	6		

(续表)

核心素养	维度	具体表现	分值	教师评价	同伴评价
健康行为（24分）	体育展示或比赛	在游戏和比赛中运用所学运动项目技战术	6		
	体育锻炼意识与习惯	具有良好的锻炼意识，养成良好的锻炼习惯；课堂上积极学练，每周参加课外锻炼3次以上	6		
	健康知识与技能的掌握和运用	在体育活动中具有安全意识；能预防或简单处理运动损伤；知道消除运动疲劳的方法；主动与同伴合作完成运动项目的学练	6		
	情绪调控	正确看待游戏或比赛中的输赢，游戏或比赛失利时能保持良好心态	6		
体育品德（24分）	环境适应	适应课堂教学、游戏或比赛的环境	6		
	体育精神	在技能学练中表现出积极进取、勇敢顽强、不怕困难的品质，在游戏或比赛中表现出坚持到底的品质和团队精神	6		
	体育道德	在游戏或比赛中遵守规则、尊重裁判、尊重对手、诚信自律、公平竞争	6		
	体育品格	在校内外体育锻炼中表现出自尊自信、文明礼貌、责任意识、正确的胜负观	6		
总分			60		
得分					

（二）结果评价(30%)

（1）耐力跑技能评价(10%)

熟练掌握（A 等级）	较好掌握（B 等级）	基本掌握（C 等级）	没有掌握（D 等级）
熟练掌握耐力跑的技术动作，呼吸节奏与步伐协调，配合好，节奏稳定。在游戏或比赛中运用耐力跑组合动作技术，主动运用所学耐力跑技能参与班级学习成果展示或游戏比赛。技能测试，男生 A≤4′00″，女生 A≤3′40″	较好掌握耐力跑的技术动作，呼吸节奏与步伐协调，配合较好，节奏较稳定。在游戏或比赛中能运用耐力跑组合动作技术，偶尔运用所学耐力跑技能参与班级学习成果展示或游戏比赛。技能测试，男生 4′01″≤B≤4′30″，女生 3′41″≤B≤4′00″	基本掌握耐力跑的技术动作，呼吸节奏与步伐协调，配合一般。在游戏或比赛中基本能运用耐力跑组合动作技术，偶尔运用所学耐力跑技能参与班级学习成果展示或游戏比赛。技能测试，男生 4′31″≤C≤4′50″，女生 4′01″≤C≤4′34″	没有掌握好耐力跑的技术动作，呼吸节奏与步伐不协调。在游戏或比赛中基本很少体现出运用耐力跑组合动作技术，较少运用所学耐力跑技能参与班级学习成果展示或游戏比赛。技能测试，男生 D≥4′51″，女生 D≥4′35″

说明：A 等级为 9—10 分，B 等级为 7—8 分，C 等级为 5—6 分，D 等级为 4 分。

（2）蹲踞式跳远技能评价（10%）（单位：米）

熟练掌握（A 等级）	较好掌握（B 等级）	基本掌握（C 等级）	没有掌握（D 等级）
熟练掌握蹲踞式跳远技术动作，能够熟练完成整套动作技术。在游戏或比赛中熟练运用蹲踞式跳远组合动作技术，主动运用所学技能参与班级学习成果展示或游戏比赛。技能测试，男生 A≥4.52，女生 A≥3.74	较好地掌握蹲踞式跳远技术动作，能够完成整套动作技术。在游戏或比赛中能较好地运用蹲踞式跳远组合动作技术，经常运用所学技能参与班级学习成果展示或游戏比赛。技能测试，男生 4.51≥B≥4.28，女生 3.73≥B≥3.50	基本掌握蹲踞式跳远技术动作，在游戏或比赛中能基本运用蹲踞式跳远组合动作技术，偶尔运用所学技能参与班级学习成果展示或游戏比赛。技能测试，男生 4.27≥C≥4.04，女生 3.49≥C≥3.26	蹲踞式跳远技术动作掌握得不系统，技术不稳定，在游戏或比赛中很少运用蹲踞式跳远组合动作技术，较少运用所学技能参与班级学习成果展示或游戏比赛。技能测试，男生 D≤4.03，女生 D≤3.25

说明：A 等级为 9—10 分，B 等级为 7—8 分，C 等级为 5—6 分，D 等级为 4 分。

（3）前抛实心球技能评价（10%）（单位：米）

熟练掌握(A 等级)	较好掌握(B 等级)	基本掌握(C 等级)	没有掌握(D 等级)
熟练掌握前抛实心球动作技术,能够熟练完成整套动作技术。在游戏或比赛中熟练运用前抛组合动作,主动运用所学技能参与班级学习成果展示或游戏比赛。技能测试,男生 A≥8.3,女生 A≥7.0	较好地掌握前抛实心球动作技术,能够较好地完成前抛实心球的完整动作。在游戏或比赛中较好地运用前抛组合动作技术,能运用所学技能参与班级学习成果展示或游戏比赛。技能测试,男生 8.2≥B≥6.4,女生 6.9≥B≥5.8	基本掌握前抛实心球动作技术,基本能够完成前抛实心球动作技术。在游戏或比赛中基本能运用前抛组合动作技术,偶尔运用所学技能参与班级学习成果展示或游戏比赛。技能测试,男生 6.3≥C≥4.6,女生 5.7≥C≥4.2	对前抛实心球动作技术不熟练,基本能够完成前抛实心球动作技术。在游戏或比赛中较少运用前抛组合动作技术,很少运用所学技能参与班级学习成果展示或游戏比赛。技能测试,男生 D≤4.5,女生 D≤4.1

说明:A 等级为 9—10 分,B 等级为 7—8 分,C 等级为 5—6 分,D 等级为 4 分。

(三) 体能发展评价(10%)

评价内容	评价方法	评价标准
BMI、肺活量、50 米跑、坐位体前屈、立定跳远、引体向上(男)、1 分钟仰卧起坐(女)、1 000 米跑(男)/800 米跑(女)	根据国家学生体质健康标准(2014 年修订)测试的项目及方法测试。把测试结果录入国家学生体质健康标准数据管理与分析系统,由系统综合各项成绩评分	国家学生体质健康标准综合成绩的 10% 计入学期成绩

(四) 学期成绩认定

学期成绩=过程评价成绩+结果评价成绩+体能发展评价成绩。分别为 A、B、C、D 四个等级,其中 A≥85 分;75 分≤B<85 分;60 分≤C<75 分;D<60 分。

设计说明

(一) 设计依据

1. 课标要求

《义务教育体育与健康课程标准(2022 年版)》提出,根据八年级学生的身心发展规律、运动技能形成规律和课程的育人特点,设计不少于36课时的专项运动技能学练,在重点发展学生各种体能的基础上发展多项运动技能,以满足学生多样化的运动需求。每节课群体运动密度应不低于75%,个体运动密度应不低于50%;每节课应达到中高运动强度,班级所有学生平均心率原则上在140—160次/分。每节课应有10分钟左右体现多样性、补偿性、趣味性和整合性的体能练习。

2. 教材分析

本学期的教材选择田径类专项运动项目和健康教育、跨学科主题学习等内容进行学习。田径类运动是走、跑、跳、投掷等运动项目,以及由跑、跳、投掷部分项目组成的全能运动项目的总称,其特点是以个人为主独立完成速度、高度或远度等的挑战。田径运动不仅能全面地提高人体的运动能力和体能,而且对人的培养和品格塑造起重要作用。本单元的快速跑、耐力跑、蹲踞式跳远、前抛实心球组合动作技术和完整动作技术,对发展学生的位移速度、心肺耐力、上下肢力量等体能,发展中长跑、节奏跑与跳跃、节奏跑与投掷类运动能力,培养学生积极进取、勇敢顽强、不怕困难、坚持到底、团结一致,遵守规则、尊重裁判、尊重对手、诚信自律、公平竞争,良好的责任意识、正确的胜负观等品质具有重要意义。

3. 学情分析

本单元的教学对象是八年级的学生,该阶段的学生正处于专项运动技能、心理品质快速成长阶段,具有较强的个性,抽象思维和独立思考能力较好,好胜心强。这个时期学生也处在位移速度、爆发力、肌肉力量、心肺耐力等发展的敏感期,他们对团队性学练手段、游戏、竞赛特别感兴趣,有较强的学习和表现欲望,并且在前期的学习中知道了田径运动的起源和发展,掌握了走、跑、跳、投等基本技能和专项运动技能。

(二) 设计创意

在教学设计、课堂组织、教学评价等方面从"以知识与技能为本"向"以学生发展为本"转变。在内容重构及组合设计上,根据学生身心发展、田径运动技能形成规律和育人特点,把节奏跑与跳跃、节奏跑与投掷、跳跃与投掷相结合设计大单元,充分发挥各专项运动技能的锻炼功能互相迁移作用,促进专项运动技能的有效提高。

(三) 教学建议

在教学中教师要注意100米快速跑、中长跑、蹲踞式跳远、前抛实心球等技术发展的内容联系,科学安排学练内容的顺序。在实施中,创设各种形式的竞赛活动,营造竞赛情境,为学生创造运用所学的跑、跳跃、投掷等技术解决实际问题的机会。根据八年级学生感性认知与理性认知快速发展的特点,积极开发与利用多种现代信息技术,开展微课、慕课、翻转课堂等教学,帮助学生通过线下线上相结合的方式,打破学习的时空壁垒,拓宽体育与健康课程的学习视野。

美术(五年级上)课程纲要

基本信息

课程名称:美术

课程类型:必修课

教材来源:岭南美术出版社·美术·五年级上册

适用对象:五年级学生

课时安排:36课时

设计者:刘燕珊/广州市天河第一小学

指导老师:李琳/天河区教师发展中心

课程目标

1. 通过欣赏名家作品,感知不同的美术表现形式,运用造型元素、形式原理和欣赏方法,欣赏、评述艺术作品,描述、分析作品的主要内容和特点,表达自己对艺术作品的理解,感受中外美术作品的魅力。

2. 通过欣赏、合作探究的方式,感知我国传统民间美术作品的造型特点、风格,了解不同形式的中国民间美术作品的材料、用途和特点,利用不同的工具、材料进行创作。

3. 了解美术设计方法及设计原则,在真实情境下进行设计体验,创作富有创意的平面、立体美术作品,体会设计能改善和美化我们的生活,发展美术感知和造型表现能力。

4. 在交流、合作、综合探索活动中,运用所学习的美术学科知识、技能,以及多种美术媒材进行创作,策划展示,将美术与自然、社会及科技相融合,探究各种问题,提高综合探索与学习迁移的能力。

课程内容

根据《义务教育艺术课程标准(2022年版)》的要求,采用岭南美术出版社《美术》的课程内容进行教学,其课程内容见下表。

学习领域	单元主题	课时	课程内容
	分享学期课程纲要	1	课程纲要
欣赏·评述	画家笔下的赞歌(赏析中外美术名作)	2	阳光下的世界
			绘画作品中的劳动者
造型·表现	童心童眼童趣(体验多种创作手法:创意手绘、叠色剪纸、套色版画)	6	童眼看世界
			剪出缤纷的生活
			印出美丽的瓶花
	雕塑的乐趣(欣赏民间彩塑、泥塑人物和动物的造型)	4	彩塑动物
			民间砖雕
综合·探索	我们的家乡(进行课内外的探究活动,了解多种民间美术形式和丰富的艺术语言,体会美术与传统文化的关系)	14	年画
			石狮
			开平碉楼
			家乡的节日
			家乡的桥
			风筝飘飘
			多彩的民族纹样
设计·应用	环保招贴设计(认识多种设计手法,设计环保招贴,与小组同学共同组织环保宣传活动)	7	正负图形的画面
			奇思妙想
			呼唤环保小招贴
			环保小发明
	复习学期学科知识,整理学期美术作品集	2	学期总复习
期末考试	由区或者学校自行命题进行期末学业测评,考试时间为70分钟,总分为100分		

课程实施

(一) 资源准备

1. 美术工具:绘图本、彩色笔、彩色纸、剪刀、胶水、泥塑工具、废旧材料等。

2. 美术学习档案袋:自主设计学期美术档案袋,用于收集作业、资料等学习成果。

(二) 学习活动与策略

1. "画家笔下的赞歌"单元中,利用课前时间收集资料,了解感兴趣的中外艺术家及其作品。对精选劳动题材作品进行欣赏,以讨论、比较、探究等方法分析作品形式,用美术语言评述中外美术作品,深度探究作品的内涵。

2. "童心童眼童趣"单元中,学习中外艺术家的思维方式与表现技巧,根据自己对生活的感受与想法,使用不同的工具、媒材,以描绘、剪刻、印制等造型方法,表现所见所闻、所感所想。

3. "雕塑的乐趣"单元中,在欣赏民间雕塑时,注意观察工艺大师选择适当的工具与材料、巧妙构思、精心制作的过程,了解其特定的制作方法,运用泥塑的方法制作工艺品,体验民间工艺美术的魅力。

4. "我们的家乡"单元以小组合作的形式开展,通过网络、访谈、实地走访等方式,收集具有地域特色的艺术样式,探究美术与身边的自然环境、传统文化的联系,将美术与建筑、科技、劳动的知识和技能相结合,创作主题画册、设计与制作文创产品,并策划主题活动,进行展示交流。

5. "环保招贴设计"单元中,以 6—8 人为小组,了解、收集目前环境存在的问题,小组通过头脑风暴展开讨论,探寻美术表达创意思维的途径,将创意绘制成思维导图,以环保为主题,从美术角度绘制创意环保招贴;借助环保招贴成果展评,共同策划校园环保活动与模拟宣讲。

课程评价

学期成绩以等第制方式呈现,并由过程评价(50%)和结果评价(50%)两个部分组成。其中过程评价由课堂表现评价(30%)和探究式作业评价(20%)两个部分组成。

(一) 过程评价(50%)

1. 课堂表现评价(30%)

评价题项	评分等级		
	很好 (5分)	一般 (3—4分)	不太满意 (1—2分)
我能在课前准备齐全上课所需的美术工具			
我能发现问题并主动提出自己的见解,与小组成员合作完成各类探究任务			
我能用准确、清晰的美术语言描述美术知识、表达感受与情感			
我能积极配合老师完成课堂学习,按时认真完成课堂美术创作			
我能在美术课堂学习中,注意工具使用安全、保护环境			
我对学习美术课程有浓厚的兴趣			
说明:课堂表现评价的评价方式为自评和同学互评			

2. 探究式作业评价(20%)

评价内容	评价操作说明	
能够根据主题进行创作	根据选择过程的表现,给予相应等级:	自主选择,5分;
		被动选择,2分;
		不完成选择,0分。
能够提出符合探究主题的创意,并选择合适的工具完成美术探究作品	根据创意符合探究主题的程度,给予相应等级:	主题突出,5分;
		符合主题,2—4分;
		不符合主题,0—1分。
能够掌握不同的表现形式和方法,运用恰当的造型元素和形式原理,充分表达创意	根据造型表现体现创意的充分程度,给予相应等级:	充分表达,5分;
		基本表达,2—4分;
		不能表达,0—1分。
能够主动分享交流,用合适的美术语言介绍自己的作品	根据交流和分享情况,给予相应等级:	主动分享,准确表达,5分;
		被动分享,表达清晰,2—4分;
		不能够清晰表达观点,0—1分。
说明:探究式作业为根据课程内容的主题创作美术作品,以美术档案袋的形式进行留存		

（二）结果评价(50%)

评价题型	能力层次	题目特征	检测题数	分值比例
单项选择题	审美感知、文化理解	从给定的一组答案中选择一个正确答案	15	45%
判断题	审美感知、文化理解	将一组互相对应的正确答案进行连线	10	10%
综合分析题	审美感知、文化理解、创意实践	基于情境素材进行信息提取、思考分析、建构答案	2	10%
创意表现题	艺术表现、创意实践	按照要求进行主题创作	1	35%

说明：测试时间为70分钟，测试总分为100分。

学期总评成绩按分数划分为 A、B、C、D、E 五个等级，分别为 A≥90分；80分≤B＜90分；70分≤C＜80分；60分≤D＜70分；E＜60分。

设计说明

（一）设计依据

1. 课标要求

《义务教育艺术课程标准(2022年版)》强调以核心素养为导向，落实立德树人的根本任务，强化课程的育人价值。基于以培养核心素养为目标的课程，开展欣赏、表现、创造、联系等艺术实践活动，以任务驱动、问题导向构建教学内容，注重在真实的生活情境下解决问题的过程中，认识和理解美术与自然、生活、社会、科技的联系，提高审美感知能力，发展美术表现与创造能力，形成正确的价值观，尊重文化的多样性，增强文化自信。

2. 教材分析

本册教材内容通过大任务、大概念进行单元整合，且单元之间相互存在联系。根据生活经验与真实问题创设丰富多彩的教学情境，以"美术·生活与社会"为主线组织学习任务。让学生感受中国民间艺术与传统文化是本册教材重点教学的内容。

3. 学情分析

学生在四年级的基础上由记忆画、空间想象和色彩理论应用的初步阶段正式转向理性认识的阶段,理解"虚"与"实"的画面,具备一些简单的创意和设计概念,思维形式由具体形象思维逐步向抽象思维发展,能运用一些造型方式,表现自己所观察到的物体对象。但是由于他们的美术技法提升得不明显,一方面追求更真实的画面感受,一方面又眼高手低,因而对画面的表现普遍缺乏信心。本学期在美术表现技法上会加强对于点、线、面组合的技巧,画面黑、白、灰的关系,以及基于透视原理的构图关系的教学,在相关交流和主动探究的过程中,让学生学会与生活相联系,选择恰当的美术表现方式,巧妙构思,亲自参与主题设计和创作。

(二) 设计创意

课程由传统的一课一练转换为单元化深度学习与探究。学生通过各单元丰富的视觉体验与多种材料的应用,感知不同艺术表现形式的特点。

(三) 教学建议

1. 拓展多途径的美术资源,如不同艺术表现形式的中外美术作品资源、传统或现代的工具、材料、媒介等。

2. 引导探究和表现不同的民间艺术样式,了解传统的工艺方法,挖掘优秀地方文化,体会美术与传统文化的关系。

3. 将美术与自然、社会及科技相融合,能针对不同问题,用美术与其他学科相结合的方式提出解决问题的思路和方案,设计与制作出不同形式的作品。

美术(八年级上)课程纲要

基本信息

课程类型:国家课程

教材来源:岭南美术出版社·美术·八年级上册,2013年版

适用对象:八年级学生

课时安排:18课时(每周1课时)

设计者:周裕文/广州市长兴中学

指导老师:李琳/广州市天河区教师发展中心

课程目标

与你分享本学期美术学习之旅的目的地——

1. 通过参观博物馆、赏析感受水墨画作品的意境,欣赏多元化的服饰及传统纹饰文化,探讨美术作品的审美价值,用合适的美术语言表达自己的个性化见解与情感,领略世界美术的多样性和差异性,养成尊重、理解和包容的态度,培养审美感知素养。

2. 通过自主探究、观看教师的创作示范,掌握水墨画的基本表现手法与图形联想、创意表现的不同设计方法,运用传统与现代的工具、材料和媒介,以及习得的美术知识、技能和思维方式,创作平面、立体或动态艺术作品,提升创意表达能力,培养艺术表现素养。

3. 运用传统与现代的工具、材料和媒介创作美术作品,学习设计师的思考与工作方式,自主发现与生态环境、美好生活相关的设计问题,积极探索,自由抒发,主动创作,形成设计意识,传递社会责任,培养创意实践素养。

4. 认识传统纹饰在我们日常生活中的意义与作用,提炼元素设计并制作文创产品,理解中华优秀传统文化需要创造性转化、创新性发展,领会艺术对文化发展的贡献以增强文化自信,培养文化理解素养。

课程内容与实施

单元主题	课时	课程内容	单元任务
开学第一课	1	分享学期课程纲要	
第一单元 美术馆与艺术市场	2	1. 走进艺术博物馆 2. 艺术博览会与艺术品拍卖会	个人或小组组队参观一次博物馆(如广东省博物馆、粤剧艺术博物馆、南越王博物馆等),撰写参观心得
第二单元 奇妙的水墨世界	7	1. 鸟语花香 2. 水墨探索 3. 情景交融的山水画 4. 传神写照的人物画	班级将举办"挥毫泼墨 丹青新象"水墨主题作品展,请从花鸟、山水与人物主题中选择其一,完成一张写意画,并分享自己通过浓淡、干湿、疏密表现出水墨的节奏感和气韵感的方法与感受
第三单元 绿色的梦	3	1. 图形·联想·创意 2. 地球·绿洲·家园	我是小小设计师,用爱绘绿色家园,请从手、灯泡、水龙头和树叶中选择其一,进行创意图形的奇思妙想,创作一幅视觉形象新颖的作品
第四单元 我们的T型舞台	2	1. 服装设计 2. 青春风采	小组合作,利用生活中的废弃衣服进行加工,从环保中发掘创新因素,设计出绿色环保、展现个人魅力的服装,参加班级"变废为宝 我型我秀"环保时装秀
第五单元 让生活插上翅膀	2	1. 传统纹饰·民族风格 2. 装扮生活·吉祥幸福	寻找并解读现代生活中传统纹饰元素的应用例子,感受纹饰魅力,并从构图、适合变化、创作的方式方法等角度进行探索,以崭新的视角感受传统文化与创作应用,"潮"玩纹饰,完成一张纹饰书签作品
总结与展示	1	展示学期美术学习成果	选择本学期一到两个代表作品,放到课桌上形成个人展览摊位,对自己与他人进行评价,贴点赞卡

课程实施

(一) 课程资源

1. 场地资源:学校艺术长廊、校园宣传栏、楼道电子屏。

2. 网络资源:

① 美术课程网络资源：中国美术教育网、中国美术教育信息网、中国美术网、基础教育精品课网。

② 美术线上展览资源：广东美术馆官网、广东省博物馆官网、"网演"App线上观展平台等。

3. 社会资源：美术馆、博物馆。

4. 教具与学具：上色工具、手工工具、水粉画用具、中国画用具、废旧材料（毛线、纸盒、挂历、衣服等）。

(二) 学习活动

1. 档案袋：为自己设计一个个性化的美术学习档案袋，用以收集作业、资料等学习成果。

2. 作业：按时完成作业，参与自评、互评活动，将每节课的资料、作业保存在美术学习档案袋中。

3. 美术活动与竞赛：积极参加各项校内外的美术活动或竞赛，开阔视野，在竞争和分享中进行自我展示，为自己争取荣誉。

课程评价

1. 课程学期总评成绩由过程评价(40分)和期末纸笔测试成绩(60分)组成，按分数划分为A、B、C、D、E五个等级，分别为：A≥90分；80分≤B<90分；70分≤C<80分；60分≤D<70分；E<60分。

2. 过程评价(40分)＝鉴赏与分析(7分)＋技能与表现(20分)＋展示与评价(7分)＋课外与拓展(6分)

过程评价具体标准如下表：

过程评价标准(40分)			
评价内容	评价标准	分值	评价主体
鉴赏与分析	1. 能对相关美术作品进行基本的审美判断	2分	小组、教师
	2. 在美术鉴赏中能正确运用美术语言进行描述	3分	
	3. 能把握不同美术门类或风格流派的特点，并对作品进行赏析	2分	

(续表)

过程评价标准(40分)			
评价内容	评价标准	分值	评价主体
技能与表现	1. 能运用不同的美术技法进行创作	6分	自评、小组、教师
	2. 作品能体现一定的整体性与完整性	7分	
	3. 作品能体现创意与情感的表达	7分	
展示与评价	1. 能从展示的效果来安排作品的展现形式	2分	自评、小组、教师
	2. 能对自己与同学的作品进行客观而细致的评价	3分	
	3. 能与同学进行观点互动,在交流中促进对艺术的理解	2分	
课外与拓展	1. 能在课前或课后围绕相关主题进行有效的资料收集	2分	自评
	2. 能延续课堂的基本问题进行课后的思考	2分	
	3. 能到美术馆、博物馆参观,欣赏不同的艺术表现形式	2分	

设计说明

(一) 设计依据

1. 课标要求

聚焦审美感知、艺术表现、创意实践、文化理解四个核心素养,围绕欣赏(欣赏·评述)、表现(造型·表现)、创造(设计·应用)和融合(综合·探索)4类艺术实践活动,以任务驱动的方式遴选和组织课程内容。

课程设计要围绕学生艺术学习的实践性、体验性、创造性等特点,将学生的课程学习与实践活动情况纳入学业评价;明确评价依据,改革创新评价的任务设计、题目命制、评价方式等,强调评价的统一要求,重视艺术学习的过程性、基础性考核与评价;尊重学生艺术学习的选择性,以学定考,根据学生的选择进行专项考核,体现"教—学—评"一致性。

2. 教材要求

本册教材以"主题单元"的形式,分为5个单元,12课内容,主要突出"一个综合理念、四个发展目标":以"美术·人文·科技"融为一体的综合创新教育理论为基础,以提高学生的综合素质和创新实践能力为发展目标,培养学生"学会学习,学会做人,学会爱美,学会创造"。

3. 学情分析

迈入八年级的孩子们,渐渐能结合自己的生活体验,通过看、听、做等,理解从艺术作品中传达出的信息,提高自己的美术素养。在学习了七年级的美术绘画技巧的基础上,学生可以以线条和色彩的系列练习来加强训练,但对于基础技法等知识的理解和运用还不够深入,这可以作为本学期的学习重点。

本学期课本内容从艺术馆富有艺术审美性的内容开始,逐渐提高知识性,形成基础的各方面美术习惯和素养;而"造型表现"领域占了一半的内容,学生初步接触水墨画,重点在于体验和感知水墨画,尝试了解墨色带来的感受;造型表现和设计应用的内容与我们的生活联系紧密,注重与人的情感、理想的结合,体现美术的人文特点和丰富的人文精神。

(二) 设计创意

本学期课程纲要将美术四大模块与课程目标相对应,对标学业质量标准,以六个单元活动、四大核心素养的理念统领整份课程纲要,充分发挥单元资源整合的优势。同时,辅以丰富的网络学习资源,以多维度的评价方式来对应新课标提出的学科核心素养。这不仅可以激发学生的学习兴趣,有助于学生明确学习目标,了解评价方式,同时这还是一种"目标与理想"的悄然移植,为学生的新学期绘制了一张美好蓝图,更是推动了课堂教学与研究的深化,真正落实核心素养的培养,以美育人,以美润心,以美培元。

(三) 教学建议

1. 建立课程意识。将已有的资源进行配置,让课程纲要成为提高课程能力的抓手。

2. 创设课堂情境。善于利用情景和解决问题的能力体现大任务、大概念、大主题,落实核心素养,提高效率,不断拉近生活和知识的距离。

3. 转变"教""学"主体。尊重学生主体地位,根据学生的需求和特点,设计教学内容和方法,注重引导学生自主思考,积极参与学习活动,发挥主体作用,实现教育目标。

4. 注重学科融合。秉承立德树人,以美育人的原则,充分了解学生的知识、技能要点,把不同学科的知识和能力有机地结合起来,让学生通过课程学习逐步形成适应个人终身发展和社会发展的正确价值观,可以达到跨学科的迁移的关键概念的能力。

5. 践行终身学习。美育工作需要教师具有扎实的专业素养,树立终身学习的观念,与时俱进,拓宽艺术视野,提升专业水平,做美育的践行者和传播者。

音乐(四年级下)课程纲要

基本信息

课程名称:音乐

课程类型:国家课程

教材来源:小学《音乐(四年级下册)》,花城出版社,2022 年版

适用对象:四年级学生

课时安排:36 课时

设计者:邹诗雨/广州市天河区华阳小学

指导老师:胡健/广州市天河区教师发展中心

课程目标

1. 通过课堂中对音乐知识的学习,能跟随音乐自信地进行演唱、表演、律动,在实践中增强规则意识、责任意识,发展交流与合作能力,提升艺术表现能力。

2. 通过聆听中外民族民间音乐,感知、体验、了解音乐的感性特征和审美特质,养成良好的欣赏习惯;能对音乐作品和音乐活动进行简单创编,提升创意实践能力。

3. 通过关注生活与文化中的音乐现象,能简单分析音乐与姊妹艺术、其他学科,以及个人、自然、生活、社会、科技的联系,从而提升人文内涵感悟、领会、阐释能力。

4. 通过参与课内外综合性艺术表演活动(班级音乐会、天润之魅、小小演奏家、校园艺术节等)提高音乐表现力,增强音乐审美力。

课程内容

单元主题	单元内容	课时
开学第一课	分享课程纲要	1

(续表)

单元主题	单元内容	课时
第1单元 我爱中华	1.《我爱中华》 2.《不忘初心》 大观念:爱国主义歌曲	2
第2单元 多彩的乡音(四)	1. 江苏民歌《茉莉花》 2. 东北民歌《茉莉花》 3. 河北民歌《茉莉花》 4. 河南民歌《茉莉花》 5. 江苏民歌《茉莉花》 6. 歌剧《图兰朵》片段 大观念:感受多元文化音乐	6
第3单元 音乐中的动与静	1. 民族管弦乐曲《春江花月夜》片段 2. 唢呐独奏曲《百鸟朝凤》片段 3. 管弦乐曲《匈牙利舞曲》(第五号)片段 大观念:感受多元文化音乐	2
第4单元 认知音乐的节奏(四)	1.《中国人》 2.《小小少年》	2
第5单元 五彩缤纷的音乐世界(二)	1. 铜管四重奏《快乐的号手》 2. 乐曲《查尔达斯舞曲》片段 大观念:西洋乐器音色	2
第6单元 感知音乐中的旋律(三)	1.《牧场上的家》 2.《西风的话》 3.《噢!苏珊娜》 大观念:旋律的进行方式	3
第7单元 环球音乐探宝(三)—北美洲之行	1.《扬基嘟得儿》 2.《牧场上的家》 3.《噢!苏珊娜》 4.《红河谷》 5.《月亮河》 大观念:了解北美洲音乐	5
第8单元 音乐创作游戏—来信了	1.《邮递员叔叔来了》	1
第9单元 感知音乐的节拍(三)	1.《阿瓦日古丽》 2. 欣赏《回乡偶书》 3. 歌曲《什么船儿》 4. 欣赏《可爱的一朵玫瑰花》 大观念:音乐中的节拍	3

(续表)

单元主题	单元内容	课时
第10单元 走近戏曲(二)——观赏京剧 学习唱段	《大吊车真厉害》——戏曲(京剧) 大观念:戏曲	1
第11单元 看动漫,听音乐家演奏	1. 钢琴曲《匈牙利狂想曲》(第二号)片段 2. 管弦乐曲《雷鸣闪电波尔卡》 大观念:音乐要素在音乐中的作用	2
第12单元 多趣的夏日	1.《可喜的一天》 2.《让我们荡起双桨》	2
总结	1. 知识总结 2. 期末复习 3. 期末测试	4
总计		36

课程实施

(一) 课程资源

课程资源		使用建议
网络音乐资源	国家教育资源公共服务平台(http://www.eduyun.cn/)、央视音乐频道网(http://music.cctv.com/)	可利用平台查阅歌曲背景,拓宽音乐视野
系列微课	《芝麻乐课堂》《西洋乐偶遇广东音乐》	根据教材需要,可观看音乐微课拓宽音乐视野

(二) 学习活动

1. 课程的学习:了解学期课程纲要,明确各单元大任务。围绕各单元大任务,组织开展学习活动。

2. 校园学科活动:通过参加校内艺术活动,"校内艺术节""小小演奏家""班级音乐会""林和雅颂"等活动,提高音乐表现力,增强音乐审美力。

课程评价

(一) 评价方式

天河区小学音乐学科的期末成绩分为三部分:纸笔测试(25%),技能测试(25%),

过程性评价(50%)。

评价结果呈现:最终结果分为 A、B、C、D 四个等级(A≥80 分;70 分≤B<80 分;60 分≤C<70 分;D<60 分)。

华阳小学音乐学科学业发展评价(四下)
班别:　　　　姓名:　　　　学号:

评价要素		评价内容	自评	师评
学习习惯	课堂表现	1. 课前准备:笔、课本。	☆☆☆	☆☆☆
		2. 遵守课堂纪律。	☆☆☆	☆☆☆
	学习态度	1. 安静、认真聆听。	☆☆☆	☆☆☆
		2. 积极思考,踊跃发言。	☆☆☆	☆☆☆
		3. 小组合作,互相点评。	☆☆☆	☆☆☆
学业评价	审美感知	1. 我能区别出歌曲的结构主歌与副歌。 2. 我能说出乐曲的体裁,能结合音乐要素简要地分析简单的作品。 3. 我能分辨本学期学的民族乐器与西洋乐器的乐器种类,如民族乐器有_____;西洋乐器有_____。	☆☆☆	☆☆☆
	文化理解	我能说出音乐课本中的《_____》歌曲背景。	☆☆☆	☆☆☆
	艺术表现	1. 我能准确地视谱唱(包括音高、音准、节奏)。 2. 我能说出乐曲表达的情感。 3. 我能背唱两首歌曲。	☆☆☆	☆☆☆
创新精神	创意实践	1. 我与小组成员友好合作,可以创编舞蹈动作,创编身体打击乐,为歌曲创编乐器伴奏等。 2. 我能用已学过的节奏与音符创编 4—6 小节的旋律。	☆☆☆	☆☆☆
		1. 我积极参与艺术实践活动(校内外各两次,含班级表演)。 2. 我观看了一场音乐会。	☆☆☆	☆☆☆
期末评价	学生总评			
	小组总评			
	教师总评			

（二）评价结果处理

低于 60 分的同学将在新学期开学时进行补考。

◼ 设计说明

（一）设计依据

1. 课标要求

在《义务教育艺术课程标准（2022 年版）》的要求下，四年级音乐聚焦核心素养，组织课程内容，以美育人，以核心素养为主线，让学生在音乐中感受美、欣赏美、表现美、创造美、丰富美。本学期遵循"教—学—评一致性"原则，结合大单元学历案，采用"生本课堂"学习模式；重视立志教育和学科课程的融合，充分挖掘音乐学科知识、音乐人物、音乐发展史中的立志教育内容，发挥艺术的美育功能。

2. 教材要求

本册教材以"主题单元"的形式，分为 13 个单元，作品 35 首，内容包括演唱、听赏、演奏、表演活动等内容。教材以审美为中心，以音乐文化为主线，以音乐学科为基点，加强实践与创造，加强综合与渗透，将激发学生学习音乐的兴趣贯穿始终。

3. 学情分析

华阳小学坚持"以生为本"的教育理念。思维活跃，语言表达能力强，乐于接受新鲜事物是华阳学生的显著特征。四年级的学生随着生活范围和认知领域进一步拓展，体验感受与探索创造能力也逐步增强。但在音乐欣赏中，学生对音乐的分析能力还有待提高。在音乐素养方面，四年级有一半的学生参加过各种音乐训练，比如器乐、合唱、舞蹈等，音乐素养较高。通过课堂观察以及音乐期末考试（天河区期末测评与广州市阳光测评）的数据进行分析发现：四年级整体平均分和达标率略超本区和本市平均值。

（二）设计创意

此课程纲要是结合学校学生的特点制定的。在课堂音乐学习中结合与学生现实生活贴切的素材，渗透音乐知识和技能，灵活结合多学科知识。通过感受与鉴赏、表现和创造等形式，让学生将音乐和生活联系起来，丰富学生多元的情感体验。

（三）教学建议

坚持以美育人，强化素养立意。重视知识的内在关联，注重感知体验，加强教学内容有机整合。善用多种媒材，有机结合继承与创新。建立激励机制，激发学生的艺术潜能。

劳动(三年级上)课程纲要

基本信息

课程名称:劳动

课程类型:国家课程

教材来源:《综合实践活动·劳动(三年级)》广州出版社

适用对象:三年级学生

课时安排:18课时

设计者:黄艳钏、陈华栋、刘定杰、叶洁彤、易常朝/广州市天河区天英小学

指导老师:邱细浪/广州市天河区教师发展中心

课程目标

1. 以学校种植基地为阵地,通过种植油麦菜、多肉、年桔等生产劳动,能规范地使用常用的种植工具,掌握一定的种植方法,能做好观察记录,学会与他人合作劳动,在种植的过程中做到不怕困难,有始有终。

2. 以劳动教材和劳动课为平台,通过编织纸篮、举行传统节日美食汇等活动,初步学会与他人合作劳动,认识到美好生活离不开各行各业的劳动者。尊重劳动,尊重普通劳动者,初步形成热爱劳动的态度。

3. 通过认识常用家用器具,掌握家用小器具的使用方法,具有家用电器使用安全意识和初步的器具保养意识。

课程内容

劳动项目	任务群	项目内容	项目大任务	课时
开学第一课		分享学期课程纲要		1

(续表)

劳动项目	任务群	项目内容	项目大任务	课时
"蔬果花香、乐享成长"系列课程（校本种植课程）	农业生产劳动	1. 确定项目，制定种植实践计划 2. 油麦菜的种植旅程 3. 可爱的多肉 4. 走进百香果	年级将举办"种植小能手"评比活动，分享自己的种植经历、感受，用多肉和年桔庆佳节	6
花样编织真有趣	传统工艺制作	1. 了解编织，制定方案 2. 纸篮编织 3. 纸篮的分享	编织纸篮传工艺：年级将开展"编织小达人"活动，巧用展示，交流劳动感受	3
电饭锅里有美味	家用器具的使用与维护	1. 认识电饭锅的样式，学习电饭锅的使用技能 2. 电饭锅美食分享，制定电饭锅美食计划 3. 电饭锅美食汇	举办电饭锅美食汇活动，学习电饭锅的使用技能，用电饭锅烹饪一道美食	3
传统节日美食汇	烹饪与营养	1. 调查并分享传统节日、家乡传统美食 2. 巧手过佳节 3. 传统节日美食汇	品传统美食，享劳动成果：年级将开展"美食分享小达人"评比活动，互品美食	3
劳动成果展示交流				2

课程实施

（一）课程资源

1. 网络资源：国家中小学智慧教育平台专题教育栏目"劳动教育"、广州电视课堂综合实践劳动的内容、学习强国 APP 或网页。

2. 校内学习资源：学校"种植＋"劳动课程等。

3. 其他社会资源：劳动模范、各行各业优秀的劳动者等。

（二）学习活动

1. 阅读目标和课程内容，明确劳动项目和任务；围绕劳动项目，开展方案设计；对照方案、学习单的要求，进行自主学习。

2. 学习种植多肉、油麦、年桔，编织纸篮，制作春节美食，会用电饭锅。

3. 作业：积极参与校园劳动和家务劳动，填写好劳动记录表，保存在劳动档案袋中。

4. 劳动活动与竞赛:学校将在元旦前后举办一次校园劳动节活动,有"种植小能手""编织小达人""美食小达人"等劳动项目评比或者展示。

课程评价

主要分为过程评价(60%)和阶段综合评价(40%)。

(一) 过程评价(60%)

评价项目	优秀 (每一项5分)	良好 (每一项4分)	达标 (每一项3分)	需加油 (每一项0分)
劳动知识与技能 (20分)	清楚劳动工具的安全使用,清楚种植步骤和要求	清楚劳动工具的安全使用,了解种植步骤和要求	比较清楚劳动工具的安全使用,了解种植步骤和要求	不了解劳动工具的安全使用,不了解种植步骤和要求
	辨认出编织制品,掌握简单的编织技巧	辨认出编织制品,了解简单的编织技巧	较难辨认编织制品,知道编织技巧	无法辨认编织制品,不知道编织技巧
	熟练使用电饭锅,掌握几种电饭锅美食烹饪方法	熟练使用电饭锅,会用电饭锅烹饪一种食物	能在指导下使用电饭锅,会用电饭锅烹饪一种食物	无法使用电饭锅
	熟悉中国传统节日,能制作一道美味的传统美食	知道中国传统节日,能制作一道传统美食	知道中国传统节日,能在指导下完成一道传统美食	不知道中国传统节日,无法完成美食制作
劳动参与和体验 (20分)	能引领制定种植计划,积极按计划完成劳动种植流程	能参与种植计划的制定,按计划完成劳动种植流程	没参与种植计划的制定,能按计划完成种植流程	没参与种植计划的制定,不能按计划完成种植流程
	自主设计并完成编织作品,分享作品时思路清晰	在指引下,自主设计并完成编织作品,完成作品分享	参考已有设计,完成编织作品,需要在帮助下完成作品分享	没完成编织作品的设计和制作
	能用电饭锅烹饪拿手美食,有安全用电和保养意识,积极与同学分享	能用电饭锅烹饪一种美食,有安全用电和保养意识,积极与同学分享	能用电饭锅烹饪一种食物,有安全用电意识,愿意与同学分享	不会用电饭锅烹饪食物,没有安全用电和保养意识,无法与同学分享
	能自主完成传统节日和家乡美食的调查和分享,完成一道美食	在帮助下完成传统节日和家乡美食的调查和分享,完成一道美食	在帮助下完成一项调查和分享,完成一道美食	无法完成调查和分享,无法制作一道食物

(续表)

评价项目	优秀 (每一项5分)	良好 (每一项4分)	达标 (每一项3分)	需加油 (每一项0分)
创造性 (20分)	改进种植方式,自主解决种植过程中遇到的问题	自主解决种植过程中遇到的问题	较难自主解决种植过程中遇到的问题	无法自主解决种植过程中遇到的问题
	有创造性的加工、图案、结构等	参考其他作品,有创造性的加工、图案、结构等	模仿其他作品完成制作	无法完成作品
	熟悉多种电饭锅的使用方式,还能用电饭锅烹饪其他美食	熟悉一种电饭锅的使用方式,还能用电饭锅烹饪其他美食	知道电饭锅的使用方式,不知道还能用电饭锅烹饪哪些美食	不知道电饭锅使用方式,不知道还能用电饭锅烹饪哪些美食
	能在美食中结合家乡和传统文化元素,并分享	能在美食中结合家乡或传统文化元素,但无法阐述	完成一道美食	无法完成一道美食

(二) 阶段综合评价(40%)

每学期阶段综合评价综合运用了学生(小组)自主申报、家长推荐、同学互评和老师评定这几种评价形式,通过"种植小能手""编织小达人""电饭锅美食汇""传统节日美食汇"等劳动项目评比或者展示来进行。

劳动课程核心素养综合评价表

课程主题:

小组成员:

评价内容	评价指标(完成一项得到一颗星,每颗星得1分)	评价主体		
		自评	小组	教师
劳动知识与技能	1. 学会相关的劳动知识 2. 掌握劳动技能,正确使用劳动工具			
劳动参与和体验	1. 积极主动参与活动 2. 服从小组安排,乐于为小组贡献 3. 完成劳动任务			
创造性	在完成目标后,思维活跃,大胆尝试			

（三）评价结果呈现

学期劳动学业评价结果是过程评价和阶段综合评价的总和，以等级呈现，学期总评分 A≥90 分；80 分≤B＜90 分；70 分≤C＜80 分；60 分≤D＜70 分；E＜60 分。

◼ 设计说明

（一）设计依据

本纲要制定依据《义务教育劳动课程标准（2022 年版）》，紧扣广州市劳动教材和学校的校本课程方案，结合三年级学生学情而设计。

1. 课标要求

《义务教育劳动课程标准（2022 年版）》中明确三、四年级学生要认识常用的家用器具，掌握家用器具的使用方法，能制作简单的日常饮食，初步学会简单的家务劳动技能，形成生活自理能力。初步体验简单的种植、养殖、手工制作等生产劳动，能规范地使用常用的劳动工具，对劳动过程中遇到的问题具有好奇心和探究欲望。懂得在劳动中遵规守约，初步学会与他人合作劳动。珍惜劳动成果，初步养成有始有终、专心致志的劳动习惯和品质。

2. 教材分析

广州市试行的《综合实践活动·劳动（三年级）》中有五个学习单元，我们结合课标要求和学情，选择其中"我是种植小达人""花样编织真有趣"两个单元重点学习，让学生初步体验简单的种植、养殖、手工制作等生产劳动，能规范地使用常用的劳动工具，了解常用材料的作用与特征，对劳动过程中遇到的问题具有好奇心和探究欲望。

3. 学情分析

三年级学生的认知水平在不断提升，在一二年级的劳动活动中具有了一定的劳动能力，乐于分享自己的收获和所得，渴望自己的劳动成果得到他人的肯定和表扬。但是三年级的孩子在合作交流方面还不成熟，专注力持续的时间仍然有限，在花样编织这样需要技巧的劳作时偶尔会有畏难情绪，需要通过劳动学习与实践，形成认真负责、吃苦耐劳、团结协作和珍惜劳动成果的品质。

（二）设计创意

我们选用了广州市试行的劳动教材中的内容，结合自己学校的劳动种植方案，整合学校、社区、家长资源，以"种植小能手""编织小达人""美食小达人"等劳动项目串联劳动学习内容，创设具体、真实的生活情境，让学生产生对劳动学习的兴趣和憧憬。用任务驱动让学生在劳动过程中遇到问题时具有好奇心和探究欲望。通过创设展示平台,激发学生持续劳动,获得愉快的劳动体验。

(三) 教学建议

广州市《综合实践活动·劳动(三年级)》教材中的内容非常丰富而全面,一个学期将所有内容做全是很难的,可以根据课标要求和学校实际情况每学期选择两三个单元重点学习。

劳动教学中劳动资源不足是大多数老师的难点,场地方面可以借用学校的小农田、绿化带,以及整合其他功能室,创设劳动场域。资源方面可以从学生成长出发借助家长资源、社会资源等,合理运用。劳动课程以劳动实践为主要形式,以劳动育人为主要目标,有劳有育。坚持素养导向,注重过程评价,多角度进行学习反馈,让学生看到自己的成长,感受到收获的喜悦,引导学生自主地进行劳动学习。

综合实践活动(二年级下)课程纲要

基本信息

课程名称:综合实践活动

课程类型:国家课程

适用对象:二年级学生

课时安排:18课时

设计者:符慧诗、肖佳琪/广州市天河区华阳小学

指导老师:胡睿/广州市天河区教师发展中心

课程目标

1. **价值体认**:通过学习垃圾分类知识,参与宣传垃圾分类知识等实践活动,初步形成环保意识。

2. **责任担当**:通过开展废品创意设计交流和走进社区送温暖的活动,提升关爱他人等社会责任意识。

3. **问题解决**:通过将垃圾变废为宝,提升动手能力和综合思考能力,将垃圾变成能够二次利用的社会资源。减少垃圾的同时,帮助周围人解决垃圾分类不清,如何将废品制作成生活用品等真实问题。

4. **创意物化**:通过将废品创意设计,发展审美情趣、创新思维和实践探索意识。

课程内容

活动方式	课时	课题	活动内容
合作探究	1	把握本学期的学习方向舵	分享《纲要》内容,师生共同明确课程的学习目标、内容和评价
	2—3	垃圾分类知识交流会	师生垃圾分类知识交流学习

(续表)

活动方式	课时	课题	活动内容
	4	垃圾分类知识竞赛	课堂和年级垃圾分类知识竞赛
	5	垃圾分类实践比赛	班级和年级开展垃圾分类趣味实践比赛活动
设计制作	6—7	废品焕新创意作品	制作废品焕新创意书签、摆件等
	8	废品焕新作品设计图	设计创作广州地域特色的废品创意作品(如木棉花手工艺品等)
	9	废品焕新创意作品交流会	将前期制作的变废为宝手工作品带到班级和年级,进行交流展示
	10—11	废品焕新创意作品跳蚤市场	将变废为宝的手工作品带到学校,进行跳蚤市场交换活动
社会服务	12—13	变废为宝走进社区——废品焕新送温暖(学校所在社区、孤儿院等)	作为志愿者,将可以用于青少年儿童和长者生活的变废为宝手工作品送给孤儿院和社区长者
	14—15	设计垃圾分类倡议书、儿歌、宣传语设计,走进学校和社区	设计垃圾分类倡议书、宣传儿歌和宣传语,走进校园和社区进行宣传展示
	16—17	垃圾分类宣传员进学校和社区	在学校、社区、街道等开展垃圾分类小小宣传员活动,宣传垃圾分类、变废为宝的知识和内容
	18	期末评价	交流展示变废为宝的作品,进行社会服务中的综合评价

课程实施

(一) 课程资源

1. 文本:学习单、活动调查表、活动报告表、探究方案等。

2. 多媒体:国家中小学智慧教育平台、课件、图片、视频等。

3. 材料与工具:电脑、图书、垃圾资源等。

(二) 学习活动

1. 垃圾分类的知识宣传与垃圾变废为宝是本学期学习的重点内容,需要参与班级和年级的垃圾分类知识竞赛、垃圾变废为宝的设计与制作、变废为宝作品展示与交流、垃圾分类进社区和变废为宝作品赠送孤儿与老人等活动。

(1) 垃圾分类知识竞赛:课前借助电脑等资源,学习垃圾分类知识,课上参与问答题、判断题、选择题等比赛环节,争取获得"垃圾分类知识小达人"称号。

(2) 变废为宝作品设计图:与小组同学合作,讨论并制作变废为宝作品设计图,在班级交流展示。

(3) 变废为宝作品制作:准备好材料,与小组同学合作,制作变废为宝作品。

(4) 变废为宝作品交流与展示:小组作品在班级和年级交流展示,并在跳蚤市场中进行"以物易物"的活动。

(5) 变废为宝作品出校园:将作品送给有需要的孤儿和老人,帮助他们美化生活环境或解决力所能及的问题。

(6) 垃圾分类小小宣传员:在学校和社区宣传垃圾分类的知识与具体操作方法,帮助他人正确完成垃圾分类。

2. 通过垃圾分类知识竞赛、变废为宝作品设计与制作等活动,参加"班级卫生小标兵""优秀卫生小组""最佳创意作品"等评比活动。

课程评价

本课程的评价是把"价值体认""责任担当""问题解决""创意物化"四个目标作为评价维度,并细化评价要点,以便优化后续的学习。

评价维度	评价要点	自评	小组评	师评
价值体认	1. 通过参加知识交流活动,初步了解垃圾分类的操作			
	2. 在实践中综合运用自己学到的知识改造废品		\	
	3. 环保知识交流会上能说出自己对于环保的理解和可以做出的行动			
责任担当	1. 与同学合作分工,完成创意制作			
	2. 主动参与学校、社区宣传活动,传播环保知识			
问题解决	1. 积极发现垃圾分类存在的问题,并运用网络、书籍等方法找解决问题的方法			
	2. 利用废品进行创意制作,为宣传活动设计海报、儿歌和标语等			

(续表)

评价维度	评价要点		自评	小组评	师评
创意物化	1. 能借助用网络平台、海报等方式宣传垃圾分类知识				
	2. 将自己环境保护的想法以绘画、文字等方式呈现在创意作品中				
	3. 变废为宝的作品能做到以下三点：	(1) 巧用废旧物品制作			
		(2) 外形美观			
		(3) 具有观赏或实用价值			

评价维度	评价成果	评价要点	评价情况
综合评价（请在对应的"□"打√）	1. 班级卫生小标兵	个人卫生干净整洁，积极关注班级卫生	我获得了□　仍需努力□
	2. 优秀卫生小组	小组卫生干净整洁	我们小组获得了□　仍需努力□
	3. "最佳创意作品"称号	每组推选最有创意、巧用废品的1—2个作品，综合老师和全班的评价	我获得了□　期待下次获得□

评价说明：学期总评成绩按分数划分为 A、B、C、D、E 五个等级，分别为：A≥90 分；80 分≤B＜90 分；70 分≤C＜80 分；60 分≤D＜70 分；E＜60 分。

设计说明

(一) 设计依据

1. 课标要求

根据《中小学综合实践活动课程指导纲要》，综合实践活动是以学生真实需要为导向，把生活情境问题转化为活动主题，通过探究、服务、制作、体验等方式，培养学生综合素质的实践性课程。《中小学综合实践活动课程指导纲要》强调"课程目标以培养学生综合素质为导向"，以"价值体认、责任担当、问题解决、创意物化"描述课程分目标。

2. 学情分析

小学低年段的学生常以感知、观察、体验为主的方式了解周围的生活。二年级下学期的学生具有初步的环境保护和审美创造意识，但大多数对垃圾分类的相关知识了解不够全面，动手实践能力也需加强。

（二）设计创意

以"创设情境激趣学习—设计制作动手实践—成果作品交流学习—总结评价反思"这一主线设计,"先展示评价任务,引导学生主动探究知识,再综合运用,实践反思,达到培养高阶思维,发展综合素养"的进阶学习。

（三）教学建议

在课程实施方面,要体现儿童立场、合作探究、问题解决的理念,注重师生互动与生生互动,并以实践变废为宝和宣传垃圾分类为侧重点,关注学生综合能力与综合素养形成;在课程评价上,本课程要以终为始,先展示评价任务,再展示活动过程,以"价值体认""责任担当""问题解决""创意物化"四个目标作为评价维度,进行多元评价,关注过程评价。

第二部分

我与课程纲要的故事

你心柔软，却有力量
——"学期课程纲要"编写记

天河区教师发展中心　陈　燕

与"学期课程纲要"相遇两年多，每次教研都绕不开它。经过两年的编写和实践，我深知课程纲要不是独立存在的，它一定有深刻的内在意义。我总想对它表达点什么，一直苦于词穷。偶尔翻阅枕边书，看到"你心柔软，却有力量"这么一句话，我怦然心动，就它了，这就是我想对课程纲要说的一句话，也是我想对课程纲要的引路人说的一句话，故用它把我的教育故事记录下来。

垂丝千尺，意在深潭

单位组织课程纲要专题学习，这是华东项目继"学历案"后的第二次专题学习。可能是因为线上学习，和教授们少了现场互动，也可能是因为自己没有提前做好预习，反正我觉得自己这个星期学了一个"寂寞"。一个星期下来内心挺慌的，每次下课，我都会问同事："你们听懂了多少？"他们都笑而不答。不知是故作神秘，还是笑我学渣？或许他们也没听懂多少。

我该怎么办呢？自己虽不能像云般自卷自舒，总得要找到打开课程纲要的"幸福开关"吧，也许我也有慧眼顿开的时候。

接下来的茶余饭后时间，我不断回看教授们讲课的资料，不断查阅相关的书籍。首先触动我思考的是课程纲要的四个"一份"：计划、合同、地图、工具。

这四样东西到底意味着什么呢？

如果说课程纲要是一份"计划"，是不是就是老师们在每个学期制订的教学进度计划？它们不一样的地方又在哪里呢？

如果说课程纲要是一份"合同",是不是需要有"甲方"和"乙方"?这个甲方和乙方又是谁?他们又分别承担什么样的责任?完成什么样的任务?做出什么样的产品?

如果说课程纲要是一份"地图",那么地图上应该分布着什么情况?目的地就是学习目标吗?学习内容就是行装?路径就是学习过程?……

所有的答案都好像在我的脑海中若隐若现,这四种东西我都知道,但如何与课程纲要建立关联?我好像明白,又好像不明白。眼看交作业的时间到了,我准备用一个晚上的时间完成第一份三年级上学期的课程纲要。但当尝试编写时,我这个晚上真不好过啊!心乱如麻,无从下笔!

比如,目的地要明确,目标不能太长。为了避免学习目标过"长",就足够让我着急上火。"严师"们要求——目标表述按照三维叙写,每个目标都要有一个要到达的地方,体现出核心素养;目标一般写3—5条,每条文字不宜过长,要简洁、清晰,各条目标之间还要有关联。

真的好难啊!学员们第一次做出来"产品"——各学科各年级的课程纲要,周文叶教授的点评,几乎全是"次品"。当然,我的"产品"也不能幸免。当时我编写了一个课程内容和实施的结构图,自认为很得意。但最终的命运是被周教授批注说"太复杂,值得商榷"。

我迷茫啊!为什么要我编写课程纲要?这么多年我一直没写,教学成绩也不差啊?这份课程纲要是写给学生看的,以学生的能力水平,怎么可能看懂老师写的专业资料?一个学期那么多的教学内容,怎么可能用3000字左右就编写出来?

以此看来,是这课程纲要另有乾坤?是对我们有更高的期望?是垂丝千尺,意在深潭?

问道之艰辛,只能以一串串问号开始。

离钩三寸,子何不道?

"语文(三下)课程纲要值得表扬,值得大家学习!"

当我看到崔教授反馈学员的作业中这句话时,有了再出发的信心。崔教授表扬的是我们团队孙怡老师撰写的一份课程纲要。

当时我们为了理解课程纲要过程评价的问题,足足折腾了一个学期。追鹿的人看不见山,捕鱼的人看不见海。我们在理解课程纲要的时候又是忽略了什么呢?

一次期末评价的研讨会上,我对课程纲要的核心价值有所领悟。

"老师们,你们对本学期学业质量评价有什么想法?"我问。

老师陷入一片沉默。

一位老师说:"我们三年级,不是期末有纸笔测试吗?其他的成绩都是过程,学校和家长都非常重视期末的纸笔测试的。"

我追问:"学生在本学期应该是认真学习的吧?难道他们什么都没做吗?没有背诵课文?没有积累生字生词?没有参加综合实践活动学习?没有阅读书籍?"

老师们齐声回答:"有啊!都有的!"我追问:"你们可不可以拿出一份完整地记录学生学习过程、可反复查阅的学习档案呢?"

老师们回答:"陈老师,说实在的,还真没有!我们做了,完成了,就丢一边了。觉得这些都是理所当然的。从来没考虑过要帮助学生建立学习档案。"

我明白了,老师就是那个追鹿人和捕鱼人。他们既看不见山,也看不见海,眼里只有"鹿"和"鱼"。期末纸笔测试是老师们评价学生的唯一"依靠"。

我忍不住再追问一句:"期末复习阶段学生怎么梳理自己本学期的学习收获和不足呢?老师又是怎么了解和评价学生本学期学科学业质量情况呢?"

一石激起千层浪。他们认为师生本学期都一直在努力教和学。一学期下来完成多个学习大任务,开展多次语文学习实践活动;学生做了很多语文学习"产品",但是拿不出过程评价的档案来,都是凭经验想当然地教和评。对教学质量的监测没有实证,容易出现偏差,容易忽略部分"特殊的学生",缺少"全部"学生。

经过这次研讨活动,我明白——课程纲要让老师清清楚楚地教,让学生明明白白地学;在课程纲要的引领下,师生由原来的关注知识储备转向关注学生的整体表现。"计划、合同、地图、工具"为了达成学习目标而存在,它是学期教学课程的前端,先锋,是教育方案、专业计划。

为了让"课程纲要"的幸福开关随时打开,并非时时需要千尺垂丝!

离钩二寸,子何不道?或许课程纲要之"道"就藏在我们的课堂上,藏在我们的教学实践中。

你心柔软,却有力量

春节的余热还在,开学的钟声刚刚敲响,华东专家已经来到天河。

"祝贺!汇报得不错。"这是2月16日,华阳小学冯硕关于"五年级上学期语文学科课程纲要"汇报的反馈。这应该是我们教研团队对课程纲要经过一个学期的实践和思考之后,得到的肯定。

"你可以更自信些!"这是2月18日,在一次学习"课程纲要"专题培训后,崔允漷教授不经意(我现在觉得他是有意的)对我说的一句话。崔教授怎么知道我不够自信呢?我是怎样的表现流露出自己不够自信的呢?但是我必须承认崔教授这是一针见血的真言。

教授的话语听起来柔软却有力量,让我深思,促我行动。

在教授团队来之前,我们团队经历的"煎熬",现在回想起来挺值得的。

2月11日星期六,我参加一个会议,10点左右开幕式结束后,宣布散会,之后的内容采用线上观看的方式。我惊喜万分,立即打电话通知团队的老师在华阳小学集合研讨课程纲要。

11点开始,每人点了一杯奶茶,完成课程目标的修改。

15点开始,每人再点一杯咖啡,完成课程内容的修改。

余校长进来看看,给个微笑,离开了。

赖校长进来,安慰几句,也离开了。

保安叔叔进来,想收拾一下现场准备下班,最后无奈地离开。

我们的研讨一直到了深夜……

团队的几个小伙伴讨论、斟酌,修改,再修改。

慢慢地,我们逐步意识到,课程纲要那颗柔软的心——它默默地关注孩子真实的学习历程,助力孩子快乐成长;它无声地引领老师推进"学为中心"课堂教学的转型;它不时地提醒我们立足课标,研究学情,用好教材;它悄悄地诱导我们落实课标、教学与评价的一致性……

感谢您!给了我们前行的力量,给了我们无穷的思考……

纲要好不好，谁说了算？

广州市天河区高塘石小学　陈雪琼　易华平
广州市天河区灵秀小学　龚　玮

一个人可以走得很快，一群人可以走得更远……

天河区教育局和华东师范大学课程与教学研究所深度合作，持续推进基础教育课程与教学质量提升工程，自2021年3月至今，已有两年多的时间。在华东师大专家的引领下，天河教育人勤勉奋发，成效显著。乘着课程改革的东风，来自天河区非种子学校的我们也因课程纲要而相遇，携手追光而行，一路发生的许多故事，就让我为大家娓娓道来……

"相当满意"的作品

2023年1月春节前，区教师发展中心李老师召集龚老师、易老师和我三人组成跨校团队，共同编撰五年级下学期的英语课程纲要，以便开学初给天河区的老师们参考使用。作为组长的我既满怀欣喜又略带忧虑地组织了我们三人小组的第一次线上会议。

"这个不难啦，我们手上有两份获奖的五年级上学期课程纲要，照葫芦画瓢，把五年级上学期的内容调整成五年级下学期的就可以了。"易老师信心满满地说道。

"确实是可以参考，但也不能完全照搬……其实我现在对课程纲要的学期目标设定、课程实施的角度以及评价维度都比较模糊。"我满脸愁容地说。

"课程目标要以学生立场，通过三维叙写，就是通过什么方式方法，学会了什么，达成了什么素养或形成了什么情感态度价值观。实施要以活动化和事件化的方式呈现。课程评价要求的关键词是评价框架（评什么，怎么评，谁来评）。"龚老师根据理论一个接着一个提出了她的阐释。

"最难的应该是课程内容的大单元设计,总共六个大单元,要耗很多时间。要不我们一边恶补理论,一边分任务写。"龚老师如此提议,易老师和我都点点头,觉得可行。

就这样我们以五年级上册两校获奖作品为基础,找到各自优势部分并分工进行初步撰写。当在撰写时遇到问题时,我们总能积极研讨,适时调整,互相配合,最终通力合作完成了"相当满意"的初稿。

"哇塞,我们课程内容的单元整合太巧妙了!"易老师在微信群里满意地发出自己的感叹。

"我也觉得!以'I live in Guangzhou I love the city'为学期大主题,一下子串联整本书的内容,三个大单元任务也很贴合学生已有认知,孩子们会很喜欢的。"龚老师接着表示认同。

"课程实施从语音、词汇、语法、语篇、口语五个方面分类述说,而且落实到各个活动进行。学生应该能看得懂。另外学期过程性评价的集星卡也很有'意思',分12个单元共90项分点评价任务,也可以细致而全面地反映学生学习整本书的点滴成果。"我得意地小结了一下我们的成果。

此时的我们都很满意这份凝聚着我们三人智慧和努力的初稿,感觉纲要中的目标、内容、实施、评价每个部分的设计都很棒,无可挑剔!商议后,我们还在最后的设计说明中陈述了制作这份"满意"作品的理念和依据。在对初稿进行最后的审查和排版后,我们郑重地将作品提交给了李老师,在对华东专家们积极反馈的期待中,我们迎来了2023年春节!

特别的新年礼

然而,在正月初十,我们收到了一份特别的"新年礼物"——来自华东专家们的反馈意见稿。

"课程内容:动作太大,不适合一般老师""对普通老师来说,主要是依据教材、用好教材,而不是改造教材"……放眼望去,这些红彤彤的修改意见让我的心顿时凉了一截。

这可是我们最为巧妙的构思啊!怎么会行不通呢?而对课程评价部分的反馈也非常直白而尖锐,"试想这样的设计给学生,学生还对英语感兴趣吗?"我们仨看着反馈稿沉思良久，心里五味杂陈。

"这下，我们得大改啦!"易老师苦笑道，大家都露出了苦涩的神情。

"课程内容那里只能放弃三大主题的设计了，聚焦回每个单元主题，做好六个单元的整体设计。"尽管我的心情因为这看起来没有尽头的修改工作相当低落，但鼓起信心往积极的方面看，这些细致的反馈建议的确帮助我明确了修改的方向。

"好可惜啊，不过也没办法啦。课程实施部分专家建议从'学生需要什么信息'来设计，这说明我们的'学生立场'意识还是不足。"龚老师自我反思道。

"课程纲要是给学生看的，而且要在新学期初给天河区的所有老师们参照使用，实用性一定要落实到位。没关系，我们这次修改的时候谨记在心就好。"我重整旗鼓，目光坚定地说。

想要实实在在地跟进课程改革，路途上就是会有这样的波折，不是吗？尽管诸多的修改建议让我们仨的心中产生了极大的落差，但一时的低落并不会禁锢大家再次向前探索的勇气和脚步。我们迅速整理心情，相视一笑，继续保持积极的心态再次启程。

回炉再造

这该怎么改呢？大家带着这个疑问投入新一轮课程纲要的学习和创编中。

不如，让一切回到最根本的地方再出发。"课程纲要是给学生看的"，我们在心里重复着这句话，提醒着自己，在编写纲要的每一部分都先自我提问："学生能看得明白吗？""学生对这个有没有兴趣？"

我们再次仔细研读2022新课标，结合五年级下册教材内容，尝试围绕主题、语篇、语言、文化、技能和策略六大要素，通过细化、提高、降低、删减、整合等方式进行校本化解读，确定学期课程目标，并且从符合学生立场的角度撰写。

课程内容设计部分，我们忍痛弃用初稿的三大主题，转而专注研读六个单元主题语篇，挖掘其与学生生活经验密切相关的连接点，设计六个大单元任务：制作四季海报，制定春日研学计划，撰写校开放日邀请函，制定五一旅游计划，编写校园安全提示语，编绘校园生活地图。新设计的六大任务既符合学情，也符合实际，可落地可评价。比如在第六大单元任务，学生根据学校10分钟生活圈，绘制校园生活地图，标出学校周边的超市、餐饮、银行、医院、电影院等场所，并能根据地图准确说出到达各场所的路线和方式。这样的任务就是引导学生用英语教材中的知识来解决生活中真实问题，这样的设计学生怎么会不喜欢呢？

课程实施部分，我们按照"学生需要什么信息"重新设计，再次调整视角，在学习资源方面，从学习材料、网络资源、阅读书目、口语学习四个维度，与孩子们分享本学期可以利用的资源。在学习活动方面，则从语音、词汇、语法、口语、阅读、写作和综合运用七个维度，为学生提供了具体的活动指引和学习方法，如在词汇方面，指引学生通过自主复习、堂上听写，以及每月一次的单词竞赛活动，能够正确、美观书写本学期136个"四会"单词，在达成词汇学习的事件化和活动化要求的同时，明确提出词汇学习的要求。

回顾我们的初稿，其中的评价部分落实到每周的四个课时中，包含基础知识（单词识记和课文背诵）和拓展知识（每节课课后的歌曲和英文电影）两个大维度。理想是丰满的，但是现实是骨感的，这种评价体系对于老师和学生而言，实施难度太大，面对专家的质疑，课程评价应该何去何从？

我们大量阅读书籍，参考其他撰写案例，最终重构出简洁明了、可行有效的评价方式——分别从学习习惯、学业表现、活动表现这三个维度展开日常学习评价，并以集星卡形式呈现。经过这样的调整，评价实施的难度有所降低，学生也能更加清晰自己该在哪些方面继续努力，明确自己的学习目标。

纲要好不好，谁说了算？

终于，在2023年春季开学的第一天，我们带着全新的课程纲要迎着春日的明媚与暖意走上讲台，期待着与孩子们开启一段美好的学习之旅，遇见最美的风景，体验英语的美好。

课上，我兴致勃勃地给孩子们分享这份新的课程纲要，就像一个导游介绍每个景点的美景和精彩活动。孩子们对这份"英语学习旅程概览"兴致盎然，你一言我一语地提出各种各样问题。

"老师，六个任务就是要做六个作业吗？"学生A想确认。

"Miss Chen，课程目标看起来好厉害，需要我们做什么呀？"调皮的学生B在疑惑。

"老师，集星卡那里我们可以自己给自己写多少个星星吗？有同学乱写怎么办？"学生C认真地问道。

"陈老师，我们要买那么多本练习吗？这么多，我们做不完哦！"学生D嘟着嘴说。

一连串的疑问让我应接不暇,额头冒汗。

孩子们在我耐心解说后勉强地接受了这份旅行计划,看着他们脸上疑惑、不满的表情,我心里翻涌着一点点苦涩滋味。这纲要从年前开始撰写,从一稿到二稿,从二稿到三稿,里面的一字一句、一图一表都是我们团队三人精心打磨的,而且不也得到专家们的认可了吗?

"孩子们好像不是很喜欢这份纲要。"我下课后马上在群里诉苦。

"我的也差不多,感觉他们有点不感兴趣。"易老师发了一个叹气的表情。

"孩子们是第一次接触课程纲要,可能需要一个适应的过程吧!"龚老师安慰道。

我难过的同时也逐渐开始明白一个关键点:设计再完美、考虑再充分的课程纲要好不好,谁说了算?是老师吗?是专家吗?都不是。学生说它好才是真的好,学生喜欢它才能真正为他们所用。

"既然开始了就继续下去。我们可以边使用纲要边收集学生的反馈,下学期可以继续修改吧。"我在群里给大家鼓鼓劲,也给自己鼓鼓劲!

接着爱心、加油、笑脸、努力的表情在群里一个接一个冒出来……

一开始我们都想着设计一份"完美"的课程纲要就可以一劳永逸,谁想到这只是帮助学生规划学期学习的第一步,后面还面临学生在使用当中的诸多问题,还需要不断地修改调整。不过既然我们已经努力走出了"第一步",接下来的路上纵有艰难和阻碍,我们一起解决吧!

回归教育初心：行走在课程纲要设计中

广州市天河区天府路小学　蓝曼莉

天府路小学于2021年成为天河区与华东师范大学合作的基础教育课程与教学质量提升项目的种子校，从此，天府人加快了课堂教学变革的步伐。从学校层面要做的课程实施方案，到学科或课程层面要做课程纲要，再到课堂层面的单元学历案实施，全校两百多位老师焚膏继晷，上下求索。学习的洪流奔腾不息，我身处其中，与课程纲要相遇、相识、相知、相惜，可谓，道阻且长，且行且思。

蹒跚起步　寸步千里

2022年5月，学校种子教师参加华东质量提升项目学习归来，面向全校教师进行了一次有关学科课程纲要的培训。通过这一次校本研修，我与"课程纲要"初次相遇。当时我天真地认为就是将原来的教学进度表换一种表述方式，新瓶装旧酒罢了。

忙忙碌碌，期末已至。放假前，每位老师也收到了学校布置的暑假作业——撰写一份下学期所任教学科的课程纲要。借鉴了之前的教学进度表，我的第一份道德与法治学科"课程纲要"很快就完成了。此时的我沾沾自喜，自鸣得意："没啥难度嘛，不费吹灰之力。"

新学期如期而至，开学第一周，我迫不及待、献宝似地与孩子们一起分享了这份得意之作。课程纲要发放下去后，一石激起千层浪，孩子们的问题层出不穷。

"老师，为什么要给我们看这份东西？"

"老师，有些句子我看不懂，我们到底要做什么呢？"

"老师，这个评价是怎么评啊？"

"老师，是不是每个单元都有任务要完成啊？能不能少一点呢？"

……

我却不能像以往那样胸有成竹地回答,像一个手足无措的新手老师般被问得哑口无言。完成时的喜悦、分享时的期待荡然无存,取而代之的也是和学生一样的迷茫。一连串的灵魂拷问,我努力去解释,但是他们越听越糊涂。第一次的课程纲要分享课,去时壮怀激烈,归时灰头土脸,我离课程纲要似乎很近,却寸步千里,管中窥豹,并未得见其真容。

抚躬自问　反求诸己

当我铩羽而归后,再次审视这份课程纲要,结合学生的疑问,我收起之前的轻慢之心,开始抚躬自问,追问自己:

课程纲要到底是什么?

它从何处来,要往何处去?

它和以往的教学计划区别在哪里?

学生看不懂的原因是什么?

……

一连串的问题,一次次的反思,我才意识到自己对课程纲要其实一知半解,而我却拿着一份"假"课程纲要去实施,羞愧不已。再想到崔允漷教授说:"一个老师连自己这门课程都说不清楚,谈何教书育人?"我才明白曾经的自鸣得意是多么无知可笑,和学生分享是多么鲁莽草率。作为拥有 15 年教龄的我,下一步该怎么做?放弃?将课程纲要束之高阁?之后的一段时间,我陷入了迷茫之中。

弃旧迎新　且行且思

在接下来多次的课程纲要校本培训中,我们学校的欧阳琪校长不断鼓励我们在教学变革中,要勇于尝试,不要害怕失败,我们可以做中学,从错误中学习。

"作为学校,是可以等待老师们的成长,但是站在学生的角度,他们可能没有那么多的时间来等待老师的成长呀。所以我们只能边学边做,全力以赴,而不是尽力而为。"欧阳校长说的这句话醍醐灌顶。身边的同事,一个个都干劲十足。在校长的鼓励下,在同事们的感染下,回想自己的教育初心,我想,或许我可以再尝试几次。只有行动与建设，真正批判与重构，才有力量担起育人使命。

学校学习的氛围非常好，大家都将自己撰写的课程纲要分享在共享群里，欧阳校长也会一次次细致地进行指导。还记得校长那天让我思考两个问题：一是怎样将一个学期的课程纲要用两页纸说清楚，又能让学生看得懂？二是怎样体现课程目标、内容、实施、评价的一致性？

我想，就死磕这两个问题吧，当成是突破口。我把周文叶教授主讲的《素养导向的学科课程纲要》专题讲座视频，看了一遍又一遍，学习怎样按照六步法来确定课程目标，研读教材，选择和整合教材内容，课程实施与评价相匹配等。虽然还是懵懵懂懂，再查找相关的文献、书籍来阅读研究，也只是一知半解，不过我坚信这些读过的文字，也许某一天会成为拨开云雾的一道光。我也坚信在做中学，学中悟，才能靠近课程纲要的内核。

重新出发，再次认识"课程纲要"。一边编制课程纲要一边思考，我开始明白编制课程纲要的意义，这是我们国家课程校本化实施的路径，是我们落实核心素养的抓手；同时它也是学生的学习地图，所以要体现"学为中心"。学生立场、以素养目标为导向、任务驱动……这些概念慢慢在我的脑海中生根发芽。

每一次的学习都是对原有的知识结构、经验储备碰撞和扬弃的过程，我慢慢走进"课程纲要"，与它逐渐相识相知。

遇见"课程纲要"，真好。

并肩而行　渐行渐远

又到了暑假，我在年级内组建了一个3人的微团队，大家一起分享自己对课程纲要的理解和思考，一起来讨论下学期道德与法治学科的课程纲要的编制。都说一个人能走得很快，但一行人能走得更远，幸运有团队的帮助，我们分工协作、相互赋能，遇到不懂的，大家一起查找资料一起讨论解决。我们编制课程纲要，同时也完成了单元学历案。

充实的暑假转瞬即逝，新学期又到了，像个终于要见公婆的丑媳妇儿，我怀着惴惴不安的心情再次和孩子们分享课程纲要。果不其然，当孩子们拿到纲要后，又开始七嘴八舌讨论开：

"老师，什么是大任务？开联欢会也可以成为任务吗？我喜欢这样的任务！"

"我们班级真的开联欢会吗？我可以表演跆拳道，我刚考了绿带。"

"老师，我们之前主题课程学习过制作文明棋，我们可以把之前的文明棋，拿来增加一些内容，玩起来就更有趣了。"

"老师，我妈妈会做月饼，要不要让她来教我们做月饼呢？"

……

孩子们兴奋和期待的神情与上一次的迷茫不解的表情在我脑海中不断交替变化，心口大石放下，我终于露出了发自内心的微笑——孩子们不但读懂了，还读出了更多！这节课程纲要分享课，变成了讨论课，孩子们参与到课程纲要的修改和丰富中，欢欣雀跃地提出各种设想、建议。我把教学先暂缓一周，和孩子们一起来讨论，每个单元用什么样的形式来学习，我们的评价任务、评价规则如何修改等。

怎样的课程纲要，学生才读得懂？怎样的课程纲要，可以成为他们的学习地图？我想，孩子们的声音需要被听见。

在学期末，我和孩子们再回头看看课程纲要，我们一起回顾学习历程，一起总结本学期我们的成长收获，交流哪里还可以做得更好。然后，我们再翻开下学期教材目录，让孩子们交流自己对下学期如何开展学习的想法。

经历了一次完整的课程纲要编写、修改、实施、再修改的过程，我恍然大悟，学习者为中心的课堂就应当如此，教学相长也是如此。

诚然，这一次的课程纲要仍然不是完美的，但与同事、与学生并肩走在课程纲要编制与实施的路上，这种感觉真好。

拔节成长　学无止境

那天，学校工作群里发出了一张喜报，我们学校共有26位老师在天河区学期课程纲要设计比赛中获奖。我在喜报中找到了自己的名字，二等奖！这个奖，是对自己一年来在课程纲要编制与实施中付出努力的肯定，也代表，我还有很多提升的空间。

与课程纲要相遇、相识、相知、相惜，于我而言，是一次拔节成长的历程，它加深了我对课程改革的认识。

从教15年，如井底之蛙，自认为已经对课堂教学驾轻就熟，却不承想一个课程纲要就给我这个老教师一个"下马威"。自从学校成为种子校之后，转变育人观念的种子，慢慢扎根生长。相信种子，相信岁月。埋下种子，以日以年。

从前,我只盯着一节节课,如今,我尝试建立从课堂到课程,从一节课到一单元,到一学期的逻辑关系。我从关注自己如何教,努力朝向关注学生如何学转变。深耕课堂,研究教学、研究学生,为他们搭建学习支架,协助孩子们开展基于自我规划、自我管理的深度学习,仍然是我的前行方向。

成长对我而言是什么?是迷茫、是痛苦,也是喜悦,更是我回归教育初心的过程。编制课程纲要,坚持素养导向,就是回到学生本身,回到知识学习为人服务的初心上来,站在学生立场,听听他们的声音,向他们提供最适切的教育。

新方案、新课程、新征程,我在撰写课程纲要方面,仅仅是迈出其中很小一步,而素养导向的育人观,需要我在教育教学的方方面面作出努力和改变,感恩一次次的课程纲要编写的淬炼,珍惜与它共同成长的日子。这让我明白成长的路上没有什么——成长路上没有长短,成长路上更没有捷径,教无止境,学无止境,与君共勉!

道阻且长，行则将至

天河区体育东路小学兴国学校　李　滨

风起

"李老师，我们为什么要上劳动课？"有一天，希霖问了我这个问题。我不假思索地说："劳动能让你懂得怎样更好地自我管理，能让你懂得更多的劳动知识，掌握更多的生活技能呀。""可是，劳动课好无聊，有些东西我们平时用不上呀。""对呀，如果劳动课有比赛就好了，那就好玩多了！""劳动课能不能不上课本的那些内容，我们学学生活中能用上的东西？"孩子们七嘴八舌，争先恐后地向我提意见，课室顿时像烧开了水似的沸腾起来。

后来，我静下心来想了想孩子们的建议，觉得有些还是挺有用的。例如，他们希望劳动课能有比赛，这样可以调动他们学习和实践的积极性。再如，他们希望劳动课的内容能结合他们的生活实际，学一些平时生活中有用的知识，最好能实践操作。我觉得这些想法都很有价值。所以，我打算在新学期的教学中加入这些想法。

恰逢2022学年第一学期，学校组织我们老师撰写劳动课程纲要，并且强调课程纲要是写给学生看的，学生看了之后能够明确本学期的学习目标、学习内容、实施安排、学习评价等。面对这个新事物、新挑战，我想：怎样才能写好呢？既然是给学生看的，那在撰写劳动纲要时就应该充分考虑学生的需求以及学生生活的实际情况。于是，拿起教材《小学综合实践活动·劳动（二年级全一册）》，我仔细研读。

首先，我发现教材里都是大单元、大任务的设定，但是，教材里不是所有的内容都适合二年级的孩子做，例如去超市体验收银员的工作，没有资源，开展不了。于是我在教材的基础上进行了内容的删减，依然保留"我是整理大王""家庭垃圾我分类""巧手制作纸贺卡""我是超市小员工""羊城美景我宣传"这五个大单元主题活动,但在子任务上,删除了一些难实施的任务。再考虑到孩子们之前的建议,我增加了一些比赛任务、展示任务。又考虑到二年级的孩子在自我管理、家务劳动、社会服务、动手操作方面的能力比较弱,于是,我设计了如"整理书包、书桌、书柜""制作收纳用具""变废为宝""制作纸贺卡""采访超市员工""制作羊城美景宣传画册"等子任务。

在撰写的过程中,我又发现如果所有的内容都要在课堂上完成,根本不可能,如"采访超市员工"这个任务,只能分组,请家长帮忙,用课余时间去实施。于是,我又在劳动纲要中将活动时间分为了"课内时间"和"课外时间"两部分。至此,我觉得我考虑得挺全面的,有点儿沾沾自喜。

浪涌

很快,在实施劳动纲要的过程中,我发现我想当然了。

在"我是整理大王"这个主题活动中,我布置孩子们整理自己的书包、书桌、书柜,总结"整理小妙招",设计制作收纳用具。孩子们可高兴了,一回家就行动起来,并在钉钉班级圈发了照片、视频。一个个整理小妙招,有模有样地收纳用具,挺新奇。

军军把袜子卷成一个小圆筒,把衣服叠好后卷起来,很节省空间。

依依做了一个3层的收纳袋子可以挂在书桌旁,放笔、橡皮等杂物。

悦悦和洋洋用废纸盒做了桌面收纳盒用来放笔、尺子等杂物。

瑛瑛用文件袋来给书本进行分类。

文文用自制的笔筒来放笔。

……

看到同学们的劳动成果,我很欣慰,可是也感到特别为难——怎么选出整理大王呢?孩子们的作品各有各的优点,我用什么标准来评价他们的成果更合适呢?

我征求孩子们的意见,问:"你们觉得怎样的作品才能算得上好呢?咱们一起把标准定一定。"

小雅说:"收纳用具要外形美观,要考虑到色彩搭配,实用。"

"对,最好还要有创意,造型要独特。"小羽说。

小然说:"整理小妙招要看实不实用。"

小江说:"整理书桌,我们可以搞个小比赛,现场比。"

……

后来，我以"美观、实用、新颖"为标准设计了一个表格，分三项内容（整理书柜、整理小妙招、制作收纳用具）组织同学们进行投票选出心中的整理大王。

选是选出来了，但我总觉得这个标准主观性太强，一千个人心目中有一千个不同的哈姆雷特。怎样才能更客观地评价孩子们的劳动作品和劳动表现呢？

后来，我尝试将等级性评价和描述性语言相结合来对学生进行评价。《劳动表现综合评价表》从"参与的积极性""活动的坚持性""态度的积极性""技能的熟练性""成果的多样性""成果的创造性"等方面进行等级评价，包括了自评、同学评、家长评、老师评。而"个人优点""个人努力方向"和"老师评语"这三个方面，我觉得描述性语言的评价更合适。我本意是通过多元评价更客观地引导学生正确认识自我的优点和努力方向。但在实施中，我发现我设计的《劳动表现综合评价表》侧重于劳动习惯和品质、劳动技能、劳动成果这几方面的评价，但对劳动观念和劳动精神等抽象的劳动教育目标还没法进行评价。这也是我到现在还没办法解决的困惑。

劈波

接下来，问题像雨后春笋一样，陆续探出头来。

在"家庭垃圾我分类"这个主题活动中，我设计了3个实践类的活动：一是和爸爸妈妈进行垃圾分类比赛；二是每天把生活垃圾进行分类送到相应的垃圾投放点，填写《每日生活垃圾分类记录表》，为时一周；三是选择一种家庭废弃物品，进行创意设计。其中第二个活动遇到了分歧。一部分同学提出记录表里的垃圾应该分类记录重量，例如水果皮和剩饭、剩菜都是厨余垃圾，就把它们合起来称重，这样简单好操作。另一部分同学提出，垃圾分类在大的种类下面应该有小的分类，记录种类的多少，这样才能确切地知道什么垃圾多，什么垃圾少，可缺点就是太过繁琐。

怎么办呢？根据上个单元的经验，我组织同学进行讨论，把两种方法的优点和缺点一一摆出来，然后再全班投票。同学们选择了记录重量，因为简单好操作。同时，根据孩子们的建议我还调整了一下表格。这件小事提醒了我，以后在活动记录表的设计上也可以多征求孩子们的意见，也许他们想得会更细。

这次主题活动对孩子们来说还是很有意义的，他们在展示《每日生活垃圾分类记录表》时发现，家庭里厨余垃圾是最多的，可回收垃圾次之，最少的是有害垃圾，其他垃圾也不多，所以他们也提出了以后要进行"光盘行动"，减少厨余垃圾。由此，又衍生出了我们在2022学年第二学期开展的以"光盘行动"为主题的一系列活动。当然，这是后话了。

在实施课程纲要的过程中，我逐渐意识到预设活动过程中产生的问题非常重要。预设了问题，再想办法解决问题，那整个活动就会开展得更顺利。于是，我开始尝试使用单元学历案。例如在"巧手制作纸贺卡"这个单元活动中，一开始，我就设计了单元学历案来让学生明确这个单元的主题内容、活动目标、活动的重点、活动前期准备、各个课时的具体安排、活动任务和评价标准等。在设计学历案时，我想到了我应该提前学习如何制作纸贺卡，但在实际操作中发现我的手其实没有我想象中的巧。即使我也上网搜了很多制作纸贺卡的视频，但轮到自己动手时，我的美术创意和实际操作真是一言难尽。

怎么办呢？老师不会操作或者操作不好，怎么能教学生呢？我和办公室的老师讨论了这个问题。

同事小赵说："不如请美术老师帮忙？"

同事小侯说："也可以发动家长，看看家长里有没有会这个的。请他们帮帮忙。"

我马上去询问美术老师，恰好她们正在搞一个比赛，也很忙，所以这条路不通。于是，我便和家委商量了一下，征求了家长们的意见后，让几个动手能力比较强的家长拍了几个视频，一步一步地教同学们怎么做，把步骤讲细、讲清楚。

孩子们观看视频之后，经过小组讨论总结出了制作纸贺卡的基本步骤和注意事项，再模仿着动手，最后他们制作出来的纸贺卡倒是出乎意料地好，其中熙熙的立体贺卡很有立体翻翻书的感觉，特别有意思。

学历案的使用让学生明白自己要学什么、怎么学。因此，劳动课也慢慢变得更高效起来。

启航

古人云："道阻且长，行则将至；行而不辍，未来可期。"在这次劳动课程纲要撰写和实施的过程中，我确实遇到了很多问题，有的问题通过讨论和投票解决了，有的问题通过家校合作解决了，但是还有一些问题，目前没有找到最佳的解决方案。例如，如何对学生的劳动成果和劳动表现进行客观合理的评价？但在摸索的过程中，我逐渐改变了刻板的、生硬的教学模式,尝试使用学历案去丰富劳动课的活动形式,去预设和解决我教学过程中会遇到的问题,也给了学生更多的主动性,使劳动课更加高效了。

虽然课程纲要和学历案都还是"新生事物",但我相信,只要去做,去试,去思考,去改进,问题总会慢慢得到解决。所以,不要害怕目前遇到的困难,不要停止探索的脚步,一路前行,终有收获!

成如容易却艰辛

——边学边做课程纲要的故事

广州市天河区侨乐小学　孙　怡

2021年3月,一场学习的革命悄然发生。课程实施方案、学历案、单元学历案、课程纲要,每一项内容都是一个全新的挑战。从理念的更新,到动笔编写,再到尝试实践,一次又一次地推倒重来,一小步一小步地向前推进,有山重水复疑无路的困境,也有柳暗花明又一村的感悟。我们的故事有了令人期待的开始,求索的征帆也已悄然扬起……

牛刀小试　受到鼓舞

学习和打磨学历案的过程还历历在目,我又踏上学期课程纲要的培训之旅。

学期课程纲要是什么?真有这么重要吗?之前没有课程纲要的时候,不是也都这样教过来了吗?带着疑问开启学习。

每节下课,同伴凑在一起问的最多的就是"你明白吗?"转眼就到上交课程纲要作业的日子。暗自庆幸我这"学困生"能混在小组里一起完成。

小组四位成员碰头讨论分工,我看着课程纲要的四要素:课程目标、课程内容、课程实施及课程评价,不禁在心里打起小算盘:"时间有限,为不拉低作业质量,挑选一个相对容易写的板块吧。"于是,我认领了课程实施这部分。

当晚,我就对照着手里《基于标准的课程纲要和教案》里的范例,依葫芦画瓢地顺利完成了课程实施这部分内容,小菜一碟,赶紧在群里提交给组长。

晚上十点,"滴滴",微信发出信息提示音,组长已经整合好我们小组成员各自负责的内容。

看着我们完成的"成果",越看越满意,觉得格式也规范,内容也不错。

转眼周五,华东师范大学课程与教学研究所周文叶教授点评作业的日子到了。通过这"真刀实枪"的实践作业,我们都想知道自己学得怎样,在哪些方面还可以改进。

"请大家先看这些页码的作业,小组讨论一下这些作业。"周所的话音一落,"这不是我们小组的作业吗?"组员立刻小声说道。

"完了,是不是我们写得糟糕,要单独挑出来做反面教材。"我小声对组员说。

"不会吧?"一位组员说。

"应该不会,我觉得我们写得挺好的。"

就这样,我们一边翻阅作业集内容,一边紧张又期待着。

随着小组讨论的结束,周文叶教授结合我们的作业进行课程纲要各要素内容的讲解,表扬我们组的作业格式规范、目标清晰、体现素养,课程内容以单元大任务进行统摄,课程实施部分是具体要做的事等。虽然这份课程纲要还有很多不足之处,但是第一次写纲要就被表扬还是给了我们很大的鼓舞。

"看来也不是很难。"我有点飘飘然。

再次实践　遭受打击

培训结束后,不出所料,必然就是实践了。区里以一场义务教育阶段学期课程纲要设计比赛拉动大家学习的热情。参加过课程纲要培训的我,有种赢在起跑线的感觉。

打开电脑,两张 A4 纸,四大要素内容,照着模板,一项一项内容往里填,一晚上我就完成了《语文(五年级下册)课程纲要》的编制,感觉像模像样,自信地上交了参赛作品。

评比结果出来了,参加过培训的我和学校里没参加培训的老师获得一样的二等奖,有些没参加过培训的老师获得了一等奖。我有点懵,这完全没体现自己培训的优势啊。

有点挫败感。不久之后,区里共享了各学科课程纲要设计一等奖的作品,我下载逐一认真学习,发现自己写的纲要确实存在不足,如,课程内容没有用单元大任务等组织形式进行统领,目标、内容、实施和评价内在一致性不强等。

反复打磨　再接再厉

2023年寒假,学校各学科集备组开始准备新学期课程纲要。这次,在集备组会议上,我主动提出写新学期课程纲要。

会议结束第二天,王老师就发来信息:"孙老师,我们怎么分工?"

"怎么分工呢?"我心里琢磨着,"有了,课程评价部分我最没有把握,让合作伙伴先写吧,年轻人可能有不同想法,能激发出灵感。"

于是,王老师负责课程评价部分内容。我们开始了分工编写。

有了比赛失利的教训,我不敢怠慢了。看似简单的2张A4纸内容,写完课程目标已经过去大半天。

其间,我收到了王老师的课程评价部分内容,但是我们都不是很满意。

回想这十几年的教学,每个学期的期末评价都是根据期末区统一纸笔测试成绩转化成相应的等级,学期总评则是平时语文单元测试成绩的平均分加上期末成绩转化为相应的等级。如此这般,周而复始,一晃也过去十几载。从没想过这样的评价需要改革,现在自然也就无从入手。

"分析学情啊,再读课标啊!"研训员陈燕老师一句话点醒梦中人。

渐渐地,有了初步的思路,本学期的课程评价也由过程评价和结果评价两部分构成,而过程评价则由课堂学习评价、作业评价和专项评价三部分组成,结果评价则仍依据期末纸笔测试成绩转化成相应等级。有了总体的评价框架思路,接着就对应课程目标、课程内容和实施,遵循"教学评一致性",开始细化课堂学习评价、作业评价和专项评价的具体评价细则。

当一份只是"形似"的课程纲要出来时,已经足足过去两天,再前后各部分之间关联起来思考,则又过去了一天。

忐忑地上交了初稿。

暑假结束前,收到区教师发展中心陈燕老师的电话,说课程纲要的撰写得到崔所的肯定,同时崔所也通过批注方式提出了修改建议。我赶紧下载文档仔细阅读,"目标要更精简,课程实施与课程内容有重复的地方,可以整合在一起,评价部分中的课堂评价没有凸显语文学科性。"

看着崔所一条一条的建议,我又有点摸到门的感觉。

热情讨论　引发思考

崔所和周所总说:"课程纲要是要给学生看的,学期初要上课程纲要分享课。"老实讲,这分享课怎么上？学生是否看得懂？能否给出建议？会发表怎样的看法？我心里一点底也没有。欲知答案如何？还得上过才知。

果不其然,在课程目标方面,学生读起来比较吃力……

课程内容部分,学生提出了最感兴趣的单元大任务,也提到有几个单元的单元大任务难度较大,其中就包括我还颇为得意的综合性学习单元的大任务设置,看来课程内容的单元组织形式不是"我看行就行",而是依托课标,钻研教材后的一种"双向奔赴"。

接着是课程评价部分的分享。

学生A:"老师,学期总评的过程评价占40%,结果评价占60%,我觉得应该调整为过程评价应该占70%,结果评价占30%。"

我惊讶地追问道:"为什么想这样调整呢？"

学生A:"因为我觉得一个学期的学习,过程更重要,如果期末考试考得不好,感觉一个学期的努力都白费了。"

一石激起千层浪,大家纷纷举手想表达自己的观点。

学生B:"老师,我不赞成A同学的,因为如果这样,有可能导致在复习期间,就会放松学习要求,不那么认真学习了。"

学生C:"老师,我觉得应该过程评价占50%,结果评价占50%,因为过程与结果一样重要。"

……

他们的建议出乎我的意料和准备,我把学生对于这个内容的建议一一罗列板书在黑板上,让学生用举手投票的方式进行选择。

投票显示,将近60%的学生赞成过程评价和结果评价各占50%。那如果要增加过程评价的比例,那过程评价中的课堂学习评价(10%)、作业评价(10%)和专项评价(20%)的占比又如何进行调整呢？没想到学生竟异口同声地说将课堂学习评价从10%的比例调整为20%。

学生对课程评价的讨论是我始料不及的,略微沉默思考后,与学生分享了我在编写时制定过程评价和结果评价四六占比的原因。因为出乎意料,自己怕把握不准,最后我还是先坚持了自己原来的想法。

下课了,学生们都涌出课室,似乎已经把纲要抛诸脑后,而我却带着很多思考回到办公室,脑海里重现着学生的建议。看来课程纲要分享课确实很有必要,但这课程纲要分享课这样上可以吗?后续是否根据学生的建议修改呢?

遇到难题　如何是好

带着对这些问题的思考开启了新学期的学习。

时间被学习的零零碎碎填满,但是神奇的是,编写和分享了课程纲要,就像孙悟空头上戴了一个紧箍咒,时不时就会想起纲要里的目标,课程内容安排及学习活动等内容,时刻提醒自己要跟着"课程纲要"这个"导航"走。

学生也会时不时提醒:"老师,一个单元学习完了,是不是要进行汉字书写比赛了?"

"老师,我们好像还没有开展朗读比赛呀?"

……

是啊,一转眼就到了第18周,课程内容中的单元教学大部分能按照计划开展和实施,但是学习活动中部分内容却未按照预期开展。

课程评价中的课堂学习评价最是头疼:原来想着每节课结合学习任务的完成,用贴贴纸的方式记录课堂学习情况,这样学期末以贴纸数作为评价依据。

可是实际操作中并未能节节课落实。

很快,学生开始缠着我问:"老师,课堂评价还是按贴纸数量来评价吗?"

是啊,如何进行证据收集,如何更有效地开展课堂学习评价?我也在思考中。

这又让我回想起之前学生对过程评价和结果评价的占比建议和看法,学生对课程评价中过程评价和结果评价的占比这么看重,是不是早已对只有结果评价这一种定性评价的不满足?那如何让过程评价促进学生对自己学习的反思,对自己学习过程和学习方法的调整?如何让评价更好地促进学生的内涵发展?

尝试调整　不断改进

学习还剩下两周多的时间,在期末复习阶段,还进行评价的调整吗?也是在摸索尝试阶段做中学,于是,在最后几周的学习中,在课堂学习评价方面,我又增设:1.大部分时间自己能投入到课堂学习任务中;2.能在别人分享内容时,或自己不懂的地方做好记录。

虽然增加的评价标准自己也还没有把握,但是希望在接下来的复习期间,每个板块的复习结束后,我们都来小结课堂学习评价结果,以期不断让学生进行对标调整。效果如何?还有待验证。

课程纲要的探索之路,我们才刚刚起步,但是相信课程纲要的编制和实施,会对我们的教学产生很大的正影响。

故事还在继续……

画认知地图，铺成长之路

广州市天河区石东小学　赖泓滔

"为一门课程做预算，为孩子们绘制一张认知地图。"虽已过去一年，崔所的这句话犹如初见，依然惊艳。电脑硬盘里一稿又一稿的课程纲要，正如人民教育家陶行知先生提出的"行动—知识—再行动"教育思想那样，在市青教赛的备赛过程中，不断设计、实践、修改、反思，在认知地图日趋完善中，我成长了。

初绘地图，熟悉课程

2022年12月，在疫情防控下艰难开展的区青年教师基本功大赛终于落下帷幕，当我还在为区赛取得不错成绩而欣喜时，伴随"叮咚"一声，小企鹅开始闪动，点进去一看，教研员雷老师把群名修改为"市能力大赛"，回想起区赛备赛过程中的夜不能寐、辗转反侧，不免大叫一声"天哪！"

"教学能力比赛不是一个人的战场，大家要互相督促、共同成长、合作共赢。"看到雷老师这句话时，内心的慌乱稍微减少一点，"小场面，要相信团队的力量"。我暗暗跟自己说。但那股萦绕在心头的紧张，始终难以缓解，学科知识倒是手到擒来，只要努力"刷题"巩固便可，但面对赛课范围的12册教学内容，如果逐课逐课地攻破，工程量太大，思维零散，遗忘率也会比较高，怎么办呢？

"大家各选择一册教科书，先各自编制课程纲要，再统一讨论。"教研员雷老师如此匠心独运的备赛方法，着实让我眼前一亮。是啊，要想快速、系统地熟悉教材应该没有比这更好的方法了。"两天后上交初稿。"刚刚还在为这个方法鼓掌的我瞬间笑不出来了，虽之前参加了关于课程纲要的专项培训，也在华东专家指导下，和教研员一起写过课程纲要，我深知课程纲要"字少事大"，认知地图的绘制不容易。于是我又重温了华东项目的相关学习资源、分析教材、对标课标、分析学情、确定目标、设计评价方式、统整课程内容、梳理学习资源和策略,一气呵成,看着自己编制的课程纲要,还和小伙伴沾沾自喜地说道:"好像也没有想象中的困难嘛!"

"课程纲要我已经全部看了一遍。不满意!请大家全部认真看一遍,选出一篇自己认为最好的,与自己写的进行对比,做成PPT,明天汇报。"听到雷老师这样的反馈评价,无异于当头棒喝,于是我又重新审视了自己编制的课程纲要,也虚心学习了11名小伙伴们的课程纲要。没有对比就没有伤害,我的课程纲要虽然从学生立场叙写,但可读性不强;课程目标过于强调冗杂的细节,素养导向不明显;单元任务过于浅薄,不能很好地统整课程;学习策略与课程内容的融合度还待加强。

"课标意识、学生立场、教学评一致、大单元大任务设计,只有牢牢把握这几点才能编制出操作性强的课程纲要。"在与小伙伴们"激情对线"过后,逐渐达成了共识,于是便开始了修改,大刀阔斧,不对就删,一稿、二稿、三稿,改到自己面目狰狞,改到纲要面目全非,终于在大家的共同努力下,经过了几轮的"批斗会",12册的课程纲要总算是"像样了"。"迅速理解课程的秘诀在于用课程纲要的设计去理解、消化、运用课程标准",这样的备赛方式,果然与众不同,大家都表示受益匪浅,但这就结束了吗?显然不是我们教研员的风格。

走入迷宫,拨云见月

"请大家就自己负责课程纲要的那册教材构思一节公开课,一周后上全区公开课。"教学技能比赛嘛,哪能少得了上课呢?有了编制课程纲要时对课程的理解,我结合教学进度,迅速定位认知地图中的目的地和路径,大手一挥就开始了学历案的撰写。经过快两年的探索和尝试,编写学历案已算不上什么难事,主题与课时、课标要求、学习目标、评价任务、资源与建议、学习过程、检测与练习、学后反思,不出半天要素齐全的学历案就这样"自信"产出。

科组研讨时,我拿出了我的学历案以求指导。由于我校综合科组是由信息、科学、美术、音乐等科目组成,大家面对不同学科的学历案时难以提出内容性问题,这次研讨本意也只是想求得在板书美化、课件美化上的帮助,没想到有老师提出:"你这学历案的体例好像不对呀!我们都是按任务一、任务二这样写的,到你这怎么变成问题一、问题二了呢?你还是要斟酌一下哦。"

"哈哈,这就是天河科学的独到之处了,我们是将学习任务分解到有逻辑的问题链,以问导学开展学习的。"虽然这是因为学科不同产生的问题,但也推动了我的思考:"这样应该没有问题吧。"我内心也犯起了嘀咕。

细细想来课程纲要和学历案指向的深度学习,与教研员雷老师多年来在天河区倡导的"以问导学。问出思维"的教学理念是不谋而合的,都是从"学生何以学会"的角度,通过设计真实的大任务开展学习的。引导学生主动发现并提出问题,通过探究活动自主分析并解决问题,评价问题解决的过程及结果,以及产生并提出新的问题。有学科特点的课程纲要,既有着独到的科学味道,也凝聚了华东师大的智慧,可谓相得益彰,想到这里便也想通了。

由于课程纲要已经对教材内容进行了重构,我只需要对照单元大任务细化分课时的学习目标、学习任务和评价方式。与备赛的小伙伴讨论后,我信心满满,决定用更为开放的授课方法,课堂改革的步子迈得更大些,学生的自主空间也更大些。正当我们讨论结束,确定教学设计准备试教时,一直参与我们讨论的雷老师淡淡地说了句:"不许试教,第八周直接呈现。"所有小伙伴的嘴巴不自觉地张开发出了一声:"哈?"

真是永远猜不到雷老师的下一步会出什么招!以往她总是不厌其烦地让我们多次试教,每次上完马上反思,再试。她还经常用她刚毕业一个月为上全区的公开课,试教了近50次来安抚和鼓励我们。这次搞个大反转,着实是让我们摸不着头脑。雷老师说:"为的是模拟更真实的赛课过程,比赛抽完题就讲,你去哪里试教?"好吧!主打就是一个刺激。

"不用试教了,难道不应该开心吗?"同事宽慰道。以往我觉得"磨课"难受得很,一而再,再而三,改了上,上了改,抓心挠肝烦躁得很,但这突然不用试教了,直接展示公开课,慌张程度更深一层,只得捏着手里的认知地图,在脑子里一遍遍过教学环节,预设学生的反馈。

鼓足莫大的勇气,还得硬着头皮上。虽是异地教学,但学生的课堂表现超出我的预想,任务还是顺利完成了。我深深地感受到课程纲要的好处:这幅认知地图让我目标明确,虽然到达终点的路径有点不一样,但是我和学生都不会迷路。听完大家的评课,收获了不少宝贵意见,内心想着这次应该可以结束了,但真的结束了吗?

复盘路径,修改地图

"这周四将开展基于以问导学的学历案课例课堂观察,本次进行课堂观察的课例是备战市能力大赛的老师们精心准备的现场展示课。"正当我以为这一阶段的备赛大抵已经结束之时,雷老师又出一招让我深刻体会到了什么叫作"死去的记忆突然开始攻击我"。因为几十人一起观察我!

"大家分成三组:第一组观察教师的课标意识,第二组观察学生立场,第三组观察课堂的教学评一致性",于是乎大家借助《基于以问导学的学历案课例课堂观察记录表》开始观察,三项观察任务都对教师的教学设计水平(观念)提出了较高的要求,也让我内心逐渐忐忑。

"课标意识就是看教师提出的问题是否指向学习目标的解决;学生立场就是看学生的理答;教学评一致性看老师提出的问题是否指向评价学习目标的达成。"这是雷老师在指导老师们课堂观察时的提示,以前我很少这样去审视自己的课堂,多是凭借上完课的感受去改进自己的教学,将自己的课分点、切片观察着实新颖,虽然课是我自己上的,但重新以新的视角去观测,还是带给我不少的思考。

"除了学生的理答,还有许多细节处理都能体现学生立场。"老师们在听课时补充道。于是我又从课件的呈现、板书的生成、实验材料的分发、实验指导时的交流、课堂巡查动线等角度去观察自己的课堂,这时的我已经没有刚开始的"羞耻感",而是带着研究和进步的视角,从更多层次、更细致地去分析自己的教学设计和自己的教学实施。

如果说课程纲要是我们绘制的一份认知地图,教学实践则是教师带领学生参与这份地图的使用。而课堂观察则是从"上帝视角"去剖析师生是否有用地图,是否用对了地图。"课堂观察不仅从教师活动出发,更要追根溯源,要思考整节课的问题架构是否为达到课程标准而设计,是否做到学生立场、教学评一致。"经过雷老师的提示后,一轮课堂观察下来,老师们反馈对比起现场课当天的评课,不再浮于表面,更能贴近我的教学设计思路,从更深层次的角度给出建议。虽然更多细节的缺漏暴露在大家面前,但老师们的课堂评价更有重点,提出的改进方法也有理有据。

有一位老师打趣地问我:"你会觉得社死吗?"我笑着回应:"一开始当然会不自在,但能够让老师们再次观课,而且如此细致地从不同的观测点进行分析评价,也着实让我有了不少的收获。"于是这位老师对着他的记录说道:"是啊,这样既放大了你的优点,也放大了你的不足,改起来也知道从哪里下手了。我很羡慕你!"带着这次的收获,我又再次坐到电脑前,打开了不知道修改了多少稿的课程纲要,这一次不再是为了完成雷老师的任务,而是要把心中的"认知地图"绘制出来。

带着地图，去看风景

以赛促研，以赛促教，这样的一轮备赛下来，慢慢地我会用"学生立场"审视自己的每一节课，不仅从更系统更整体的角度看待课程，也会去思考提出的问题是否指向学习目标的解决，有没有做到以问导学，是否足够关注学生理答，不断反思和改进。不仅如此，更令我欣喜的是学生的学习也在悄然发生变化。

"老师，我知道下节课就要招标了，我觉得我们小组一定能中标。"

"这个塔台搭好了，我们自评要给多少分呢？"

"我们可以对着课程纲要看看能拿多少分。"

"感觉我们好像不能拿9分，我们还没达到水平1，要不我们再改改？"

"老师，看看我们的3.0版本，这回够水平1了。"

诸如此类的细节，让我感受到"认知地图"的力量。课程纲要就像一幅认知地图，不仅帮助学生厘清学习内容，了解学习安排，部分同学已经能借助课程评价主动地优化调整自己的学习行为，小到实验台的杂物越来越少，大到利用不同的水平目标优化自己的作品，工程单元的学习也不再停留在"设计—制作—测试—结束"的层面，而是有了"再设计—再制作"的想法。

学生在成长，我也在成长，日子一天天过去，广州市决赛也如约而至。坐在候赛室与相熟的选手交流着备赛历程，倾听着每个人的挣扎历程。比赛将至，有了前期扎实的铺垫，此刻我的心中早已是激动胜过了紧张，摩拳擦掌，跃跃欲试。

抽到赛课题目后，我默默地回顾课题对应的课程纲要，把对应的大单元设计框架写出来，再拿起课标找到对应内容，确定教学目标，设计评价任务，梳理核心问题串，预设学生将"何以学会"，思索如何引导学生反思评价。三十分钟的备课既短暂又充裕，当我走进赛场时，学生的认知地图已经铭记在心，我按图索骥从容地完成了授课。乘众人之智，则无不任也；用众人之力，则无不胜也。正因有了团队的智慧和专家的引领，才能让我在赛场时紧张却有序地完成了构课和授课。没想到，教龄不到4年的我，竟然拿到了市能力大赛的学科第一名。

知是行之成。在课程纲要和学历案的编制和使用过程中，我发现我对课堂的思考不断加深，从"怎么教"到"怎么教得有效"再到"怎样教得更好，更有意思"。正如崔允漷教授在书中写道："学习本就是一次旅行。"人生旅程，总会有美景的撷取；人生拼搏，总会有经验的收获。在市能力大赛总决赛中,作为不善言辞的理科生,向评委们分享了自己从教学的菜鸟到在课程纲要的编制中学会展翅飞翔的经历,竟也进入了小学组的前三名。

问道不叹星光远,俯首躬耕徐徐行。"以生为本,以问导学"的理念已经深深扎根在我的脑海里,也将会践行在我日后的教学中。陶行知先生曾说:"教育不能创造什么,但它能启发儿童创造力以从事于创造工作。"把我们摆在儿童队伍里,成为孩子中的一员,是我对教育的追求,在教育这块广袤无垠的土地上,我将继续扎根课堂辛勤耕耘,教书育人践行初心。

星光不负赶路人,最美不过研"纲"路

广州市天河中学猎德实验学校　龙启梅　郑舒仪

广州市天河区志远小学　高　婕

课程纲要就像是一束光,我们沐光而行,追光不止。回首2022年4月的那一天,我们开启了追光之旅……

遇见光——专家引领识纲要

我们三位研究小团队的老师,有幸参与了天河区教育局和华东师范大学课程与教学研究所承办的教研员团队课程纲要设计高级研修班的学习。初次听到"课程纲要"时,我们都感到十分迷茫:课程纲要是什么?与过去写的教学计划有什么不同?带着这样的疑问,我们在2022年4月24日至29日与华东项目的专家团队相会于云端。

犹记得,第一节课上,崔允漷教授给我们讲述了何为课程纲要。它要求教师依据课程标准、教材与学情的要求,一致性地规划某门课程的目标、内容、实施与评价,是教学进度表的升级版。"为什么它是升级版?它的优势是在哪里呢?"听完第一课我还是十分懵懂迷茫,此时的纲要似乎是一束可远观而不可及的光,耀眼却朦胧。

幸好,专家们的分享让我们对课程纲要逐渐"拨开云雾见光明",它的轮廓逐渐清晰、成形。我们一边学习,一边尝试编制第一份课程纲要。

下午,温暖的阳光透过窗户照射进学校的集备室里,在一片键盘敲打声中,小高老师突然感慨道:"如果学校每位老师都能参与到学期课程纲要的编写中,一定会受益匪浅!"

"对呀对呀,以往很多老师为了完成上交教学计划的任务,都是直接上网下载照搬,完全不考虑学生的实际情况。而撰写课程纲要,需要我们从学生的学习基础出发,更深度地研读课程标准、教材,带着目标、任务、评价去开发课程。写完学期纲要后我清晰地知道怎么教、教到什么程度!"小郑老师发出了赞同的声音。

我们时而困惑,时而茅塞顿开,深夜 11 时、凌晨 1 时、2 时……时间伴随着键盘的敲打声一点一点流逝。带着打印的墨香和温度,第一份独立撰写的课程纲要来到我们手上时,厚厚的 6 页纸,仿佛一本数学书在我们眼前徐徐打开,一种自豪感与幸福感油然而生!

也许一开始只是在学习和模仿,但是在做的过程中我们逐渐发现:课程纲要就像一束光,照耀着我们看清前方的道路,指引我们一步一步地往前走……

追随光——初试纲要探新路

2022 年 8 月,我们开始了第二次课程纲要撰写的尝试。

然而,研究得越深、越广,问题便越容易暴露出来。

"哎呀,这份纲要写了厚厚的 6 页纸,光是背景分析就好长一段文字,如果我是学生,看着都晕,还想看吗?"

"是啊,还有课程评价这一部分,一个学期的知识点这么多?怎么合理地评价呢?"

……

新的问题一个接一个地冒出来。这么多问题,怎么办呢?大家正在对着电脑屏幕发愁的时候,小高老师悄悄地在群里发送了一个视频。

"哇塞!是崔老师和周老师培训讲座的录屏耶!小高,你怎么这么聪明呀!"二话不说,三颗脑袋立马凑到了屏幕前,播放,暂停,再播放,再暂停……

"课程目标源于课标、学生和教材研究,体现关键学习结果,整合为 4—6 条目标即可,要告诉学生到哪里。"

"通过阅读课程评价,学生要明白怎么知道到那里了。"

……

指向学科概念和核心素养、提炼、抓大放小、一致性,一个一个关键词语在我们眼前跳跃,新的一稿学期课程纲要逐渐成形。

2022 年 9 月 2 日下午,作为最先吃螃蟹的一个小团队,我们受邀在基于标准的学期课程纲要的编制与实践研讨活动中进行了初次经验分享。

分享结束后,天河区教师发展中心的小学数学研训员陈艳梅老师指出:"课程纲要要站在学生立场来叙写,让学生明确本学期学什么。还要注意低年级的学生识字量不多,阅读文字版课程纲要具有一定困难,所以老师在设计课程纲要分享课时,可以借助微课、动画来呈现。"

是的呀!基于学生立场,一切的问题就会迎刃而解,再改!

走出会场,感受阳光洒在身上的温热,我们不禁感慨:在研究课程纲要的路上总会有遇到挫折、迷茫的时候,但还是要义无反顾地追随那一束光,影子会躲在身后,光芒虽然刺眼,方向却是对的,也充满了希望!伸出手指,光就缠绕在指尖,从未离开过,我们的研究也是时候进入下一步——与学生进行分享了!

触碰光——纲要分享进课堂

有了专家的"把脉",研究小分队开始为上第一次的课程纲要分享课又坐到了一起。怎样将薄薄几张纸变成一节课呢?我们面面相觑!

一片沉寂过后,资历最老的龙老师提到:"我们以前也会在开学第一节课通过翻看数学书目录的方式向学生介绍我们教学计划的内容、重难点,可以先试试按照纲要的框架向学生介绍,试一次,我们就有感觉了!"

龙老师的想法获得了大家的一致认可,那就开干吧!大家都是撰写教学设计、制作课件的熟手。不出两天的时间,一节课程纲要分享课的完整资料包就搞定啦!看着QQ群共享文件夹里那一份打包好的压缩文件,我们踌躇满志地期待着把第一次课程纲要分享课拿下。

9月3日这天,第一次课程纲要分享课开始啦!

"同学们,今天我们上一节不一样的课,名字叫作'课程纲要分享课'!"话音刚落,我从孩子们的眼神和表情中看到了好奇与疑惑,这是一个好的开始呀!

在介绍课程内容这一个环节时,小惠轻声地说出了她的疑问:"老师,我不明白,一年级的时候不是已经学过平面图形了吗?为什么这个学期我们还要再学一次'长方形和正方形'呢?"霎时间,小惠的问题就像在平静的湖面上激起了浪花一般引起了孩子们的共鸣。

对呀!如果在此处增加两个教材内容的对比图片,孩子们就能直观地感受新旧知识间的联系。我在心里默默地记下了这一个好办法!孩子们能很投入地参与学习,积极思考问题,看来,课程纲要分享课也不是那么难上嘛!

但是,现实在向你泼冷水的时候从来不留情面!当我介绍到"课程评价"这一环节时,课堂突然静了下来,仿佛按下了暂停键。孩子们只是睁着大大的眼睛,静静地等待我往下说。在这样一片沉寂的等待中,分享课匆匆结束了。

下课后,我迫不及待地找了平时最爱举手发言的小赖和班长了解情况。

"老师很好奇,刚才在交流'课程评价'这部分内容时,你们怎么都不说话了呀?"

小赖说:"后面的评价是什么?我听不懂。"

小班长也接过话:"评价不是老师做的吗?我以为就是看一下就行了。"

孩子们的这些话让我心里一紧,顿时挫败感十足。第一次课程纲要分享课碰了壁,上了,但是又好像没有上。改,必须马上改!

这天晚上,我们集合在线上。透过音箱,大伙都能听到我用略带沮丧的声音陈述课堂实施情况。没想到最年轻的郑老师喊出了一句老话:失败乃成功之母!我们已经迈出成功的第一步啦!一句话打破了我的尴尬,瞬间觉得手里那杯冷掉的茶,香气四溢!小伙伴们的鼓励,使我那颗浮躁的心也慢慢平静下来,开始投入到对各个环节的复盘中。

一个想法被记录下来,过一会儿又被否定了,划掉;又一个被提出、划掉,反反复复,我面前的几张纸都被划花了。

怎样上好一节分享课我们还在继续修改,但同时我们也确定了课程纲要分享课的关键不是教师要"教什么、怎么教""讲什么、怎么讲",更重要的是引领学生走近、走进课程纲要这一束光中,知道自己"学什么、学得怎样、用什么方法学"。

思考、修改的过程,很累很累很累啊!但是,透过这样的累,让我们触碰到光的温度和亮度,这种感觉真棒!期待第二次、第三次、更多、更深入的研究与实践。

成为光——研"纲"之路撷芬芳

有幸被光照亮,也想成为光。

恰逢我区小学数学学科征集"各年级下册课程纲要编写与实施交流"的作品,早在寒假就作好准备的我们带着三个年级的纲要参加了第一次的教研活动集备会议。天河区教师发展中心的研训员陈艳梅老师指出:"课程纲要首先要让老师看得懂,我们需要设计一份详细的课程纲要(教师版),让新教师在我们不解释的情况下也能看得懂的课程纲要。通过我们的分享,让每一位老师清楚它的来龙去脉,了解课程纲要编写的全过程、每个环节的撰写依据及方法。"

听完陈老师的话，我们三个小伙伴不禁暗暗窃喜，与我们设想的完全一样嘛！

果不其然，我们提交的三份课程纲要分享微课，有两份入选了第 2 期"天河区小学数学各年级下册课程纲要编写与实施交流"活动。原来，分享也不难嘛！看来，可以继续。第 3 期分享，我们来啦！

"只通过一年级学生上学期的测评数据，你就能完整地说清楚他们学得怎么样了吗？"

"课程评价做到了教学评一致了吗？'能正确计算 20 以内的退位减法'具体是多少道呢？"

"学生学具方面，每个单元具体用哪些学具说清楚了吗？"

陈老师的问题，让我们原本满满当当的自信感没了。原来，这次的分享难啊！

"叮叮"，手机响了一下，意外地看到了一条来自某校科组长黄老师的留言："龙老师，太感谢您了！愿意花那么多时间，指导我们一点一点地修改！幸好有你们前面分享的模板，我们也写出了第一份课程纲要，好开心呀！"

看着满屏感激的话语，我抬起头微笑着，给几个小伙伴们转发了这条信息！"研纲"的队伍越来越壮大了，我们继续开干吧！

"星有角——带着纲要去旅行""红棉杯教学展示活动""区级教研活动分享""2022 年天河区义务教育阶段小学数学学科教师学期课程纲要设计比赛一等奖"……

这天晚上，我做了一个梦，梦见了从远处的天边有一颗流星划过，我们在漫天星光中追着流星奔跑，沿途是过去一年我们研究课程纲要路上的点点滴滴。课程纲要这颗种子播种于初夏，收获于深秋，重生于凛冬，绽放于暮春。2023 年 6 月，我们与课程纲要的故事，还在继续书写，愿一直做奔跑路上的追光人！

拨开云雾，我想见TA
——研制英语课程纲要的成长故事

广州市天河第一小学　蔡芝艳

与课程纲要打交道已有两年多了，我和TA真的相知相识了吗？

这段时间我的思绪一直在脑海里不停地打转，与课程纲要纠缠的一幕幕浮现于眼前……

初识如云里雾里

依瓢画葫芦。

在2020学年暑假前的学校期末总结会上，彼时大家还陷在"学历案"的坑里，还在琢磨着如何爬出坑，主管教学的王爱伦副校长就抛了个炸弹出来，轰得大家外焦里嫩！被我们昵称为爱校的王副校长先是给大家作了一场关于"课程纲要"的培训，然后就布置作业：下学期开学初，各科组以集备组为单位撰写并上交一份学期课程纲要。

乍一听有点懵，放假了还要做作业？接着大家就炸开了锅……

"嗷～，我期盼已久的假期飞了！"

"做什么作业？什么是课程纲要？"

"有案例可以查看吗？"

"怎么分工？继续回校打卡，还是相约云端？"

虽然心中也有很多疑虑，但当科组长这么多年来，见过不少风浪，也写过大大小小的文案，我自认为可以驾轻就熟，心想：应该不难吧，对照爱校培训的资料和分享的案例，一条条套上去就好。不急，等快开学了再来弄。

待到开学，想起这个事，赶紧将爱校之前发的资料和案例找出来。从字面和形式上去理解，"课程纲要"，就是学科课程大纲，根据教材梳理教学内容和进度安排，再整理出对应的教学重难点，简而言之，就是写一份学期教学提纲，只是在概念上做了变革，属于新瓶装旧酒。带着这样的认知，我领着年级的几个"小白"写了一份《六年级上册英语课程纲要》。

彼时，TA 于我而言就是一位过客，有印象但模糊。

掀开面纱仍朦胧

纸上得来终觉浅，绝知此事要躬行。

腹中没点诗书，还真糊弄不过去。这不，主管我们英语科组的老大，王晓芳校长找我过去开小灶了。"你这份纲要套得太生硬了，还得再学习学习。"说完，王大大丢了两本书给我，让我回去用心研读。我接过一看，原来是这段时间时不时看到个别老师捧在手中的《教了不等于学会了——学校如何发展课程》和《基于标准的课程纲要和教案》。心里有点疑惑，读完不会又要我搞专题研究吧……"看完后，在科组内引导大家交流交流哈！"果不其然！

平生最不喜读此类书，更何况还要带着任务去读书！

但能怎么样呢？王大大都发话了，我还是老老实实地埋首研读吧。

对比以往的教学分析及教学计划，甚至是我接触过的所有研究专题，我确实小看课程纲要了！TA 与众不同，却又让我似曾相识，因为 TA 更多地关注为什么教、教什么、怎么教、教到什么程度。更重要的是 TA 让我认识了"教学评一致性"！这个概念让我意识到，与 TA 相识，能引领大家在平实而专业的道路上走得更远！

课程纲要的真正落地应该是怎样的呢？彼时，TA 好像离我不远，但我仍未见其真容。

拨开云雾见轮廓

孔子曰："学而不思则罔，思而不学则殆。"

教而不研则浅，研而不教则空。教研、教研，是"教"和"研"同步共生的关系。

领导们对我的期许如滔滔江水，让我有幸参加了崔允漷所长引领的课程纲要设计工作坊研修。缘于此，我与 TA 开始了真正的接触。在培训期间，我聆听了多位教育专家大咖带来的课程盛宴,最前沿的理念冲击着我原有的认知,将我带入了课程纲要编制的头脑风暴!

课程纲要是什么?

如何突出以"学"为中心?

作业设计如何体现分层?

课标与学习目标之间要如何实现对标?

教学评如何做到一致?

……

众说纷纭的百家道法一股脑地入侵,让以往只懂得埋首耕耘三尺讲台的我,对课程纲要的主旨内涵和撰写要点的认识上升到了较为清晰的层面。

就在我对课程纲要萌生爱意之时,让人又爱又头疼的爱校再次送上了"大礼":暑假前期,去天河区灵秀小学进行校本研修交流"课程纲要"!

"啊!又来?!"被虐过的人说的话。

"不是吧?又要烧脑?"被"关爱"过的人说的话。

"没事没事,一回生二回熟!"这次没领到任务的人说的话。

"哈哈哈,大方接受爱校的'爱'之洗礼吧!"真是站着说话不腰疼!

无奈又不得不领命,我是被"钦点"的一员,于是我加入了评价团队。"教学评一致"和"教到什么程度",这是评价最为关键的部分。

行于蜀道,方知"蜀道之难,难于上青天"!课程评价是块硬骨头。为此,我重新去啃专家教授们的讲座与案例点评,通过查询相关的书籍文献,去梳理评价所需的一切要素及设计要点,特别关注周文叶教授在讲座中提到的过程性评价与表现性评价。做好评价设计这块,还可以倒逼课程纲要的目标与内容实施!虽然难,但意义深远。

课程纲要,我与 TA 有了亲密接触!

跌落云端蒙上尘

一叶障目,不见泰山。

正当我对课程纲要如痴如醉之际,TA 给了我一棒子!

教导处通知,以微团队形式组织学科老师们编制课程纲要,准备择优参评。因为领导们的殷殷期盼,我参加了相关的培训学习,又是科组领头人,而且我自认为了解了课程纲要！于是,我又拉上两位"小白",组成了微团队,开始了参评课程纲要的编制。

"要怎么写呀？我还没弄明白什么是课程纲要。"

"课程背景是不是就是学情分析？"

"这么多资料,选哪些来看呀？"

"课程内容就是每个单元的课题和教学重点,是不是呀？"

"要加入作业设计吗？"

"大任务是什么？是每个模块后的 Project 吗？"

……

与课程纲要相识也有一段较长的时间了,但当"小白们"的问题一一抛向我时,才惊觉,TA 还有好多领域等着我去挖掘。学科课程纲要的编制,既要学习专家理论的解读,也要有教学活动的实践。遇上瓶颈的那一刻,我意识到还得重温专家的论著,再细细研究案例,从中提炼需要的支点。

但知易行难,要让课程纲要真正利于学生,还得绞尽脑汁开展头脑风暴！有时想到了一个好点子,我甚至半夜也会爬起来打开电脑码字,家人都说我快魔怔了。反复推敲,反复修改,在编制撰写的过程中,我和两位"小白"渐入佳境,不仅能发现问题,还能提出不同角度的见解。边做边学,且研且思,挺好。

前有学校推送,后有周文叶教授点评的加持,我们信心满满地提交了终稿。心里美滋滋地想:必须一等奖,才不枉我们这段时间的夙兴夜寐。然,结果公布了,不要说一等奖,连个三等奖都没捞到！那一刻,如坠谷底！

是我的理解有误？还是评选的侧重点不同？此时的 TA 就如同熟悉的陌生人。

云舒浪卷爱不移

山重水复疑无路,柳暗花明又一村。

各学科纷纷被要求召开学期课程纲要的云端交流,这预示着课程纲要将全面推行。

区教研院也适时发布了荣获一等奖的设计作品,我终于得以窥见 TA 的全貌！一份好的课程纲要,需处理好各项内容活动之间的均衡与衔接关系,并考虑到教学方法、组织形式、课时安排、设施、班级规模等因素来实施课程。而之前的参评作品中,我忽略了这些,过于自信,终与 TA 失之交臂,只能哽咽落泪！

纵然意难平,但我仍依恋着云端的TA。收拾收拾心情,不轻言放弃的我组织整个英语科组通过视频会议讨论撰写学期课程纲要:重点解读教材,落脚于目标—内容—实施—评价的一致性;大任务需融合单元的主题,从学生的话语习惯去表述……在思想碰撞中,我们迅速进入状态,以活动任务为切口,强调年级特色,在分享会上交了漂亮的成绩单。与会的王大大和爱校给出了高度的肯定,也提出了中肯的建议。伙伴们的表现和两位大佬的评价,让我重新有了自信。

我是不是又可以鼓起勇气站到TA面前了呢?

就在我患得患失之际,天河区小学英语教研员陈燕老师带领13所种子学校英语科组,在我们天河第一小学举办了"学期课程纲要的编制与实践研讨"活动,让我坚定地继续走向TA。我在会上听到来自不同学校的优秀骨干教师的发言,与我的很多想法不谋而合。在案例点评的环节中,我阐述了个人的见解,陈老师和与会人员纷纷赞同。这一刻,面对学科课程纲要,我好像又可以重新与TA牵手了。

"蔡姐,蔡姐,回魂啦!"眼前出现一根晃动的手指。

"嗯?"思绪戛然而止。

"走吧,爱校又在呼唤咱们了!"

"哦哦,好!"

拨开云雾,去见我最想见的TA。与课程纲要的纠缠仍在继续……

课程纲要,很高兴认识你

天河区侨乐小学 蔡静芳

2021年5月,有幸成为天河区第三批种子教师,亲赴上海参加了基于核心素养的课程改革与学历案设计高级研修班,开始了我课改学习的第一站。全新的概念,仅仅是理论课已经让我产生了种种焦虑,学历案真的能在小学实践吗?以我们学校学生的水平能力能接受吗?接触课程纲要后,我想这不就是以前的教学计划吗?

你好!初次见面

犹记得2022年,广州正经历着一波大的考验,3月15日吴刚平教授通过线上以"学期课程纲要:规范撰写与实践创新"为主题,指导华阳小学5个学科撰写课程纲要。作为集团校成员,那是我第一次接触课程纲要。

"di-di-di",QQ工作群隔天便响起了列校的消息:"大专科每个学科需要撰写1个年级的课程纲要,请明天下班前和科组老师集备,确定撰写年级并上报给孙主任汇总!"

工作群里顿时鸦雀无声,对于通知的"已读不回",老师们何尝不知那是不礼貌的,但是此刻老师们的心情估计都跟我一样,彷徨又被动,也许大家都因害怕面对自己没有把握的事而选择了沉默!

但作为学科带头人,我必须硬着头皮去完成。懵懵懂懂的我参照了一下专家提供的框架,撰写了我职业生涯中的第一篇课程纲要。可能自己内心多少带点抵触,尤其是没有真正理解"大单元"任务的意义,没有利用好课程评价,所以和纲要的第一次见面只是"点头之交",只有框架结构,没有丝毫内涵。

我还是不够了解你

随着撰写与实施课程纲要的活动在我校乃至天河区全面铺开,从集团校一次次的活动,区内教研一次次的学习交流,我开始主动学习,包括阅读了《基于标准的课程纲要和教案》《有效教学》等书中的具体案例,观看专家到天河区各种子校指导的线上学习会议,等等。

2022 年 5 月,自我感觉良好的我,信心满满带着撰写好的四年级第一学期音乐学科课程纲要,参加了华阳教育集团"为一门课程作预算:学期课程纲要——2022 年第十届广州华阳教育集团教育学术年会"暨"华阳杯"成果展示之大专科专场活动,代表我校大专科在专家面前做分享汇报。

汇报中的课程实施部分我大量融入了学校的特色艺术活动,汇报的视频和作品既丰富又多彩;评价部分更是精心制作了各种表格。我认为,我已经真正了解课程纲要,还暗自窃喜其实做起来也不那么难的时候,现实给了我狠狠一击。

"下面有请音乐研训员胡健老师点评",主持人说道。

"蔡老师,我这边有三点疑问,请你思考。"胡老师说,"第一,你的学生学情你真的了解吗?有没有做前期调研……""第二,学校这么多的艺术类活动全部都是课程实施的内容吗?合适吗?……""第三,你所设计的课程评价如何指向纲要的单元内容(单元任务)?"

大脑瞬间空白!专家的一针见血,我才彻底醒觉,课程纲要并没有想象的难,但也绝非我想得那么简单,这时候的课程纲要只是徒具其形,而未见其实。原来我还是不够了解你。

很高兴,重新认识你

在这么大型的场合受挫,不免觉得沮丧和丢脸,为了一雪前耻,我决心要重新学习,实践才是检验真理的唯一标准,咱们"做中学""学中做"。

2022 年 11 月到 2023 年 1 月,那是广州前所未有的最长线上学习时期,我沉下心来思考,时常都在想该如何真正用好纲要解决问题。尤其是听从专家的意见先做好前期分析。

首先面对的是课程课时的问题。花城版音乐教材内容是由专家们编制的,知识系统有严密的逻辑性,但是还需要我们根据学生的实际情况去调整。以即将开学的五年级为例,19周的教学周,内容一共有14课共30首作品,内容涉及演唱、课堂乐器演奏、听赏、表演还有戏剧等内容。作品多、内容散、范围广,因此本学期课程内容更需要我们科学整合。

第二个思考点是学生学情。通过课堂观察、天河区期末测评和广州市阳光评价的数据分析:学生整体在基础知识、历史文化、内容与形式、模仿等均高于区平均分;但是在创作领域略低于区水平。这反映出学生的知识类学习掌握较好,但综合能力不足,尤其是知识的迁移和综合能力较为薄弱。

另外值得关注的一点是,调查问卷反馈学生的情感发展(学习兴趣)比较前一年呈下降趋势,这一点对于音乐学科来说,是尤其需要警惕的。

课程纲要的出现恰好给了我新的方向。我能否利用纲要,将课堂教学、兴趣活动和校内外展示相结合,真正提高学生学习兴趣,甚至借力课程纲要实施校本化课程?

努力,和你成为真正的朋友

2023年2月,终于迎来新学期。开学第一周我便召集了科组4位音乐老师,商量本学期的计划,并决定继续以这个年级(如今的五年级)为撰写对象。

开学第一课,我与学生共读课程纲要,并听取了学生的意见。

当我问学生:"你们如何评价这份音乐课程纲要?"

"是说明书""是一份介绍"……学生都纷纷说道。

"是一份参考资料,我以后复习还可以用上它。"这位小伙子的回答令我十分惊喜,那是我没有想到的。

学生对于纲要的认知和课堂呈现出来的反馈让我非常欣喜,原来五年级的学生对于纲要的理解比我想象中要好。

我还收集了同学们最感兴趣的课程内容,是歌曲《蓝精灵》和《蜗牛与黄鹂鸟》;学生对这份纲要反馈最多的是学校美育节大单元任务合唱曲能否选课外的歌曲,例如《孤勇者》等。不难看出,学生所感兴趣的点都是贴近生活或者熟悉的事物,这一点给了我信心。

除此以外,我发现可以利用好大单元任务帮助我们梳理单元目标和知识点,受研训员胡健老师的指导,我探索先以"一曲多课""一课多曲"思路将学习内容整合成大单元内容,比如本学期《红星歌》一曲,我们除了关注音乐织体,从音乐的知识技能上思考,更要渗透爱国主义教育,将其与学科立志结合,设计多课时的内容和任务,视为"一曲多课";又如学习声乐的演唱形式单元内容上,我们将《我爱你中国》《游击队歌》等多首教材歌曲整合成一课时,体验不同体裁的演唱形式,进行对比和综合运用,实现"一课多曲"。

在思考大单元任务时,我们充分将花城版《走进音乐世界》音乐课程内容与我校特色活动整合,例如将学校一年一度的美育节和校园特色"巧艺秀"艺术展演作为任务驱动来学习演唱形式这一单元内容,将教材作品作为班级合唱的参考选曲;又如我们将"趣味节奏"校本特色课堂和区级课题,以 rap 说唱形式来创编节奏,融入音乐节拍与节奏这一大单元……希望在关注知识技能的同时,孩子能关注生活,提升综合能力,真正提高学习兴趣。

未来,我们一起走下去

2023 年 2 月 21 日,有幸得到吴刚平教授等专家团的再次指导,他们来到侨乐小学指导。经过一年的努力,我再次代表大专科向各位教授专家进行汇报。我撰写的五年级音乐课程纲要终于获得了肯定。

"蔡老师的课程纲要体现了一个学期的整体规划,里面规划了这个学期的几个基本单元,以及这些单元之间的关系,这些内容如何通过课堂实践去落地,整个学期的目标都在纲要上体现了。"吴教授点评道。

很高兴认识你——课程纲要,除了因为本次汇报能够收获专家的肯定,更多的是在自己职业瓶颈时期因为课程纲要的出现而重新点燃了学习的热情;在一次又一次实践中对纲要有了新的理解;还有,唤醒了为师者要不断与时俱进、传道授业的初心。

2023 年 6 月,本学期快到尾声。我又遇到了一个新的疑惑:开学初,学生说好的是一本"说明书",究竟用好了没?没有完成的单元学生活动怎么办?期末我是否需要检测本学期课程纲要的整体落实情况?又该如何去评价?怎样做才能做到真正的"教学评"一致……我仿佛又预见到和上一年一样的情况,呜呜呜!假期又要撸起袖子和课程纲要再干一场。

"学中做""做中学"!未来必然又是一路的"相爱相恨"。但是,课程纲要,我们一路走下去吧!

且听回声,共赴逍遥

广州市天河区华阳小学　刘　鸣

2022年5月,课程纲要之风席卷而来,我们综合实践学科也紧跟课程改革的新浪潮,积极地加入到撰写学期学科课程纲要的学习队伍中。同年9月,在参考了区里给的几份优秀范例后,我们也依葫芦画瓢,信心满满地踏上了撰写课程纲要的学习之旅……

顾此失彼,苦恼之声

2022年第一学期开学在即,我们接到了撰写学期课程纲要的任务,通知刚发到群里,就立马炸开了锅——

"课程纲要和学历案有什么不一样?"

"这个是不是类似于教学进度表呀?"

"名字这么高大上,感觉好难啊!这是我们普通小学老师写得来的吗?"

……

见我们犯难,科组长连忙找来了几份区里的优秀范例,让我们参考学习,试着先写一写。我心想:也是,模板都有了,还有什么难的,照着写就行。

年轻的科组行动力十足,老师们三五抱团成组,转头就写了起来。但很快,一个个挑战打得我们措手不及!原来,即便是有了模板,也基本没办法照搬照套,因为学期课程纲要需要体现个性化的学情及各校的校本化特点。

课程目标的设定要依据学情,正所谓一校一纲要;课程内容应体现校本化特色;课程评价部分,不仅要对应课程目标与课程内容,还要有针对性的、具体可行的评价方案。

这可一下子难倒大家了。

我们一边要参照标准的学期课程纲要格式,一边还要深入了解本校特色,寻找合适的连接点；不仅要整合出系统有趣的综合性学习活动，还要以大任务的形式统领。除此之外，要结合课程标准，对应学段目标、学业质量标准，又要体现综合实践学科核心素养。我们一个个叫苦连天，谈课程纲要色变。

在刚开始撰写学期课程纲要之时，年轻的老师们因为缺乏对整个学期知识内容的长期规划，对课程标准的学习理解也不够到位，甚至连对教学目标的思考都不够深入。大家辛辛苦苦写了好几稿，左支右绌，仿佛仍在原地打转，这让老师们苦恼不已。

小试牛刀，肯定之声

我们意识到这样的状态很不对劲，于是赶紧分头补课，认真阅读了崔允漷教授主编的《基于标准的课程纲要和教案》，还回看了很多学习视频和资料。在云里雾里之间，我们好像对课程纲要的了解更多了一些，心中的羞愧则是不由自主地生发起来。

之前觉得这只是一份作业，想要耍点小聪明"照猫画虎"糊弄过去，总觉得应付了就行。但我们没有认识到，这是一个学期的学习地图，是孩子学习活动的指挥棒。

身为人民教师，我们有责任去践行教学中的每一件小事！我又羞愧又自责，再也不敢轻视这一页纸了。

接下来多次的课程纲要校本培训，我们的赖艳副校长不断鼓励综合实践学科勇敢尝试，鼓励学期内涵盖的活动多样化，甚至走出校园，学校也定会全力支持。天河区综合实践学科教研员胡睿老师也时常来我校指导教研，她时常指导我们撰写学期课程纲要，如何用三维四要素法叙写课程目标、课程实施如何与课程评价相匹配，给了我们更加明晰的方向，胡老师还提议让我们参加区组织的学期课程纲要比赛，以赛促学。

有了温柔鼓励与专业引领，我们鼓起勇气参加了比赛。

办公室里的老师纷纷忍不住调侃："刚开学你们就敲个不停，这样显得我们好像很不上进！"

"你们要不要请键盘喝杯奶茶，人家这两周加班很多哟！"

面对老师们的打趣，我们也忍不住笑起来。不提时间，我们都还没有意识到已经开学两周有余，这段时间的紧张学习，充实忘我。

在记不得修改了多少版后，"垃圾分类我有方，变废为宝齐参与"二年级下册综合实践学期课程纲要，赶在比赛截止日期前两天终于定稿。看着群文件夹中密密麻麻的资料,我们更深刻地意识到,撰写学期课程纲要并非易事。

经过半个学期的等待,比赛结果出来了,我们获得了天河区三等奖!

从无到有,已是无比欣慰;从忐忑到被肯定,更是无比自豪。

师生共研,拔节之声

经过一学期的练兵实践,加上参与撰写的学期课程纲要获得区三等奖,我们自信满满地将获奖的课程纲要直接印发给了孩子。没想到,这直接引发了大问题。

由于参赛的课程纲要还未经过实践考验,都是三位老师碰撞出来的美好教学愿景,蓝图有多美,现实就有多打脸。

孩子们反馈的问题接踵而至:课程纲要上好多字不认识、知识点内容太多、活动不够有趣……

我们立即调整学期课程纲要的相应内容,火速展开新一轮的研讨。由于孩子们的问题集中围绕在"课程内容"这一块上,我们也就"围绕大任务,如何细化切实可行的子任务"展开了讨论。

讨论之初,我们这也想要,那也想要,研讨时常卡壳至无法继续。在我们一筹莫展之际,天河区综合实践学科教研员胡睿老师提到,华阳小学一直倡导以生为本,子任务的确定又何尝不可以通过调动孩子们的自主性,师生合力共同分解解决问题呢?

备课组的老师们一拍即合,当即和孩子们上了一堂"纯聊天"的综合实践课。

"在我们的生活中,你认为自己身边的朋友垃圾分类意识高吗?"老师提问。

"我经常在路边看到大家随便丢垃圾,行人都不看垃圾桶上面的标识。"小杨站起来说。

"我在学校也见到同样的行为,大家不太懂得垃圾分类,午餐的果皮常常和废纸丢在一起。"小治表示赞同。

"那我们是不是需要来一场垃圾分类知识竞赛?"老师倡议。

下面的孩子齐声欢呼,章章还提议玩垃圾分类游戏——将各类垃圾图片或者模型投入相应垃圾箱模型——在实践中内化垃圾分类知识。

老师当即肯定章章的想法,继续追问:"大家认为所有的垃圾都没有用了吗?"

孩子们思忖片刻,扎着马尾的小萱举起了小手说:"我在一条广告中听说过,垃圾都是放错位置的宝贝。"教室里响起了掌声。

"那大家认为哪些废品可以变成宝贝?"老师问。

大家开始你一言我一语地说起来,树叶、塑料瓶、报纸、易拉罐、一次性筷子……孩子们的话匣子顷刻之间被打开了。

"孩子们,你们认为这些'宝贝'还有哪些用途?"师生对话中,思维的火花再次被点燃。

"可以拿去卖。"

"可以捐给孤儿院的孩子,他们没什么玩具可以玩。"

"还可以送给养老院的爷爷奶奶。"

"能装饰校园。"

"能放去社区救助站,好看的宝贝可以让过路的人心情变好。"

"你们的想法丰富又美好,老师为大家点赞。要不我们举办一场跳蚤市场活动,大家把自己的'宝贝'带来跳蚤市场展示、交换,我们再选出一些优秀的作品,分别送去孤儿院和养老院,大家觉得怎么样?"

"哇!""太好啦!"孩子们再次欢呼,为自己的发言献策被采纳感到兴奋不已。

一堂课下来,老师和孩子们一起将大任务分解,让孩子成为活动提议人和策划人,师生共同商议出垃圾分类知识竞赛、垃圾分类实践比赛、变废为宝等一系列活动,最后将子任务确定如下:

活动方式	序号	课题	活动内容
团队教育活动	1	垃圾分类知识交流会	师生垃圾分类知识交流学习
	2	垃圾分类知识竞赛	课堂和年级垃圾分类知识竞赛
	3	垃圾分类实践比赛	班级和年级开展垃圾分类趣味实践比赛活动
设计制作	4	变废为宝1——废品焕新创意作品	制作废品焕新创意书签、摆件等
	5	变废为宝2——废品焕新作品设计图	设计创作广州地域特色的废品创意作品(如木棉花手工艺品等)
	6	变废为宝3——废品焕新创意作品交流会	将前期制作的变废为宝手工作品带到班级和年级,进行交流展示
	7	变废为宝4——废品焕新创意作品跳蚤市场	将变废为宝的手工作品带到学校,在跳蚤市场交换

(续表)

活动方式	序号	课题	活动内容
社会服务	8	变废为宝走进社区——废品焕新送温暖(孤儿院、老人家)	作为志愿者,将可以用于青少年儿童和长者生活的变废为宝手工作品送给孤儿院和社区长者
	9	垃圾分类倡议书、垃圾分类儿歌、宣传语设计,垃圾分类宣传入学校和社区	设计垃圾分类倡议书、宣传儿歌和宣传语,走进校园和社区进行宣传展示
	10	环境保护小小宣传员进学校、进社区	作为志愿者,在学校、社区、街道等开展垃圾分类、变废为宝小小宣传员活动,宣传相关知识和内容
	11	活动评价	交流展示变废为宝的作品,对社会服务进行过程性评价和增值性评价

课堂上坚持以生为本,老师始终从学生立场的角度设计、推进教学,最大程度地激发了孩子们的主观能动性,孩子们才能学得快乐、学得高效。

在一次次师生互动与生生互动中,在一次次撰写与修改中,我们听到了来自内心的回声——原来,学期课程纲要是写给孩子们用的,不要自我感动式地堆砌知识、只做加法,更不能在表述上卖弄文采、故作高深。

当然,最重要的是,老师要拥有"学生立场"的意识!

活动育人,鼓舞之声

当代教育名家陶行知先生说过,教的法子要根据学的法子,学的法子要根据做的法子。"教—学—做合一"的教学理念,让三者既独立又统一。

撰写课程纲要的过程中,我们认为最难的部分是"课程评价"。知行难统一,这是普遍存在的问题。孩子们学习理解了垃圾分类的知识,如何内化于心,外显于行呢?有时不仅需要刻意训练,还可以通过外界的评价,为行为赋能,润心于无形。

在"责任担当"这一评价维度中,制定出"宣讲垃圾分类的知识,争做宣讲小老师"评价细则,鼓励孩子们明确自己也是"小老师"的身份,更应该注意平时的一言一行,旨在为新身份赋能;再通过自评、互评、家长评、师评四种评价方式,从校园里到校园外,从他人到自我,从看得到的到看不见的,让垃圾分类成为一件有意义的事,一个良好的习惯。

当然,这是老师们最理想的学习状态,实际上孩子们怎么想、怎么做,我们都不清楚。

每每想到这些,我的心里都忐忑万分,甚至忍不住怀疑:煞费苦心设计好的内容,孩子们会不会喜欢?这样的设计有没有意义?是否值得我继续坚持做下去?

直到有一天,所有的疑问好像都渐渐有了答案。

子轩妈妈深夜给我发了一段微信:

> 刘老师晚上好,抱歉深夜叨扰,因内心感慨良多,忍不住与您分享。
>
> 轩以前的书桌经常乱糟糟,书本之间夹着零食包装,黑漆漆的橡皮屑到处都是,废纸随意乱丢,毫无收纳管理能力,我只能跟在后面唠叨,被动又无可奈何。这段时间轩对"垃圾分类"的活动非常感兴趣,也开始有意识地整理桌面的杂物,零食袋、橡皮屑、废纸都能被投放进垃圾桶。
>
> 现在轩回到家里第一件事,就是跟我们分享"垃圾分类"的知识,还常常出一些题目考我们,这段时间感觉家庭氛围都更融洽了,每天欢声笑语。
>
> 轩这个周末又在捣鼓自己的"宝贝",说要带去给同学们炫一炫。非常感谢您这个学期组织的这一系列活动,孩子的积极性明显地被调动起来,从准备知识竞赛、创意作品的制作,都是他自己主动去做,这是一个全新的学习状态,我们全家都很开心。
>
> 感谢刘老师!

读完子轩妈妈发来的文字,我同样感慨万千,教书育人最大的快乐莫过于此,孩子们满心欢喜地投入到活动中,成为课堂的主人,成为学习的主人,用轻松积极的学习氛围感染身边的每一个人,每一个孩子和家庭都成为阳光、正向的学习共同体。

撰写课程纲要的过程,无疑是备受煎熬的。简简单单两页纸,却是字字斟酌,反复推敲、打磨的成果。每句话、每个词都如同指挥棒,指导一个学期的学习活动,需仔细再仔细,严谨再严谨。否则就如同这次,课程纲要都和孩子见面了,依然逃不过推倒重来的结局,这对任何老师来说都是噩梦般的存在。

家长的真实回声,让我备受鼓舞振奋,同时让我对学期课程纲要充满信心,回顾短短的一个学年,孩子们在一次次活动的历练下,变得自信阳光,对综合实践学科充满了喜爱,这是我始料未及的。

我们作为一线教师,除了备好每一堂课,更应该对一个学期、一个学段有更加宏观的认识,让知识形成序列,扎实推进,让孩子们在丰富有趣的活动中感受知识的魅力,在活动中爱上学习本身。最重要的是,老师在日常中应该多观察孩子,多和孩子交朋友——想孩子所想,乐孩子之乐——拥有"学生立场"的意识。

回声,是学习实践过程中最真实质朴的声音。每一次回声,都是一面镜子,提醒我们回看播下的种子,回顾走过的路,再回望那颗最初的心。教学路漫漫,行道阻且长,愿永葆初心,且行且思,共赴千里迢遥。

迈步笃行,敢过重山

广州市天河区中海康城小学　李　莉

2023年2月4日,宽敞明亮的教室里,开学第一天的美术课上,我正在详细地为学生讲解这个学期我们的美术课程规划——课程纲要,主要围绕"为什么学(目标)""学什么(任务/问题)""怎么学(路径/活动安排)""学到什么程度(评价)"几个部分进行,不时地还会通过一些互动的小游戏查一查他们听懂了没。孩子们聚精会神地听着,并在自己手中的课程纲要上记下重要的要点,看来孩子们对这堂特别的"开学第一课"十分有兴趣! 最后,孩子们以热烈的掌声结束了这堂课。

"老师,今天我就知道这个学期我们要参加这么多的活动,我好期待呀!"

"老师,你说这学期我们会学透视原理,我在兴趣班有学,我肯定会是最优秀的。"

"老师,你说这学期的准备工具,我今天就让妈妈把所有的都准备好。"

"老师,今天的课和平时很不一样,我感觉这个学期的学习内容好丰富。"

"老师……""老师……"

下课后,我被一群娃娃围得水泄不通,七嘴八舌地讨论着对这堂课的感受,对这个学期美术课的期待。我露出了欣慰的笑容,而与"课程纲要"相识的点点滴滴也一幕幕浮于眼前……

年少,不识山高

2022年4月的某天,晚上8点,暮色下的校园分外迷人,几道光影从办公室里破窗而出照亮了门前小小的中心操场,伏案于电脑前的我正奋笔疾书一份学历案比赛材料,还有几天就要截稿了,已经忘了这是加班的第几个夜晚,疲惫全写在脸上。这时,电话铃声响起,是教导处赵主任打来的,她说:"接到教研室通知,下周你要去教研室参加一周的'课程纲要'培训。"

"什么？下周？我手头这份材料都还没什么头绪,何况学历案都还没研究明白呢！'课程纲要'又是什么？"

"听说是讲学期课程规划的,你去学一学,可能对你现在的研究有帮助。"

来到区教师发展中心培训会议室,我才知道这一次的培训规格如此之高,可谓是大咖如云,由华东师范大学课程与教学研究所专家崔允漷教授讲授"学期课程纲要的编制",朱伟强教授讲解"学期课程目标的确定与叙写",刘徽教授的"大概念教学:素养导向的单元整体设计"等。两天的理论培训,一起参加学习的彭老师对课程纲要赞不绝口:"这简直是学期版课标呀,这样我们对整个学期的教学就更加心中有数了！"可我这个初出茅庐的新教师内心独白却是:感觉这课程纲要和教学计划也差不多呀,不就是以提纲的形式呈现出整个学期的课程规划,包括了课程的目标、内容、实施、评价四个部分。

培训过程中,周文叶教授布置了实操作业:每人撰写一份所教学科的学期课程纲要。我选择了岭南版美术五年级下册进行撰写,因为这一个年段开始接触更多美术专业领域的知识,而且以前因为上区公开课对这一册内容有过一点研究,说干就干！

首先是做背景分析,结合课标、学情和教材实际,寻找适合学生的知识内容和学习方法,以及确定需要提升学生哪一部分的关键能力。然后是课程目标,这也是课程纲要的一项重要内容,没想到在这个环节我就碰了壁,以前我们的课时学历案就有好几条目标,一学期将近20来个课题,怎么把这么多的内容浓缩成最多6条,每一条还不能超过4句话？就这样每一条目标写了删,删了写,教授们的课件、学习笔记翻看了一遍又一遍,纠结了一个大晚上之后,勉强把所有内容压缩成了6条课程目标。接下来的课程内容部分相对来说就简单许多了,这一册的内容相对来说单元性还是比较强的,只要稍作整合即可,提炼出单元的大主题、大概念或者任务,我还分别添加上了单元目标。课程评价的部分就更容易了,单元目标都有了,每一个单元设计好评价任务不就好了！结合期末总结性评价就完整了。有赖于对单元学历案的研究基础,这部分的撰写简直行云流水,十分顺利。最后,课程的实施我分为了课程资源和实施策略两部分,从学具的准备,到学习的方式,学习任务等分别罗列本学期学生需要进行的学习活动以及完成目标。

培训尾声,有半天的课程纲要点评环节,周教授对所有老师的课程纲要进行了一一点评,点评到第54份,屏幕上出现了熟悉的文字,我激动极了,周教授优美的声音从屏幕的另一端传来："这一份美术课程纲要格式还是不错的，首先，背景部分对学情、课标、教材做了精要的分析，课程内容以单元为单位做了结构化的安排。但课程目标还需要精简提炼。课程评价要反映对学生学习过程的评价，比如可以从课堂习惯、作业评价、阶段性评价等多方面着手，又不能设计得过于复杂，要便于日常操作。评价的主体也不仅仅是教师，要发挥学生等多元主体评价作用。"

听完点评，我的心里咯噔一下，似乎被触动了某一个开关，原来，课程纲要这两页纸，装的岂止这两页的内容，一份课程纲要写出来，仿佛就是一整个学期在脑海中预演过一遍，这可比教学计划不知难多少倍，果然是年轻如我初生牛犊，不知"山"高呀。回家继续改！

迈步，远山渐近

9月开学季，孩子们兴奋地重返校园，学校也接到发展中心的下校调研任务，新的调研要求是教师要上课程纲要。上至领导，下到老师们都分外紧张，学校里还没有人上过课程纲要，也没有听过类似的课堂展示，对于不是种子校的我们来说，完全是摸着石头过河。于是几个参加过课程纲要培训的老师便被学校委以"重任"，先上校内公开课，曾被专家点拨过的我信心十足，甚至还有些期待和兴奋，我要将精心打磨过的这份课程纲要带上讲台，跟我的五(5)班孩子们一起分享，肯定没问题！

"往年的开学第一课，我们都会一起来预习这学期的学习内容、需要准备的学习用品、学习计划等，但今天老师给大家介绍一种新的工具——课程纲要，有了这份资料，我们会对这学期我们即将开始的艺术之旅有更清晰、更系统的认识。请同学们先整体浏览一遍课程纲要。"

"老师，这些背景分析是什么意思呀？"

"老师，这个课程内容怎么和书本中的顺序不一样？"

"老师，这个课程资源怎么这么多呀，我们要准备多少呀？"

"老师，我们一个星期只有一节课，要完成这么多学习任务，是不是要占用休息时间？"

果然，还没开始我精彩的分享就已经迎来了好奇宝宝们一箩筐的问题轰炸。然后我耐心地开始讲解自己对课程纲要的设计，本来以为孩子们会如我一般高兴打开了新学期的学习地图，岂料迎来的是一双双懵懂困惑的大眼睛，显然，我眉飞色舞的表演变成了一个人的舞台,观众并没有感受到共鸣,问题出在哪呢?

课后我迫不及待地找到听课老师们一起评课反思,原来我的课程纲要写得太书面化了。我以为在这份慎重的学习地图中尽可能表现我的专业性才是好的,但唯独没有考虑到这份"地图"是给谁看的。如果它的"小顾客"——五年级的小学生们看不懂,那不就变得一无是处了吗?怎么用他们可以理解又感兴趣的方式来呈现这份课程纲要?成了摆在我面前的一个难题……

"学生是没有兴趣和精力来理解这么一份晦涩又深奥的课程纲要,他们更需要的是简单直接的表达方式。要把这一份课程纲要的语言变得更贴合学生的阅读情境。"来听课的李老师一句话点醒了我。于是,我再回头来分析这份课程纲要的每一个部分。"背景分析"是教师撰写课程纲要的依据,指导教师确定合理的课程目标,设计适合学生身心发展特征的学习活动与方式,检验内容的合理性。但这些内容不需要学生去了解,所以在学生的这份课程纲要中是不必要呈现的。

文绉绉的书面语言看起来专业性十足,但读起来深奥又晦涩,这个年龄段的学生可能完全无法理解,改!

于是开篇导语有了新的趣味:"亲爱的同学,欢迎你开始五年级下学期的美术学习。"课程目标摇身一变成了"你要完成的目标:希望通过一学期的学习,你能达成以下课程目标"。课程内容也更加情境化:"下面是你在本学期将要学习的内容,老师为你设置了五个主要问题,并将课本内容顺序进行了调整,你将围绕这五个问题进行单元式学习,参与更具体丰富的学习活动。在活动过程中,你可以随时进行自我评价,或对同学的表现进行评价。"

就这样,一份"面目全非"版的互动式课程纲要逐渐成形……

笃行,重山已远

不知不觉中,整个学期的课程已近尾声。有了课程纲要的前期铺垫,孩子们渐渐适应了新的教学形式,熟悉了大单元教学,可以通过课程纲要了解自己的学习目标达成情况,同时,学习习惯也通过学习评价而变得更加规范,美术课堂慢慢从被动接受变成了主动学习,学习内驱力也随之增强,他们会喜滋滋地找我分享在"美术语言可以表达我们对自然的感受"的单元中学到了用透视表现空间感的方法,会自豪地说这学期工具准备一次都没有忘记,会炫耀自己的探究作业评价每次都能拿到优,会拿出自己利用课余时间创作的有趣作品向我展示。

孩子们从课堂到课外的变化让我无比感慨:课程纲要这"两张纸"还真有本事!以往我到了五年级都要绞尽脑汁去想:怎么把这个学期的美术知识教好?怎么让学生学会?怎么激励学生对美术课保持兴趣?而课程纲要之所以能解决这些困扰,是源于撰写者对学期课程、单元课程、课时内容的整体规划,对学生的学习资源、学习活动、学习方式,以及课前、课中、课后评价等事无巨细的缜密思考。课程纲要的设计过程让我对整个学期的教学心中有了数,以往的教学难题也一个个迎刃而解。

随着《义务教育课程方案》和《义务教育艺术课程标准(2022版)》的发布,义务教育艺术课程改革深入推进,聚焦于学生核心素养发展的美术教学也引导着我对新观念、新方法的进一步思考:在课程纲要的研究基础上,如何在现行美术教材实施新课标下的美术教学中,合理设计单元课程呢?

"两岸猿声啼不住,轻舟已过万重山。"扁舟一叶的我们,也许永远也无法轻口言说"轻舟已过万重山",但站在此时的这个起点,心中有了"课程纲要"的整体规划,我便拥有了"敢过万重山"的勇气和毅力!

课程纲要团队打磨记

广州市天河区华阳小学　黎　娜

开学前第一件"棘手事":从"教学计划"到"课程纲要"

2021学年第二学期即将开学,学科组长企业微信群里传来了"重磅消息"——我校教学部门发出通知,本学期起老师们开学前不再提交教学计划,取而代之的是课程纲要。

开学前就碰上了第一件"棘手事",真是头疼。

作为信息科技学科组长,我赶紧召集科组老师们开会商议。

果不其然,科组老师们脸上写满了困惑与焦虑。

"我们才刚刚学习了撰写学历案和单元学历案,还没搞懂呢,现在又要编制学期课程纲要,它跟以往我们写的教学计划有什么不同啊?我能不能照旧写教学计划?"年轻的曹老师一见到大家就迎上来问个不停。旁边的林老师、高老师也连连点头,疑惑地看向了我。

"是啊,几天时间完成一份学期课程纲要,太难了!"王老师叹了口气。

科组老师们一连串的诉苦,我怎会不理解?不止是她们,连我这位科组长对编制课程纲要也是一知半解。也难怪大家,虽然之前已听过华东师范大学课程与教学研究所周文叶教授的专题讲座和江苏省吴江实验小学教育集团张菊荣校长的案例点评,但是现在要真正自己动手编制课程纲要,完全是另一回事。感觉困难重重,无从下笔。

但是,抱怨和逃避解决不了问题。这个时候,科组老师们更需要的是鼓励!

"万事开头难,只要肯学,就一定会有收获的!上学期我们刚学习编制学历案时,不也错漏百出吗?后来我们不断学习和修改,最后还在区的单元学历案比赛中得了二等奖！"我激动地说着，脑海里随即浮现出我们半年前一起加班、挑灯夜改参赛作品的热闹场景。那一次的参赛简直就是"大练兵"，现在老师们在科组研讨活动中，谈起单元学历案总能娓娓道来，常态化分享案例、设计思路。从规范撰写单元目标、对应设计单元评价任务，再到单元学习过程的活动设计、关注学后反思的"三阶六级"水平等，对"教—学—评"一体化有了更深刻、全面的理解。

看来，这个"进阶任务"——编制学期课程纲要亦如此，老师们要有所提升，首先就要克服畏难心理，一起学起来！

"要不，大家先回去好好研读新课标以及专家们关于编制课程纲要的分享材料，认真做好笔记和梳理学习心得，两天后科组内讨论与分享。"

初次研讨见"成效"：理解，好像并不难？

就这样，科组成员关于课程纲要的第一次汇报分享拉开序幕。

科组五位教师先后分享了自己对课程纲要的理解，其中两位老师还撰写了自己任教年级对应的课程纲要初稿。在分享与交流中，大家首先达成共识的就是"课程纲要"要"基于学生立场"，是"以提纲的形式规划学期课程的目标、内容、实施与评价"。

"学期课程纲要是教师依据课程标准、教材与学情，以提纲的形式，一致性地规划某门学习课程的目标、内容、实施与评价。它是教学进度表的升级版。"对此，老师们认为，课程纲要不仅需要像教学计划那样具体列出课时内容与安排等，而且需要更规范、更体现专业性，需要研读课程标准、结合教材与学情进行编制，做好"预算"，明确实施与评价方案。而"基于学生立场"撰写，是要让学生看得懂、看得清晰，就像一张学科"学习地图"，写成"课程说明书"的句法、语气与结构。

看得出来，老师们都认真做足"功课"，对编制学期课程纲要有了基本认识和深入的思考。我翻了翻那两份初步撰写的课程纲要，乍看起来要素完整，颇有规范。

"大家对于编制学期课程纲要还有什么疑问吗？"

没人回答。

太好了！我暗自松了口气，心想着：其实编制学期课程纲要，并没有大家想象的那么困难嘛！我轻松愉悦地开始布置任务："请大家结合今天研讨内容，自己尝试编制一份课程纲要，高老师负责四年级，林老师和曹老师负责五年级，王老师负责六年级。各位老师可以将遇到的问题和疑惑在科组交流群内交流，下次教研活动我们继续深入探讨。"

再次研讨引"火花":做起来,问题一箩筐!

第二次的研讨会议如期而至。

高老师首先分享了信息科技四年级课程纲要。

"之前撰写单元学历案时,我们已经明确学习目标要进行三维叙写,但由于目前使用的教材配套的教参内容还都是三维目标的方式,所以我在编制学期课程纲要时,发现花费最长的时间,是在撰写学期课程目标这一块……"

她的观点,引得几位年轻老师强烈赞同。

"是啊,看似简单,要将课程目标表述写规范、精准、简要,真的很难!"王璐老师抢先发言:"我发现你写了7条目标,稍微多了点,可以再精简!"

确实,课程目标具有指向性、纲领性。三维叙写,就要将我们之前所写的知识与技能、过程与方法、情感态度与价值观三维目标融合,准确描述,通过4至6条目标将整个学期的内容清晰明了地表述清楚。

林老师指了指对应位置,继续补充道:"是的,其中第2、3条关于中英文输入的目标描述,可以合并为一条。"

"而且描述学习过程的词汇比较单一,还可以使用'经历、体验、比较'等表述清楚,看得到学科核心素养的影子的词语。"

……

做起来,问题一箩筐!单是"课程目标"这一项内容,我们足足讨论了好长时间。

随后,林腈老师分享她的五年级第二学期课程纲要。

"我在设计学习评价这方面有很多困惑,尽管已制定过程性评价和结果性评价的相关量表,但是其中的维度和评分方式还需仔细斟酌。大家觉得是用直接评分的方式还是填涂星星的方式比较合理呢?"

"我认为填涂星星的方式更好,再换算成等级。"

"对!而且目前过程性评价和结果性评价的占比都为50%,而学科核心素养导向下,对学生过程性评价的占比可以高一些,分别占60%和40%更合理。以评促学,还要突出学科特色。"

王老师在分享六年级课程纲要时也提出,目前在"学习资源"和"使用建议"方面,为了让学生看得明白,因此描述内容较详尽、具体,不过与此同时,大段的文字会让学生阅读起来花费太长时间,同时也感到枯燥无味。

对此,高老师建议分1、2、3点分别叙述。林老师则有着不同观点,她认为使用表格列举具体要求会更清晰明了。

"林老师这个想法非常好!我们可以根据实际情况,通过列表格、画思维导图的方式,尽量做到一目了然。"

第二次研讨,科组老师激烈地讨论,碰撞着思维火花,不时将自己手中的学期课程纲要圈圈改改。看着纸上密密麻麻的修改要点,大家变得兴奋起来:目标,似乎更近一步!

课堂引进"学程纲要":要孩子说好才是真的好

"有了这一份学期课程纲要,孩子对学期所学知识一定会更有把握。"我手中抱着一沓为孩子准备好的课程纲要,充满自信地推开了教室的门。

"同学们,今天我们借助这一份'学期学习说明书',一起来了解下本学期的单元内容和学习目标!"

四(2)班的孩子们好奇地翻了翻刚下发的这份资料,一部分同学已经迫不及待地阅读起来。只有几位学生看了两眼便将学期课程纲要放在一旁,继续饶有兴趣地翻看着信息技术课本。

"谁来说说阅读了这份学习说明,有什么感受?"

"老师,我认为这份资料很有用,看完之后我更了解这个学期我们会学习哪些知识,有哪些主要的学习活动。但是,后面的课程评价都有自评、他评、师评,这些评价怎么填写啊?"学习优秀的A同学第一个举手分享。

我耐心地讲解,本学期将会从多个方面对学生的学习表现进行综合评定,而不仅仅是看课堂上练习的完成情况和提交的作业完成质量。此外,还可以通过自评和同组组员互评等方式,更全面评价每一位同学的学习情况。

"老师,课本里已经告诉我们有哪些学习内容了,我们为什么还要看这张'说明书'?"我一看B同学,正是刚才那几位没有认真阅读学期课程纲要的孩子之一。

"老师,这一份资料好多文字,我需要一节课的时间才能看完!"

"老师,这一份'说明书'里有好多个生字我不认识。看不懂!"

一轮问题"轰炸",我的脑袋感觉嗡嗡作响。老师们几番修改的"得意之作",显然并没有得到孩子们的青睐。问题到底出在哪里?还要大刀阔斧地改吗?

下课后,我略带失望,拖着疲惫的步伐回到办公室,陷入沉思。

也许,是引导还不够充分,学生们面对这么一份陌生的课程纲要,肯定心中充满不少困惑吧!看来需要更多地引导学生主动使用课程纲要。

还有,课程纲要的内容、字数要尽量压缩到一页双面,文字表述要简洁、易懂,尽量激发孩子们的阅读兴趣。

……

看来,要孩子说好才是真的好。只有真正从学生的立场出发,编制出他们能看得清楚、读得明白的学期课程纲要,孩子们才能真正愿意去使用它,才能真正发挥它的作用。

沿着这个方向,要走的路还很漫长。我提醒自己,且学且行,且思且改……

我振作精神,准备再次修正课程纲要。不经意间,却在科组教师企微群里发了一条消息:"效果不佳,仍需努力。"

懂的都懂。果然,群里立马活跃起来。

"没事,困难越大,进步越大!"

"沉心打磨才能出精品!今晚回去再改!"

"上完课后,我也有一些思考和想法。要不今晚咱们线上再讨论讨论?"

"好啊!"

看罢,愁意顿消。有这样默契、上进的团队,还愁打磨不出一份课程纲要"精品"?

期待!今晚见!

课程纲要,一场向美而行的遇见

广州市长兴中学　冯　薇

有人说,"世间一切,都是遇见"。教育是一场向美而行的遇见,所有的相遇都是为了拓展一个更为广阔的世界,成就更好的自己。

初遇:种子与阳光的遇见

2022年8月,开学在即,当时的我作为初一的班主任,正忙于新生的风纪教育工作,每天都被各种工作信息和群消息填满,忙得不可开交。除了关于新生工作的各种消息需要关注,还经常能够看到一些"不知所云"的消息。

"作为种子学校,暑假已经布置了编写课程纲要的任务,学校要求全体教师明天上午在线收看直播,并把截图放到学习群文件夹。"

"课程纲要是什么,我们学校什么时候开始做这个项目的?"我在办公室向其他老师发问。

"我们是华东师大课改的种子学校,已经快3年了。"

"是不是教学计划啊,毕竟开学之前都是要写的。"我就这么把事情想得过于简单了。因为之前从来没有听说过课程纲要是什么。

"课程纲要是每位老师需要撰写的,培训会已经开始,请各位老师认真收看学习。"

"第4、5节课将进行校内课程纲要的评比推选,分组如下表所示,评委由科组长和部分种子教师组成,请大家知晓。"

我也要写课程纲要吗?什么时候说要写的?写了还要参与评选?我还在蒙圈状态呢!刚到长兴中学工作,对于学校的教学常规完全不了解。培训会也因为新生工作的原因错过了。正当我觉得课程纲要似乎与我关系不大,也没有引起我过多的关注和兴趣时,科组长钟老师发来了一份八年级上册的课程纲要范例并附了一段语音。

"冯薇,因为你刚来可能不知道课程纲要是什么,这是我自己写的初稿。这份课程纲要真不好写啊!写得我焦头烂额的,还有好多地方我自己都觉得很不顺。但是我都不知道怎么改了,可能我们集备一下会有点思路,马上就要送上去评比了,你抓紧时间先看一下,到时候我们一起讨论。"

钟老师是我们学校初中道法的骨干教师和科组长,她的专业素养和教学水平都是我学习的榜样,能让她都觉得"焦头烂额"的课程纲要到底是何方神圣?

学校将课程纲要的撰写摆在了如此重要的位置,要求每位老师都参与撰写,还线上邀请了华东师范大学课程与教学研究所的老师们对课程纲要进行点评和指导,校内还举行了课程纲要撰写评比活动。

在我的最初印象里,课程纲要的理论指导意义更高于它的实际可操作性,并且它带来的效果更多作用于教师的教而非学生的学。课程纲要详实的内容学生能否有耐心看完看懂?课程纲要对于他们后续的学习有无帮助?什么样的课程纲要学生喜欢看?种种疑问,让我对课程纲要始终抱有怀疑的态度。

"冯薇,这个八下的课程纲要我想着由你来主笔,尝试写一下,我们再一次打磨修改。天河区现在这个项目是走在全市前面的,年轻人一定要抓住这个机会提升自己,这样出去外面才更有竞争力。"钟老师的语音充满着对我的信任,让我欣喜的同时,负担和压力也随之而来。

八下的知识又多又难,作为新老师,对教材的把关我还不够熟悉,如何才能写好?

经过对上个学期纲要仔细的阅读和学习,我才知道原来课程纲要远比教学计划更加系统。一份优秀的课程纲要,不仅对教师有条不紊地开展教学工作大有裨益,对学生学习规划同样具有前瞻性和可预见性。

没关系,既然是好的机会就要去学习,这一关迟早都要过的!有钟老师帮我,先试试看吧。

于是我简单回复一个"好的",虽然答应了,心里一点底气都没有。这时的我,像是发现了一大宝藏,更像一粒种子遇到了阳光,贪婪地汲取着热量和营养!与课程纲要的美丽遇见,让一粒小小的种子在阳光下悄然萌发。

再遇：真心与波折的遇见

所有的学习都是从模仿开始的。对于一个还没教过八年级的新手老师，我一开始觉得只要紧紧抓住新课标和教材内容的核心，方向不出错就可以了。于是就开始了一系列的"照本宣科"式撰写。

一定要紧紧对照新课标，把内容写全面写详尽不出错就可以了。

几天的努力洋洋洒洒写了好几版，心里顿时有了底，觉得即使算不上是一份优秀的成果，也会是及格的。当我把初稿发给钟老师等她的修改意见，过了几天还没有消息，悬着的心放松了下来。

应该写得还可以，不用怎么改了吧，不然钟老师会及时找我的。

暑假我和钟老师在惠州参加教学研讨会，在我满怀期待和钟老师阐述我的撰写思路时，钟老师说："我们写课程纲要是给学生看的。这份东西回去还是要重新写。你用的很多课标中的话术学生是看不懂的，也不想读。我们的课程纲要一定要在语言精简易懂的同时突出重点，让学生知道这学期要学什么做什么，不能太文绉绉。"

虽然钟老师的语气很平淡柔和，但于我而言无异于晴天当中刮起龙卷风，让我一下子迷失了方向。美好的心情结束得猝不及防。有种"不是不报，时候未到"的感觉。是的，我用力过猛，而且用错了方向，我急于堆砌理论而忽略了课程纲要的价值。换位思考，如果我是学生，对着这份"天书"般的课程纲要也不想读，从而对这门课也失去了兴趣。

研讨会期间我和钟老师只能利用为数不多的空余时间逐字逐句地斟酌用词规范、反复调整格式，重新把素养落实，活动描述，评价设置等环节一个个慢慢改。钟老师跟我说："难得出来一趟，出去走走吧，别老把自己关在房间里。在这里我们没时间，等我们回去了再好好讨论，不要着急，第一次写都是很痛苦的。很多事情只有自己一步步做了才会有感觉，不然是没办法突破的。"

我心里很清楚现在的困境源自自己专业素养的缺乏。初稿能用得上的部分寥寥无几，推掉重来是躲不掉的"劫"。之前是不了解所以不会写，现在是想写但是学不会。

我满脑子只想把自己之前的疏忽缺漏抓紧时间弥补，我知道因为我缺乏经验，所以即便我很认真修改也显得底气不足。我反复想：如何让学生看了之后喜欢这门学科？如何做到语言精简的同时表达清晰？如何在教学环节抓大放小、不要求太具体的同时,凸显出创新点? 有时候觉得有了一点思路,转念一想却经不起推敲。为了一个词,一句话常常陷入纠结犹豫,有时我坐在电脑好久,却迟迟敲不下键盘。

"钟老师,你方便跟我打个电话? 课程纲要我又卡住了。"

"钟老师,别的学校有没有老师写过课程纲要可以借给我参考一下,我还是觉得我的思路不太清晰。"

"钟老师,这里我感觉还是不顺,但我实在不知道怎么改了。"

"钟老师,之前发给你的课程纲要不是最终版本的,后来我又修改了一些地方,现在重新发给你。"

我的第一份课程纲要经过大概10天的初稿撰写和20天的反复修改打磨。在这期间,我尝试把自己的身份从老师转化为学生,反复琢磨"这样写学生能否看懂?""能否用最精简的语言体现出道德与法治学科的核心素养和课标要求?"在这个过程当中,我们科组的老师一直在帮助我,给我提供很多宝贵且精准的建议。同时,通过钟老师的帮助,我能够借鉴参考其他老师的一些优秀成果。在他们的鼎力帮助下,我的课程纲要总算赶在开学之前勉强达到"出厂标准"。但我也因为曾经对课程纲要错误的认知,付出了时间和精力的代价。

教育,只有让学生和教师都遇见更好的自己时,才会呈现出美丽的一面。在自我成长的旅途中,正是因为切实的实践、反复的思考,才让这场遇见成为记忆中最美丽的风景。我告诉自己一定要多用"学生立场"思考教育,把当下关注学生的表面效果,转变为关注学生的"内心世界和内在觉醒",进而将"我想给的"变成"他想要的"。

教育的温度在于学校有良师。何为良师? 就是有良心和良知的教师,愿意做学生的良师益友,他们人在学校、心在教学、爱在学生,有更多的时间与学生交流、碰撞。

未来:成长与思考的遇见

我们的课程纲要获得了天河区课程纲要设计比赛的一等奖,我尝到了课程纲要带给我的甜头和自信。课程纲要获得了学校的肯定,我这个最开始一头雾水的新手小白也收获了一点经验。钟老师也给了我最直接的肯定。

合作愉快!

当我们把课程纲要发给学生,带着学生一起共同阅读,我发现我对教材的理解从那一刻开始变得更加有条理。学生通过看课程纲要知道自己接下来要学什么做什么,有什么活动等着他们参与。学生不必先知道他们哪些知识需要背,而是了解"大任务""大问题""大观念"等组织形式的学习单元,用真实的任务统整一连串的知识点,它们使知识成为一个体系,使知识与学生的生活相关联。同时,我跟学生说:"如果大家对这学期的活动有什么好的想法和建议,欢迎大家和我交流。"看看学生兴致勃勃,吊足胃口的样子,我更加庆幸我写了这份课程纲要。

当然,在实际运用当中,问题和意外总是不可避免。

由于受到各种因素的影响,课程纲要中规划好的活动没办法举行或者学生参与度不高,效果没有达到预期,或者搞了活动但是学生的知识学习没有落实到位。

学生说:"老师,怎么这学期不搞宪法宣传视频比赛了?不搞知识竞答比赛了?之前看课程纲要上面有这个活动。我们都在商量怎么安排了,一直都在等你的消息。"听到学生这么说,心里顿感遗憾和失落,似乎自己刚开始的承诺没有践行,失信于这些热情积极的学生。

"要复习了,快考试了,没时间了,而且很多同学基础比较薄弱,我们要花很多时间帮助学生巩固知识、准备考试。我们尽量抽时间,你们既然准备了可以着手做了,做好了发给我,我给全年级做展示。"对于之前设计好的一些教学活动只能先由部分感兴趣的同学带头实践,还未能普及给更多同学。我多么希望之前设计的教学活动能够普及给更多同学而非几个人。

2023年8月9日,天河区召开了学期课程纲要的指导会议,当时崔教授对我们的指点让我印象深刻。在实际的活动中并不是每个单元都能够用活动来评价和反馈,一个学期能够有一次大型的活动已经足够,我们在撰写课程纲要时,各种考试和复习课时不算在内,但一定要基于实际的教学情况落实到位。课程纲要是精简、严谨、完整的,太过复杂的教学活动和无法实施的评价体系不适用于学生的学习。

马上将要迎来新学期的教学,意味着新的八年级课程纲要已经在我的工作计划当中。那么此时该如何对课时安排和纲要落实进行调整?如何平衡"开展活动"与"夯实基础"之间的关系?如何提高学生的参与积极性?学生现在对学历案的使用逐渐习惯,能否将课程纲要和学历案相互配合、相辅相成达到更好的效果?这些问题,都在我写了第一份课程纲要后接踵而来,但我似乎仍未得其法,还需要在未知中慢慢打磨沉淀。

学生生命成长的内驱力得益于学校厚重的文化底蕴,更来源于每一位教师的言传身教与长情陪伴。正是因为有了这些有温度、有力量的教育过程，才让生命与情怀的遇见，愈加明亮鲜活。

教育是一场向美而行的遇见，遇见影响一生的良师，遇见朝气蓬勃的学生，遇见并肩奋斗的同事，遇见日臻成熟的自己。行走在教育的路上，让我们珍惜每一次真诚的遇见，向美而行，步履不停。

奔赴山海，一路生花

广州市南国学校　钟燕华

从教学迷茫到受到点拨

在初中地理的教学工作中，我一直反思自己缺少理论的学习和支撑，每每反思之后，我都觉得自己应该多看书、多看论文、多学习，但总缺少行动去支持；在听课、评课过程中，也总感觉自己的教学理念是不是落后了，是不是缺少新的方法、新的思路，我一直在思考该怎样改进自己在教学中的缺点以及弥补理论缺陷。

2022年3月，我收到教研员的信息："钟老师，有一个关于课程纲要的培训，你是否愿意参加？"收到信息，我内心狂喜，正愁没有机会学习理论知识呢，现在太好了，有这个机会，我下定决心，一定要认真学习，填补知识的漏洞。

在天河教师发展中心培训的几天里，我一方面认真记录着笔记，如饥似渴地接受新知识，另一方面也和身边优秀的同伴探讨、学习。

"小燕，到底课程纲要该怎么实施呢，教授讲的到底是什么意思？""孙烨，深度教学和课程纲要到底是什么关系？""蒲老师，学历案和课程纲要到底是什么关系？单元学历案在实际教学中到底要怎么实施？具体应该怎么做？"在几天的培训学习中，我有太多想解决的问题。

和同伴们一起学习，碰撞出思维的火花是美好的！和一起学习的同伴们一起购买了《教案的革命：基于课程标准的学历案》《学历案与深度学习》《基于标准的课程纲要和教案》及《教案的革命2.0：普通高中大单元学历案设计》，也下载了关于课程纲要、学历案等主题的文献进行学习。为了互相鼓励，共同进步，我们还立志要利用暑假的时间写一篇关于课程纲要的论文，完成者将会得到小伙伴们一个月的早餐投喂。

我知道做事需要循序渐进,不可一蹴而就。这次的集中培训,就像打开了一个缺口,让我开始去学习新的理论,形成新的理念,让自己带着问题去阅读、去学习新课标,用新课标指导自己的教学。

从填充框架到深入思考

论文的写作是后话了,在参加学习的过程中,我们都在思考,具体的课程纲要该怎么写呢,还是要通过实践才能检验是否学会!借着这次培训的机会,在华东师大团队的指导下,我也参考了《基于标准的课程纲要和教案》,我心想:既然课程纲要有固定的格式,那结合具体的地理教学,往格式里面进行填充,这还不简单嘛!那天下午,在了解课程纲要包含的要素后,大概花了四个小时的时间,依样画葫芦,我就完成了"初中地理七年级下学期课程纲要"的编写。写完还得意洋洋地想:写一篇课程纲要也没那么难嘛,一个下午就完成了,而且看起来格式都是正确的,内容还挺丰富,一定很不错了!

后来在周文叶教授的点评中,我才发现自己问题很多。根据周教授的点评,再参考优秀同行们的作业,我发现自己还有很多需要进一步理解和思考的地方!首先是对于课标的理解还不够全面,对于教材和学生的分析,都没有作出进一步探讨。对此,我再次一字一句阅读了《义务教育地理课程标准(2022年版)》,结合教学实践,提炼出本学期的 4 条目标;其次,目标应该以学生为主体,对此,我更改了教学目标的描述方式;再者,在表现性评价中,对于学生的课堂表现没有体现地理学科特色,对此,我结合地理核心素养的要求,增加了地理特色的表现性评价。

经过这次的评价和修改,我很庆幸有专业的导师指导,尚有机会知道这些问题所在以及优秀的人是如何解决问题的。那就借着这个机会,深入思考,进一步优化,将其作为一个自我提升的突破口!因此在新课标出来后,同时也在"双减"政策的大背景下,我去研究了什么是分层教学,思考并实践了分层作业设计,研究了如何在地理教学中进行跨学科主题学习,研究了学历案及单元学历案,研究了如何进行大单元教学,同时也研究了如何通过 UMU 技术实现交互式项目学习,更重要的是,开始在实际教学中有了培养学生核心素养的意识,并且在课堂活动设计中,也一步步往培养核心素养的方向靠拢。

从雄心壮志到推行受阻

有了这些概念做铺垫,当看到天河区教研室举行课程纲要的比赛时,我迅速地找到了志同道合的小伙伴一起合作。我们一起探讨课程纲要设计,作为一学期的顶层目标,我们也希望在课程纲要中融入我们想要呈现的跨学科主题学习、大单元教学、分层教学、交互式设备等。

我们一次次通过微信探讨怎样进行跨学科主题学习,想想是不是可以将音乐、美术等美育教学融入其中,学生呈现出来的单元作业除了要有学科知识作为支撑以外,还要有美感;我们还在探讨,七年级下册正好学习世界区域地理,那是不是可以融入英语教学和道德与法治学科教学,体现全球化和国际视野。那大单元要怎样设计,怎样提炼出大概念来呢?又如何通过大问题进行学习呢?大概念教学中,分层作业设计要怎么做?作业分层了,评价标准可以分层吗?我们之间的聊天记录高达上千条!甚至是在胡老师婚礼前夕,我们都还在讨论怎样把我们的设想融入设计中呢!两个沉迷工作的人就这样,一遍一遍构想自己理想化的设计。

经过一轮一轮思考和研究、一次次实践和改进、一次次探讨和修改,我和我的同伴终于将课程纲要定稿了。看到文档中呈现的内容,洋洋洒洒四五千字,图文并茂,里面包含了新课程背景下的诸多设想,我们自我感觉良好,认为其逻辑清晰,我们可以大展拳脚。而后在天河区教育研究院举办关于课程纲要撰写的比赛中,我们提交的这个设计还获得了一等奖,这就更加提升了我的自信心,雄心壮志,必须付诸实践,我甚至还觉得,实施之后,学生的能力会有很大的提升,他们可以更加牢固地掌握知识,前景无限美好!

新学期新气象,大展拳脚的时候也到了!新学期开学第一课,我把自认为完美的课程纲要印发给学生,准备和学生分享,我还架设了录像机,准备把这次课程纲要的分享课录制下来!谁曾想,当堂课就遇到了问题。

学生一上课就问:"老师,你印了这么多东西,提了这么多要求,地理是不是很难学啊?"

我心想,完了,这才第一节课,可不能就吓倒了他们啊!

我马上解释道:"这个课程纲要就是想让你知道,在这个学期的学习中,我们需要学习的内容,每个单元需要达到的目标和完成的任务,分解下来就不难了。"

另一个学生马上就提出来:"如果我的作业完成不了,我的地理是不是就不合格了,就不能学了。"

我心想,那不行啊,可不能一开始就预设失败,必须建立自信心啊。

我马上回答:"任务会根据大家的实际情况分层布置,我相信1班的学生在钟老师的指导下,是可以完成自己层次的任务的。"

通过这一节课分享课例,我才真切地感受到:老师的志得意满和学生的一头雾水形成了可笑的对比!

但没有关系,发现问题就解决问题!

从再次修改到下回再战

根据课堂学生反馈以及课后单独访谈,发现这一版本的课程纲要在实施过程中有以下几点问题:(1)整体内容比较多,学生看到首先就害怕了;(2)虽然一个单元一个大任务,但是主要以展示类任务为主,课堂没有足够的时间呈现;(3)设置了分层任务,但是如何根据学生情况进行分层呢,分层的标准是什么呢;(4)在表现性评价中,如何体现地理特色呢?

种种情况都在告诉我,实践是检验真理的唯一标准!因此,在和教研员蒲老师、清湾胡老师以及本校的老师们进行探讨之后,结合本次学生反馈出来的情况、实际使用中存在的问题,我开始对七年级下册的课程纲要进行新一轮的修改。

首先,在蒲老师的引导下,我对课程纲要中的导语进行简化,使其更贴合初一学生的实际,同时考虑到学生的接受程度,制作了清晰明了的图表,让学生可以清楚地看到本学期的学习框架;其次,对单元作业进行精简设计,减少学生的心理压力;然后,考虑到布置的主要是展示类的作业,没有纸笔练习,我就增加了纸笔练习;再者,考虑到缺少学生作品展示时间,我利用科组平台,组织了地理学科优秀作品比赛,并且在学校的地理科组展板上进行优秀作品展示;另外,我考虑到初一学生的文字阅读量,对课程纲要中呈现的文字进一步精简,将所有内容压缩至两页,我将修改后的课程纲要分发给部分学生阅读,并邀请其对新改版的课程纲要进行评价,学生反馈说内容精简后,思路更加清晰,并且由于文字减少,自己的学习压力也没那么大;最后是学生如何分层的问题,基本原则是让学生根据自己的实际情况进行选择,鼓励学生选择自己努力"跳一跳"能够完成的任务,并且通过优秀地理作品比赛和表现性评价促进学生能够更进一步。

　　新的课程纲要等新的学期才会印发给全部学生,效果还未可知。但我相信,以核心素养为导向,基于大单元设计的课程纲要的实施对于学生素养的培养、能力的提升,是有极大作用的,也能够帮助学生站在专业的角度更好地了解课程内容和目标,制定自己的学习计划;对于我而言,不断提升课程意识、课程设计和实施能力,在一次次实践和解读中调整和修改,再调整、再修改……在实践中,一点点探索怎样设计和实施于学生而言更有效。本学期的教学即将结束,在即将到来的新学期,我也将根据本学期遇到的问题进行改进,积累经验,新学期再战!

课程纲要,学与用的距离

广州市南国学校　张映林

学以致用,对于学期课程纲要,学与用的距离究竟有多远?

学前:兴奋与忐忑并存

2022年4月24—29日,"天河区基础教育课程与教学质量提升项目(华东项目)"关于编制学期课程纲要的培训在天河区教师发展中心开展。我非常荣幸作为学科骨干教师参加了此次培训。看到培训通知的时候,我激动不已,为自己能被教研员选中参加培训而高兴,更为自己能有机会与著名的教授专家们面对面交流学习而兴奋,也为学校领导能不能批假而担心。怀着忐忑不安的心情,我拨通了领导的电话,意外的是学校领导没有犹豫就批假了,同时也得知学校一共有六位同事参加这次培训,有熟悉学伴的感觉真是美好!

短暂的兴奋之后,我看了一下培训的内容是关于课程纲要的编写。这是什么东西?为什么要编写它?赶紧上网搜搜,浏览了半天发现,还是不知道编写课程纲要的意义是什么?这次培训的要求是要自己写一份课程纲要,我能不能写出来?万一写得不好,是不是很丢人?我对这次培训有些担忧,赶紧问问一起学习的同伴,她之前参加过学历案培训,比较有经验。

"你不要太担心,跟着教授学习,你一定会有进步的。好好享受这个珍贵的学习机会吧",听了她的话,我慢慢放下心来。

学中:解惑的感觉很美好

六天的培训,仿佛让我回到了大学时代,和朋友们坐在大课室中聆听大学专家教授的发言,领悟基础教育的前沿思想与理论。崔允漷教授的"如何编制课程纲要"让我对课程纲要的编写有了系统的认识。课后我和同伴进行了以下探讨:

"为什么要编写课程纲要?"

"相当于学习计划吧,就是让学生清楚地知道这学期的学习内容与活动开展情况。"

"我觉得课程纲要就是让教师参与课程建设,将国家统一的课标、教材、自己的学校学情相结合。"

"我也觉得编制课程纲要的意义在于帮助教师审视某门课程育人所需的所有条件,形成学科观或课程意识。"

"嗯嗯,我们平时都是按照教材的章节一个个知识点地教,往往忽略了各章节之间的逻辑关系及课程的目标,从而失去了对任教学科的总体把握。编写课程纲要实际上也就是逼着我们对将要实施的教学必须进行整体设计。"

大家都七嘴八舌地谈了自己的看法,基本明白了课程纲要的编制意义。在撰写本学期的课程纲要时,教师必须弄清楚本学期的课程在整体课程中的地位与价值,明确本学期的课程内容与课程整体之间的逻辑关系,明确知识点与课程目标之间的逻辑关系,这样有利于教师把握课程的整体状况。反过来,在把握学科知识整体轮廓的基础上,教师更清楚单个知识点的作用与意义。

"什么是课程纲要?"

A老师打开笔记本,大声朗读起来:"学期课程纲要是教师依据课程标准、教材与学情,以提纲的形式,一致性地规划某门学期课程的目标、内容、实施与评价。它以提纲或者表格的形式系统呈现一门课程为什么教、教什么内容、怎么教和教到什么程度的文本,涉及课程目标、内容、实施与评价的总体呈现"。

"那课纲纲要像什么?"

"我觉得它像生活中的知地图,呈现学生应知应会的目标、知识之间的结构、知识与课程目标的关系,有利于教师形成对课程的整体把握。"

"它是一份产品的说明书,它告诉学习者如何上课、要做什么、在什么时间做、具体怎么做,以及过程中能做什么和不能做什么。在学习前了解,有利于学生看到课程的全貌和要求。"

"它同时也是一份合同或契约。学生学习后,需要像签署一份合同一样,明确自己已经阅读或明白这学期的内容和课程的要求、期望,并许诺自己会严格遵守'课程纲要'的要求。有时甚至还要签字表示自己对'课程纲要'的认可"。

大家都争先恐后表达了自己对课程纲要的理解。不管它像什么,总之,"课程纲要"是对教学系统的前期规划、课程计划与安排,是对课程实施的整体设计,也是学校对校本课程实施管理、审议和评估的依据。

"学期课程纲要与教学进度表的区别?"

老师们又进行了一番讨论,得出课程纲要包含了以下内容:(1)目标:期望到哪里去?(2)内容:素材或活动是什么?(3)实施:怎样去那里?(4)评价:何以知道到那里?课程纲要不仅告诉老师和同学本学期的教学进度,更说明实现这些进度的目的、方法与评价。

试写:雀跃与失落交织

培训的第三天下午,我们开始动手编写学期课程纲要。课程纲要的一般格式包括"一般信息"与"课程元素"两个部分。一般信息包括:题目、设计者、课程名称、课程类型、教材来源、授课时间、授课对象。课程元素包括:课程目标、课程内容、课程实施与课程评价。学期目标说明了要学什么,内容安排说明了用什么学,课程实施说明了怎么学,课程评价说明了如何证明学生学会了。

动起来才知道有多难,仅一个课程目标就让我头疼不已。根据崔教授的要求,课程目标一般为4到6条,每条1到3句。可是一学期这么多课时,怎样才能用这一百多字把一学期的目标清晰具体地表述出来?

崔教授提出,学期课程目标确定与叙写的要求是一找"大主题":教材中的章或单元涉及到的大问题、大任务、大观念或大项目;二对"学业质量":在学业质量中寻找该大主题的学业要求。所以我首先仔细阅读新课程标准中关于九年级化学下册的"大主题"和"学业质量"的有关内容,然后拼凑出几条课程目标。

当我兴奋地分享给同事时,同事立马指出:"目标的主语是老师还是学生?目标的描述都是直接来源于课标的原文,你基于学情了吗?"

我瞬间清醒,逐渐体会到了"主语是学生、源于课标与学情、指向学科核心素养"的真正含义。经过一天一夜的奋战,一份自认为基于符合要求的课程纲终于诞生了,这种从无到有的过程真是累并快乐着。

修改:在反思中前行

本学期开学前几天,我们科组老师重新审视这份学期课程纲要,不断思索它是否交代清楚了"本学期要做什么""怎么做""为什么要这样做"等问题。

"背景分析如何联系上下册内容?"学生通过九上对身边具体物质如空气、水、碳与碳的氧化物的学习,初步认识学习化学物质的一般思路和方法,体会到以实验探究为基础,宏观、微观和符号相结合的化学学科特点。那九下就是通过对金属、酸碱盐的学习来体会学习一类物质的思路和方法,进一步发展"三观一探"的学科观念与思维方法。

"课程内容和实施部分与之前的教学进度表区别在哪里?"崔教授提出,"教学内容要基于目标处理教材,基于新课标组织大单元设计,教材处理依据目标、学情、条件,课时安排要有利于学生学习和目标达成;教学实践要与目标匹配,注重整合、情景与实施,体现学科化、活动化与事件化"。所以我们在课程内容与实施部分增加了演示实验与学生分组实验的内容。新课程注重跨学科教学,学期课程目标中提出通过课外实验分析、解释有关的实验现象,进行证据推理,得出合理的结论,我们在实施部分对课外实验的主题与形式进行了具体描述。

运用:新问题层出不穷

本学期第一节课分享课程纲要,我先让学生阅读学期纲要,然后进行部分解释与说明,最后问学生是否清楚地知道以后的学习中要做什么,怎么做,为什么这样做。

"老师,我知道这学期要学习金属、溶液和酸碱盐知识,知道要形成类别的视角以认识物质,但我还是看不懂您的学期课程目标。"

是哦,我只注意到课程目标要指向核心素养,但忘记了学生可能看不懂这些核心素养的术语。我是不是忘记了学期课程纲要以学生为主体的初衷?

"老师,我看了这学期的评价成绩由过程评价和结果评价两部分组成,但我们这学期的中考成绩不就是最终评价吗?

哎呀,本学期学生就要参加中考,学期评价如何与中考的评价融合在一起?

这份课程纲要仍有很多的雾团,什么时候能写出一份完美的课程纲要?我不知道,但我相信每次都能进步一点点。

学以致用,用以促学。原来学到与用到还真有一段距离,有的人距离短,有的人距离长。总之,不论多长,都要一步一步走下去。路漫漫其修远兮,吾将上下而求索。

是谁，荡起了我心中的涟漪

广州市泰安中学　王亚飞

时光流逝得真快，了解课程纲要这个概念已经悄悄地过去了一年。回想起来，撰写课程纲要过程中的痛苦历历在目，有过迷茫，想过放弃，但庆幸自己还在坚持……

初见，来了兴致

2022年5月，华东师范大学课程与教学研究所的专家们在天河区教师发展中心开展了为期一周的培训，主题包括"如何编制课程纲要"等，每个学科都有骨干教师参与培训，很遗憾的是，我没有参与，错过了一次与教授专家们面对面交流学习的机会！

看着我校参加培训的生物陈老师、地理邓老师，培训结束后整日在电脑前忙碌，我不禁好奇地问她们："你们在写些什么？"

"写课程纲要啊！"这是我第一次听到"课程纲要"这个词，心想：根据字面意思，课程纲要应该是学科课程中有关学习目标、学习任务、学习活动、学习评价的总提纲。

看着他们疲惫的神情，我又发出疑问："咱们区先研究课时学历案，再研究单元学历案，最后研究课程纲要，是不是颠倒逻辑、搞反顺序了？正常的教学逻辑不是从课程到单元再到课时吗？"

"我也不知道为什么这样安排，有可能考虑到一线教师对每个课时的内容比较了解和熟悉，就先从课时开始吧。"

"我把培训的PPT发给你，你也可以研究一下。"

我打开文件，认真阅读学习了崔允漷教授的"学期课程纲要的编制"、朱伟强教授的"学期课程目标的确定与叙写"，对课程纲要有了大致的认识，它是站在学生和整个课程的角度，以《义务教育课程方案和课程标准（2022年版）》为基本准则，以提纲的形式,一致性地规划某门学期课程的目标、内容、实施与评价。主要内容也就是由课程目标、课程内容、课程实施、课程评价四部分组成,是教学进度表的升级版。

哦哦,我恍然大悟,平时我们在教学前需要思考的最基础的四大原点问题是"为什么学、学什么、怎么学、学到什么程度",那么课程纲要不就是在学期前搞明白整个课程"为什么学、学什么、怎么学、学到什么程度"吗?但是一个学期的知识内容那么多,我又该怎么梳理清楚、整合概括呢?又该怎么让学生了解课程纲要的整体内容呢?这玩意儿,站得高度高了,看得视野广了,有挑战,有意思!

爽,小试牛刀

2022年6月,天河区教师发展中心征集各学科各学段的学期课程纲要,我当然不会错过这次磨炼自己、提升自己的机会。

翻开三本人教版物理书的目录,究竟选择研制哪一个学期的课程纲要呢?我陷入了沉思……最终,我选择了人教版八年级下册,为什么呢?因为这本书知识连贯、环环相扣,有很强的关联性和逻辑性。开始吧!

在区教研活动中,专家分享了八年级物理上册的课程纲要,其中包括了崔教授的评价,我整理了一下,大致有以下5点:

(1) 授课时间只是确定了54个课时,并没有标清楚周课时量、周数。

(2) 背景分析分为三个方面——学情分析、课标分析、教材分析,非常详细具体,这一板块做得非常好。

(3) 学生期末总成绩的纸笔测试成绩占比较高,日常学业评价成绩占比偏低,在教学中,我们需要注重体验、强化过程、淡化结果。

(4) 评价类型可以从四个方面展开对学生的全面评价,分别是课堂评价、作业评价、阶段性评价、跨学科实践评价,在这一块漏掉了阶段性评价。

(5) 评价的过程中,教师占主导作用,没有发挥学校、教师和学生等不同角色在评价中的作用,应该从不同人的不同视角展开评价。

依葫芦画瓢,我开始尝试撰写八年级下册物理的课程纲要。但"非知之艰,行之惟艰",写到课程目标,我就傻眼了。天啊!我平时一节课就得有3到4条目标,怎样才能把整个学期的课程目标浓缩整合为最多6条呢?

我苦苦冥想,不能突破,恍惚间一个声音点醒了我——"整本书六个单元,那就每个单元写一条目标啊!"对啊,只要我阐述清楚每个单元的目标,学期的总目标不就出来了吗?我把每个单元目标与物理课程的核心素养,即物理观念、科学思维、科学探究、科学态度与责任有机结合,洋洋洒洒,八百多字,真想为自己的才华和机智点赞!

在课程内容方面,我增加了课外实践活动的内容。为什么要增加学生走出课堂的活动呢?我认为课外实践是课内知识的拓展,让学生的学习从课堂延伸到社会生活,可以提高学生解决实际问题的能力,做到"知行合一,学以致用"。同时课外实践的方式多元化,例如:参观科技馆、阅读科技书本和参加新闻交流会、参观科技展览、去湿地公园调查水资源的利用和保护等,这些有趣的活动促进了学生了解我国在科技史上的成就,有利于学生坚定文化自信、增强民族自豪感,更能激发学生树立远大的理想和正确的科学态度观。

在课程实施方面,我将课程资源具体化,囊括了教学时用到的全部资源。

耗时约两天,我就完成了八年级下册物理课程纲要的编写,心中不免小小得意。站在云端观察整门课程,"大概念、大任务"统领的单元教学的感觉呼之欲出。这感觉,爽!

改,六亲不认

"王老师,课程纲要是写给学生看的,目的是让学生了解本学期的学习概况,不仅是给自己或者同行看的。"

"课程目标这么多内容,学生有兴趣看下去吗?有些单元具有相似或者相同的目标,能不能整合呢?"

"课时内容有把课标的要求落实下去吗?课时安排如此笼统,学生能清楚明白吗?"

"课程实施感觉把教师备课的方式方法资源全部摆在台面,有些不需要学生知道的,可以删掉。"

"课程评价部分写得还不错!"

……

听完这些非常中肯的点评,我有些失落。一腔热血降至冰点,自以为已经懂得八九不离十,实则并未掌握精髓。唉……难,太难了!

"王老师,咱们再看看,怎么修改一下?"

静静地坐在凳子上,脑海中思绪乱飞、一团乱麻,刘海儿都快被自己薅秃了。这怎么改啊？我找到同组老师，寻求帮助，大家一致认为，必须要思考和探索一个问题："假设我是一名学生，想得到一份怎样的课程纲要呢？"

是啊！如果我是学生，大概也没有时间和精力来理解这份这么多文字的课程纲要吧。好，那就先来一份精减版的吧！

改，大刀阔斧地改；删，毫不心痛地删！

课程纲要中的"背景分析"部分主要是教师撰写课程目标的前提条件，属于教师组织课堂的前提指导，与学生关系不大，可以直接删掉，改为"欢迎学生进入新学期物理学习"的导语，让学生翻开课程纲要就能感受到物理之美、物理之趣，如徐徐清风拂面而来。

教育的目的不仅仅是传授"双基"知识，更重要的是培养学生的学科关键能力和学科素养。当零散的"知识"按照一定的逻辑整合成结构化的"观念"时，学生就初步具备了应用知识分析问题、解决问题的"能力"；当"能力"能够灵活地迁移到新的情境时，学生就会具备较敏感的问题意识并收获意义感，"素养"便得以形成，从而达到课程"育人"的功效。所以，课程目标尤为重要，怎么在这短短的几条目标中，体现物理课程独特的育人价值呢？

"不如试试依据物理核心素养的内涵及学生身心发展的特点，将目标整合归纳为核心素养四要素。"

初中阶段的学生从心理学上看，情绪波动性较大，独立性思维和批判性思维快速发展，既渴望成功和得到周围人的认可，又容易垂头丧气、丧失信心。面对这种情况，教师在教学的各阶段都应及时关注学生的思想动态，依据学生的性格特点展开评价。因此需要谨记，课程评价的目的是以评导学，以评促学，激励学生进步，促进学生核心素养的发展。

在过程性评价中，我将学生的自我评价与同伴评价、单项评价与整体评价、终结性评价与过程性评价有机结合，发挥不同评价方式的作用，保证结果的客观性和准确性。在学生非常在意的部分，课堂表现和作业表现都有小组同伴和科代表作为评价人。

"为了写一份学生看懂的课程纲要，可真不容易啊！"

"对啊，这差不多又折腾了两周了！"

"这个已经是很简单的版本了，字数都从4500字降到2700字啦！"

"应该差不多了，不如下学期发给学生试试看！"

凉,云里雾里

盼望着,憧憬着,2023年2月开学了,新的一学期缓缓拉开了帷幕……

迈着激动的脚步,怀着忐忑的心情,站上三尺讲台,分享着散发油墨香的课程纲要,自觉很完美。

"老师,这是个什么东西啊! 我感觉就导语部分明白了一点,其他什么都不懂啊!"

"老师,怎么课程内容那里跟课本目录的标题不一样啊! 到底我们学什么?"

"还有这些活动提示,我好像也不明白,什么观念的素养、科学的思维,太抽象了。"

"老师,我觉得一下课,我就把你分享的课程纲要忘记了。我是不是每次上物理课前都得拜读一下,这样会加重我的学习负担!"

"跨学科实践活动评价中,我如果不会科技制作和创新,那我不是不能满分啦? 有没有补救措施,比如写调查报告或者其他呢?"

"我们课外实践活动的地点和安排好像没有明确说,要是我有事错过了,会扣我分吗?"

……

分,分,分,果然是学生的"命根",老师的"法宝",那这个课程纲要,究竟是在"育分"还是在"育人"?

学生的学科关键能力和学科素养,都是在平时思考问题、解决真实问题等潜移默化的过程中形成的,有必要让学生受"专业术语"的困扰吗?

在开学第一课就将如此大容量的内容抛给学生,这符合教学规律吗? 学生能接受这么多信息吗?

跨学科实践是2022年版课标提出的,侧重体现物理学与日常生活、工程实践、社会发展等方面的联系,需要教师有渊博的知识、独特的见解、高瞻的视角,我有这个实力吗? 有资格做学生的评价人吗?

在漫长的一学期学习中,繁忙的工作中,课程纲要的初心,谁又会一直记得呢?

学生云里雾里,我亦如此,我心竟如此纠结,路又在何方……

守,能见彩虹

"教学活动的基本链环不就是依据新课标编制的课程纲要——单元设计——课时

设计,怎么在第一步课程纲要就卡住了?"

"别灰心,教学研究总是要过一道又一道的坎,不断地尝试,不断地改进,谁又能一次成功呢?"

"只要我们抓住解决教学的四大基础问题,肯定会有收获的。"

"这次我们疑惑的问题,没法解决的,下次还有机会,我们再向崔教授请教。"

是啊,无论在教学活动的哪一步,当真心让学生"完整做一件事",会发现学生必须知道"为什么做(目标)""做什么(任务/问题)""怎么做(路径/活动安排)""做到什么程度(质量标准)"。如果学生不明白"为什么做",肯定是"我不情愿""我拒绝";不知道"做什么",肯定"丈二和尚,摸不着头脑";不清楚"怎么做",保准"一团乱麻,理不出头绪";不理解"做到什么程度",定会"无规矩不成方圆"。

"咱们的大方向肯定没错!课程——单元——课时,这一系列下来,整体规划了学科核心素养的达成,完全符合新课标的育人理念。"

认准路就要坚持,只有坚持方能成功,教学研究更是如此。撰写一份完美的课程纲要不仅要对本学科有多维度、宽广度、强深度的认知,更是要站在学生的视角、考虑学生的心理和能力,使学生明确学期学习内容,运用主题化、多样化、学科化的教学活动,设置多元化、多角度的评价标准,激发学生兴趣,引导学生主动学习,热爱物理。

唯有热爱,方能坚持!教学高手善做"隐士",悄悄播撒课程内容的种子,巧妙输入情境、思维的营养,有效反馈学生的各项输出,实现素养教学三大步:理解——迁移——创新,这才是教育的真谛!

路漫漫其修远兮,吾将上下而求索。我愿与志同道合的同行们,不断尝试,多多交流,坚信风雨过后必将看到绚丽的彩虹……

课程纲要,揭开你神秘的面纱

广州市第八十九中学　阮　祁

暑假作业——骨干老师的新挑战

"课程纲要,这名字听起来像是教育部要做的事情!"2022年6月,当暑假前的最后一次学历案骨干教师会议上,李校长给大家布置这样一项特殊的"暑假作业"时,我在心里直犯嘀咕:"做好学历案上好课还不行? 还要编制课程纲要? 这是啥新招呀? 又有新挑战了?"

我犹豫着,一时不知所措,眼神飘忽,下意识地瞟向身边的科组长肖老师,发现对方也正看向我。我们竟然不约而同地苦笑了一下。

还好李校长告诉我们可以观看华东师范大学的视频讲座。七月,周文叶教授的线上讲座如期而至。一个半小时的讲座,周教授阐述了"课程纲要"的含义、格式,通过具体的案例向我们详细说明了编制课程纲要的关键技能。听着听着,我不禁开始得意起来:"这课程纲要的理念不就是和学历案一脉相承的吗? 它体现'学为中心'的思想,四个环节(目标、内容、实施、评价)体现教学评一致,指向核心素养(以素养为纲,结构化设计一个学期的教学),还要充当学生的认知地图(明确一门课程的全貌和相关要求,利于学生展开自我管理、自我规划的学习)……这不就是学期学历案吗?"嗯,这样想,我觉得它又离我近了一点!

我兴奋地把我的想法告诉肖老师,肖老师说:"理念确实很一致! 可是它得从一个学期进行规划,这就很难啦!"

是呀,一个学期的内容那么多,要用四到六句话概括目标,要从素养的角度梳理、整合、重构,还要用大任务、大观念去统摄每个单元的学习,更要关注表现性评价。

课程纲要,可是个大挑战!

板块重构——纲要规划新思路

万事起头难,一份着眼整个学期的课程纲要编写要从哪里开始?我决定先从课程内容出发,立刻打开下学期开展教学的教材——沪教牛津版九年级上册,找找灵感!

一团乱麻中,我尝试着对自己提问:九年级的学习是从哪些单元话题开展的?这些单元话题之间有逻辑关联吗?与之前学过的话题有什么联系?可以通过哪些大任务、大观念进行统领?九年级在听说读写各个方面的特殊要求是什么?

两个多星期,我游走在教材和课标之间,反复查看、推敲,我逐渐不安起来——整个课标、教材的编写有着严密的内在联系,这些在我以往的教学中被忽视了。

比如,本学期有两个模块(模块一 Geniuses 和模块四 A taste of literature)都涉及故事类的语篇,两个模块的主阅读篇章主题相近,同属记叙文体裁,如果整合成一个大单元进行教学,更有利于学生形成关于故事类记叙文的大概念。

两个模块下共有四个单元的学习,分别从不同角度帮助学生构建关于记叙文的阅读策略:Unit 1——抓住故事六要素了解故事的主要内容,Unit 2——运用"the structure of the plot of a short story"的阅读策略了解故事情节发展,Unit7——运用"Dialogue in stories"的阅读策略理解和推断人物心理活动变化和性格特征,Unit 8——运用"Surprise endings"策略体会短篇小说结局的精妙之处。

又比如,在写作板块中,有别于七、八年级,九年级的写作出现了范文,写作前对范文进行学习是本学期写作教学的重要特点。

小小的发现激励着我大步向前,我脑海中初步产生了规划高效教学的学期纲要的新思路——板块重构!

通过梳理、重构内容,九年级教材在我心中越发清晰起来!就这样,课程内容率先诞生!接着,课程目标、实施、评价,逐个击破,一个星期时间我完成了初稿。随手转发到备课组群,分享我的努力成果,同组老师下载阅读,纷纷送上小花、竖拇指对我花式夸赞,好不得意!肖老师评论:"你找到写作思路啦!开学分享一下!"我俨然已经是课程纲要的十级学者!

专家点评——初学者柳暗花明

八月,崔教授对天河区征集的课程纲要进行点评,我当然不会错过。

"课程纲要是写给学生看的,是为了让学生了解一个学期的学习,不是给自己或者同行看的!"

"课程背景是写给学生的,读者是学生,应该用什么口吻和语言才能更吸引他们?"

"目标太具体太啰嗦了,这么长,学生真的会有耐心看完?"

"目标的部分,基本每一条都是在写语言能力,那思维品质、文化意识和学习能力怎么凸显,目标还要再整合!"

"课时安排不合理,怎么没有课程复习的时间?"

……

电脑前,崔教授细致地点评各学科的课程纲要作业。他温和的语气、幽默的语言却有力地刷新我的认知!此时我坐立难安,一腔热血好像也要被浇熄了,奋斗了一个多星期,还以为自己是掌握精髓的十级学者,原来仍是个初学者!

坐在电脑前,沮丧又无力,这课程纲要到底何去何从?我找到科组的同伴们,请他们给我支支招!大家集思广益后达成共识:"学生看得明白,用得上才是真的好!"

确实如此呀,教师千辛万苦编制学期课程纲要,不是为了自己到达目的地,更重要的是要让学生知道目的地在哪里,知道如何到达。试想,一份连学生都不愿意看的课程纲要,谈何帮助学生开展学习?

课程背景是最先进入学生视野的部分,该怎么打动学生?冗长、充满术语的教材分析、主题分析与学生无关,可以一键删除,改为面向学生口吻,描述课程最核心的事,让学生读到此处心向往之才是王道呀。

课程目标是核心和灵魂,我为了撰写方便,从课型角度出发,目光还在课呀,哪里还有素养的影子?怎么体现英语学科育人的独特贡献?教师的目光在此,如何能让学生跳出课程,培育素养?素养形成是长期的过程,这个学期,到底要到达怎样的目的地?教师讲清楚说明白,才能指引学生前进!此时再看目标,才惊觉竟长达899个字,内容堆砌,读起来费时费力,九年级的学生时间精力都很宝贵,哪里愿意多瞧一眼,必须提炼提炼再提炼,用学生听得懂的话语讲述。

评价是教学的重要一环,运用好评价激发学生更好地学才是评的初心。单元大任务等学科实践活动统领了单元的学习,使得学生的语言能力、思维品质、文化意识和学习能力的发展有了具体的情景与充分的空间。没有了大任务的评价,这份纲要哪里还有灵魂？在过程性评价里,我完善了常规性表现,增加了活动性表现,前者关注课堂和作业表现,后者则是聚焦单元大任务的表现。评价主体也做到多元,常规性表现让学生进行自评,活动性表现由小组和老师共同评价。

总而言之,课程纲要应该是迷人的,不应该是有负担的！

删删又改改,磨了一周,终于又完成了一稿。

"这一次,应该可以了吧？"我忐忑地想着。

当头一棒——来自学生的"下马威"

9月1日是开学日,我的"作品"终于要面世了！我早早就印好了我的课程纲要,第一节课就和同学们分享。

其实,早在开学前一天,教研员林老师通过QQ向我叮嘱:"阮老师,我们课程纲要不能只是纸上谈兵。开学第一节课,一定要给学生们分享。看看学生的反应,收集好同学的建议。"这真的和我想到一块去了！

课堂上,我宣布:"同学们,大家手里拿到的资料叫作'课程纲要'。它就是我们本学期的学习方案。我们一起阅读,一起完善它！请大家认真阅读,可以用笔圈出自己的疑问或者写一些建议。"

刚说这话的时候,我还有点得意,想着这可是我费了大力气打磨的作品。同时我又不由得期待起来,我修改的课程纲要真的清晰易懂吗？能和同学们产生什么样的化学反应？

我看了看同学们,面对他们好奇、期待的眼神,我的心情突然紧张起来。以往开学第一节课,我们都是互相问候交流,或者检查作业,或是强调英语课的要求,一切是那么自然而随意。而现在,好像我才是学生,把自己的作业提交到一位位"老师"的手中。想到这,我不由自主地心跳加速起来。

在我的号召下,同学们开始阅读起来,大家的神情显得那么认真、虔诚,教室里有一种老师们在集体改卷的氛围。我也在教室里来回走动巡视,关注着同学们的表情、反应,希望在这十分钟内,读出同学们心中的评分。

时间过去了五分钟,班里的氛围发生了微妙的变化。坐在第一排的小佳同学首先吸引了我的注意,她皱着眉头,抠着手指,这是她平时在读到很难的英语文章时才有的反应。我走近她,看看她在课程纲要上有没有留下什么"痕迹",结果发现,她在课程目标处圈了好几处。我的心不禁凉了一截,如果连班上的中层生小佳同学都是这样,其他同学又如何呢?巡视一周,我发现同学们脸上开始出现困顿、打不起兴趣,甚至一点点不耐烦的神情。

看到同学们基本上都停止了阅读,我询问大家:"读完这个课程纲要,大家了解到本学期哪些信息?"同学们七嘴八舌地回答着,氛围又变得好一些。交流一番后,我又追问:"那同学们有什么建议或者疑问?"

教室里一片沉默,我感到一丝忐忑。

过了好一会儿,终于,小霆同学回答说:"老师,课程目标我看不懂,虽然他们都是中文,但是组合起来,我不太明白,我也不确定我能不能达到这样的目标呢。""我也不懂!""对呀,很难懂的句子,看不明白!"同学们纷纷附和。

"老师,我觉得每个单元都有活动,这些活动很吸引人!"总算有一点安慰了。

"老师,什么是三大主题? 我们不是单元话题吗?"

"老师,你的课程内容顺序为什么和课本的目录不一样? 到底要看哪个呢?"

"老师,看这个课程纲要好像在看语文资料哦!"

"对呀,都是中文呢!"

"就是,也太无聊了。以前的第一节课,你会和我们一起做活动,那才好玩。"

······

同学们小小的脑袋充满了各种疑问。有一些问题,我也一下愣住了,竟也答不上来;有一些建议把我拉回到学生的角度来。

初中生处于活泼好动的年龄,渴望形式多样的活动、喜欢挑战,单纯的文本阅读还不足以吸引他们的眼球!语言学习的本质在于交流,怎样用好课程纲要与学生交流、互动? 课程纲要可以在英语课堂与同学们碰撞出怎样的火花?

第一节课,学生让我惊觉:毕竟,学生的学才是第一位的。到底怎样呈现才更能吸引同学们?

天降奇兵——揭开纲要的神秘面纱

"周二下午几点有空呢? 我带了几个老师一起来研讨。"国庆假期后的那个周一,我被拉进了一个群，群名是"课程纲要研讨组"，教研员林老师在群里问我。

原来林老师是要把队伍拉起来，继续"磨"课程纲要。此时，我的课程纲要也搁置了一个月没动了，还以为我的"暑假作业"马上要埋没在开学的各种工作中，没想到还能有与其他老师一起讨论改进的机会。

周二下午，会议室里，我们围坐在一起，面对面讨论。

"这课程纲要，真是太考验文字能力了！除了文字，还有什么方式可以表达？"

"对呀，学生说像是在看语文资料，有没有办法让课程纲要更有'英语味'？"

"用英语写？"

"那学生更看不懂！"

一阵沉默，突然有老师提议道："用图片？"

"可以试试哦！A picture is worth a thousand words！"

"用图片，可以省去大量的文字描述，更符合初中生的认知水平和阅读习惯，可以增加可读性！"

听着大家的讨论，我受到了启发：引导学生看图片和用英语说，课程纲要更有"英语味"，也能真正成为教师和学生的交流工具。

"用上教材的图片，课程纲要和我们的教材也建立了联系，不再是额外的负担！"又有老师补充。

……

我们各抒己见，在大家的不断补充中，我的视野清晰了，第一节课留下的困惑似乎找到了解决的方向！

时间有限，我们的线下研讨也会转移到线上，从"如何让课程纲要有英语的特色"到"怎么从素养的角度整合目标"，从"目标撰写怎么做到既专业，又符合学生的认知水平"到"不同年级表现性评价应该关注哪些点"，从"怎么突出学期特点"到"怎么凸显学校的特色"，研讨在继续着。大家的观点有时似电光火石般互相激发灵感，更多时候也像密布的乌云般笼罩心头。我们会解决很多的疑问，也会发现更多的困惑。常常有"终于做到了"的成功感，也会有被"还得再来一次"的恐惧感支配的时候。

但是我们的脚步未曾停下，我们的认识也在不断增加。我相信，在课标的指引下，在"以学为中心"的理念支撑下，在众多追梦人的交流中，在理论探讨与实践探索的相互促进中，我们定能揭开课程纲要的神秘面纱。

竹密岂阻流水过，山高无碍白云飞

广州市第八十九中学　胡立华　刘媛媛

自学校 2020 年参与华东项目以来，在小到备课组、大到面向全国的培训会议上，以学为中心的理念使老师们深受影响。在各种学历案、学期课程纲要的设计和展示活动中，我们科组的老师不断崭露头角，屡获佳绩，一套一套的理念脱口而出，感觉我们离"专家"更近了。

走还是不走，这是个问题

2022 年的夏天，我们接到了编制课程纲要的挑战。

"课程纲要是什么？这个文件要求我也没看出来个门路呀。"接到群里转发的任务，年轻热情的小 A 直言快语地说出了自己的困惑。

"是呀是呀，我看了好几天了，好像跟教学进度表和教案也没什么区别嘛。"小 B 的话里透着几分不解和抵触。

"我也感觉就是原来的教学进度表，还有必要再费时费力编制课程纲要吗？"C 老师照例心直口快。

……

大家像往常一样，坦诚地交流着自己的想法。

看来要完成编制课程纲要的任务，还得先统一认识，消除大家心中的疑虑。

在资历最老的 E 老师的提议下，大家决定先分头研读《基于标准的课程纲要和教案》。大家一边研读学期课程纲要和单份教案的评议要点并对照教学进度表思考它们的区别，一边研讨编制学期课程纲要的必要性，思维随着研讨过程不断推进。

三天之后，大家再次聚在一起。

"原来课程纲要就是学程纲要,是学生学习的指南书呀,要变着法子让学生自己承担起学习责任呢。"小A一如既往快人快语地谈着自己的发现。

"我们原来的教学进度表确实没有涉及学生要怎么学,只关注我们自己要教什么内容,也从来没有想过整个学期的活动怎么实施,都是走一步,再走一步,比较随意,没有考虑过系统性的问题。"看来小D不仅研读了课程纲要,还认真反思了呢。

"我发现,课程纲要和教学进度表之间的差异在于学期课程纲要完整地体现了课程元素——课程目标、课程内容、课程实施与课程评价,而教学进度表主要包括教学时间与内容安排,没有完整体现课程的基本元素。"小B兴高采烈地分享着自己的发现。

"读了课程纲要我才知道原来评价还可以这么千变万化,从教这么多年,我只知道评价的唯一方式是考试……"教学经验丰富的E老师若有所思地说道。

在一次次热烈的讨论中,课程纲要的要素、理念,就这样慢慢渗透进老师们的心田。原来学期课程纲要是要让老师们心中有课程,心中有学生,心中有标准呀。大家坦诚地质疑着、积极地思考着,在思维的碰撞中,逐渐坚定了编制课程纲要的信心和决心。

迈开步,真难走

达成了共识,接下来大家很默契地按照要素分工编制课程纲要。

"不就是几个要素嘛,背景、目标、内容、实施、评价,三下五除二就能做完了。"心直口快的小A在宣布完分工后胜券在握地说道。

大家会心一笑,与小A的想法不谋而合,马上分头行动起来。

分完工的当天晚上,群里就异常热闹。

"编制'背景'也太难了!我原以为就是把教材上的序言和每个单元的导语整合一下就可以了,没想到不仅要考虑学情,还要写得有趣,吸引学生的兴趣……怪我太单纯。"率直的小A最先发出了哀嚎。

一石激起千层浪,小A的哀嚎就像春雨,让大家的困难如雨后春笋,在群里冒了出来,不吐不快。

"你这个还不算困难吧,起码查查资料、走近学生,还是能做出来的。我这个'目标'更难。你看一个学期那么多课文,每个课时都能有3—5个目标了,可是现在每个学期只能设计4—6个课程目标,而且每个课程目标的叙写还不能超过2行。这也太难了吧？每一个目标我都想写进去,我都不知道该删掉哪些了。"看得出来,小 B 为此真的很苦恼。

"'实施'也很不好写呀,不仅要根据整个单元的主题来统摄学习活动,还要考虑这个活动与前面学习内容的关联性和契合度……"隔着屏幕,仿佛都能看到 C 老师紧锁的眉头。

……

"还是先做起来吧,做完了之后我们再来探讨修改。"还是资历最老的 E 老师淡定。

大家按照分工继续自己的任务,很多时候讨论异常热烈,很多设计和表达争执不下,这样连续两周,我们边讨论边修改。线上线下,我们意犹未尽地思考着、讨论着。

此时,天河区的课程纲要比赛已经迫在眉睫。在修修改改中,我们终于确定了课程目标,对教材进行了整合重组,设计了单元大任务,并依据目标设定了课程评价,最后自信地在末尾写下了我们的设计说明。

另辟蹊径,还是按部就班

历尽千辛万苦,凝聚着我们的智慧与心血的九年级上学期语文课程纲要终于定稿了。提交的那一刻,我们激动得像是把一颗瑰宝上交国库。我们自认为这份课程纲要在课程目标上不仅精准到位,还十分具有"学期化"的韵味。我们自信满满,胜券在握。在区的课程纲要比赛中我们得偿所愿获得了一等奖,大家脸上都洋溢着笑容,心里都是甜甜的。

在校本教研中,我们得意洋洋地与老师们分享,似乎课程纲要按照我们这个模板这么写就对了！

寒假期间,教研院要求我们再编制一份七年级下学期的课程纲要。有了前面的"经验",我们自信满满,下笔如有神助,三天就将七年级下学期的语文课程安排得"明明白白"！

但我们发现,如果将七下和九上的纲要对照来看,两篇纲要的课程目标像极了孪生姐妹！

为了使课程目标的表述更加准确,我们不得不照搬课程标准的表述。但我们心里都清楚,教学没办法一蹴而就,而是一个循序渐进的过程,因此,学期课程纲要的"目的地"不可能一步到达"最美的风景",也不可能一学期就完美达成语文核心素养。那么,我们的课程纲要又应该如何修改才能体现每个学期的特点呢？

在我们焦头烂额时，如久旱逢甘露般迎来了华东师大课程与教学研究所的又一次课程纲要培训。崔教授形象地把学期课程纲要比作"老师为学生开的学期处方、助学方案"。

对的！就是这个词——"学期"！我们的教育不可能一步到达"最美的风景"，但是我们可以让我们的"目的地"学期化，让我们的"学习之旅"学期化！

打开课程所专家们反馈的"课程纲要作业集"，上面密密麻麻的都是细致的批注。我们感动于崔教授大师般的指导，同时，我们也清晰地坚定了"学期化"的路径：原来学期课程目标应该结合学期内容（如具体课文）描绘我们的目的地；同时，也要懂得提炼关键信息，抓大放小，指向学科概念和核心素养；不仅如此，我们的目的地还要聚焦一个素养——少即是多（less is more）。这些精辟又精准的点评使我们醍醐灌顶，恍然大悟。

走吧，走吧，行远图瑰伟，风景在别处。

走一步，再走一步，还要走多少步？

每个学期都像是一次风光无限的旅行，每个学期的课程纲要我们改了又改，只为了让每一趟旅途都能尽享风光，连缀成学生学习生涯的独特风景。

当我们明确了目的地后，我开始事无巨细地为我的学生规划"行程"，我像一个极具责任心的导游，一个个景点被我条分缕析，详尽地安排好，生怕漏掉什么有趣的景点。

新学期到了，当我把这份"行程"展示给同学们时，一节在预想中妙趣横生的课程纲要分享课，却让学生昏昏欲睡，兴趣索然。

学生的反应给我泼了一盆冷水。

下课后，我拉住了我的"客户"——学生。

"我安排的活动那么丰富，你们怎么没有兴趣？"我急切地问道。

"老师，看完课程纲要，我都知道这个学期要做什么了。"学生A欲言又止。

"这样心里有数，不好吗？不是很清晰吗？"我追问道，"清晰"就是我要追求的目标呀。

"很清晰，但我们没兴趣啊！我们平时做练习或者完成阅读作业，就要掌握意象、抒情方式了,那和你平时带着我们上课有什么不同?"学生 A 闪烁着真诚的大眼睛问道。

"而且看起来专业术语满满,仿佛已经看到了无聊的语文课堂。"学生 B 直言不讳地击中了我的要害。

我愣了一下,赶紧追问:"还有什么别的感受吗?"

学生 C 一看我真诚的样子,也更大胆了:"还有,课程资源那么多,大部分我都没什么兴趣,有兴趣的,我也懒得去查,做完作业也没时间去看。"

……

果然是当局者迷,旁观者清! 我们在写"课程内容与实施"时,总觉得要用专业术语来展现风景,但实际上将风景点破了,那旅途还有什么值得期待的呢? 原来神秘感和体验感才是学生在行程中想要获得的啊!

根据学生的真实反馈,我们将学习活动变成了一个一个的事件,资源尽量精简和新颖。

经过一番苦思冥想,新的"课程内容及实施"终于设计出来了,它会得到学生们的认可吗? 能带给学生们一个学期学习旅程的期待和指引吗? 我惶恐着,也期待着。

经历过第一次编制课程纲要的磨炼和挑战,在追求"学期化"中破茧成蝶,忍痛割爱舍弃"琳琅满目"的学习资源,收起自己的锋芒……一次次的煎熬,一次次的完善,才有了一次次的重新出发。

编制学期课程纲要的过程,从迷茫、未知到钻研、探究,我们一直在煎熬中探索,也一直在探索中螺旋式成长。这是一个不断学习与充实的过程,是一个从理论走向实践的过程,是一个从茫然无措到豁然开朗的过程,更是一个理性思考的过程。在这个过程中,问题接踵而至,但我们每一次都迎难而上,每一个问题的解决都是一次研究的尝试,经历了种种尝试后,我们才能说:"编制课程纲要,让我们遇见了自己的成长,也遇见了理性教学、科学教学的精彩和魅力!"

竹密岂阻流水过,山高无碍白云飞。前行之路道阻且长,但我们依然会带着探索的热情和收获的喜悦,翻山越岭,继续前行!

山高自有客行路,水深当有渡船人

清华附中湾区学校 马泽慧 李 霞

岁月不居,时节如流。还记得第一次了解到课程纲要这个概念,当时只是觉得新奇和茫然,直到参加了课程纲要的编制与设计比赛,我才开始访微探幽般揭开它的面纱。现在想起来,这一路的艰辛恍如昨日,激动、沮丧、迷惘各种情绪萦绕心头,挥之不去,但庆幸的是我没有放弃,一直在路上……

相逢何必曾相识——初识"课程纲要"

第一次看到"课程纲要"这个名词,我有种既熟悉又陌生的感觉。作为"师范生"出身的我,对于专业术语"课程"和"纲要"都有所认知,然而将"课程纲要"作为一份纲领性文件去学习、设计和撰写却是从未有过的尝试。

虽然是师范专业出身,但是无论是在本科阶段还是在研究生阶段的学习中,我都没有接触过"课程纲要",所以,我非常想要去深入了解课程纲要的内涵、本质和意义价值。

说干就干,我立即拿出笔记本,在中国知网等平台以"课程纲要"为关键词进行检索,初步了解到"课程纲要"的内涵为:教师依据课程标准、教材与学情,以提纲的形式,一致性地规划某门学期课程的目标、内容、实施与评价。但是我对为何要设计课程纲要、如何编制课程纲要、课程纲要的意义价值以及课程纲要如何与学历案结合起来以更好地辅助学生学习等还是一知半解。

直到在一次天河区的教研会议上,听了广州市南国学校孙烨老师以"学期课程纲要的编制"为主题的分享和广州中学陈燕君老师以"课程纲要的编制"为主题的分享后,我才揭开了课程纲要的神秘面纱,开始在头脑中构建起初步的认知。

此后,我又在崔允漷教授的讲座中更加深刻理解了如何撰写和实践课程纲要,并深刻认识到了课程纲要的重要意义,它不仅有利于教师的思考从"课堂"走向"课程",形成学科观念和课程意识,实现育人理念,也有利于学生明确一门课程的全貌,展开自我管理的学习,更有利于学校开展国家课程校本化的实施与教学质量管理。因此课程纲要的编写是十分有必要的,作为一名教师,在课程改革的大背景下,要努力学会编制和应用课程纲要。

绝知此事要躬行——编写"课程纲要"

经过不断学习,从各位专家和教师的分享中,我了解到课程纲要的编制方法、注重事项、评议要点等,也知道了课程纲要应该对一个学期的教学进行整体设计,从学生学习的角度对学期内容进行整体规划,研究和分析教与学中涉及的各方面因素,如课程目标、课时、背景分析、课程组织、实施的条件、学生评价等情况。

但也仅此而已,我对课程纲要的认识仅仅停留在理论层面,还缺乏具体实践。纸上得来终觉浅,绝知此事要躬行,恰逢天河区举办了义务教育阶段教师学期课程纲要设计比赛活动,为了将理论与实践相结合,不断锤炼自身本领,与生物学科组的老师商量后,我们报名参加了比赛。

随着新课标的颁布,教育界自上而下地掀起了学习新课标的热潮,基于对新课标的逐步深入学习与探讨,以及对学生核心素养培养的实践探索,我们开始着手探究课程纲要的撰写。在这段时间,我们经常对一些活动的设计进行反复讨论、尝试、修改,满腔热情地撰写好了生物学八年级上册的课程纲要。

然而,这个过程却是非常的曲折。我们似乎陷入教育过程经常出现的"我要我觉得,不要你觉得"的误区。在真正实践的过程中,学生反馈的效果并不如我们的预期。于是,我们针对课程纲要的实践过程进行了反思。

道阻且长,行则将至——反思再出发

经过科组的共同商讨,我们总结出了此次撰写的课程纲要还存在几个问题有待改进:

(1)对于每个大概念解构后的小概念建构不够形象直观,过于专业化,欠缺对于实践素材的探索,学生难以理解。

(2)学生的学习活动大多还是取材于教材,没有进行个性化因材施教的开发。

(3)评价方式虽然开始尝试多样化,但是课程评价过于笼统,没有跟具体的学科活动对应。

(4)对于新课标要求的10%的跨学科主题学习并没有有效完成,虽然尝试用一个大任务的解决将几个学科联系起来,但是实践过程依旧较为割裂,没有融会贯通。

针对以上存在的问题,我们科组共同讨论,积极查阅相关文献,终于打开了新的思路,并且基于我们讨论的方案,进行了实践改进。

在分析课程背景时,我们邀请了学生代表一起参与讨论,完善了学生视角,着重用学生能够接受的口语化表达来描述教材的内容地位、课标要求和学情基础。与此同时,为了进一步提高学生的理解能力,还针对较为抽象的概念和过程进行具体化的配图说明。将修改后的版本发放给学生后,学生的反馈明显要好很多。

在撰写学生活动时,我们参考教材,但是不再照搬,而是与时俱进根据学生具体学情和实际教学情况,选择适合学生的学生活动。并且,我们结合时事热点,加入学生感兴趣的话题。比如,在"食物链和食物网"这一主题的学习中,我们以学生非常喜欢的我校生态馆为案例背景,让学生根据实景写出食物链并分析其中的物质循环和能量流动,及其生态系统组成。在"被子植物的一生"主题学习中,我们用花生种子,带着学生以小组为单位进行了种子的结构、种子的萌发、植株的生长等一系列观察活动。学生在直观学习的过程中也体会到了种植的快乐。在"运动的产生"这一节活动设计上,我们结合冬奥会的热点运动"冰壶"作为案例进行活动分析的设计,激起了学生极大的热情,取得了很好的学习效果。同时,在带领学生开展活动时,我们老师也针对不同的学习活动,给学生提供相对应的学习策略,辅助学生自主完成学习任务。

在评价方式上,我们也进行了改进升级。首先,我们注重评价方式的多样化,采用传统的纸笔测试和表现性评价结合的方式来丰富评价体系。将过程评价和总结评价相结合,既关注结果,又关注过程,使二者和谐统一。在难点"血液循环"主题的学习中,我们让学生将血液循环的过程用科学漫画的形式展现出来,并选取有代表性的作品,进行进一步的评价设计。让学生以游戏"大家来找茬"的形式找出科学漫画中的错误。用充满趣味性的评价方式突破了学习难点,真正实现了以评促学。在"呼吸系统——气体交换"这一主题学习中,我们让学生进行角色扮演小游戏,以小组为单位,分别扮演组织细胞、红细胞、肺泡、呼吸道等,用气球代表氧气、二氧化碳,用肢体语言表现呼吸道对气体的作用,并演示气体交换的过程。而其余同学则从展现的科学性、完整性等方面进行评价。在这些充满趣味的活动性评价中,学生在评价中不断完善自己的认知结构。同时,我们也尝试评价维度的多元化,通过设计量表实现自我评价、小组评价和教师评价的结合,考查内容具体且可评价性高。量表维度对应到具体的学科活动,以便对学生的学习成果进行多角度、全方位的考查。

吾将上下而求索——展望

十年树木,百年树人。路虽迩,不行不至,事虽小,不为不成。编写课程纲要的过程是一个自我提升的过程,从迷茫、未知到钻研、探索,这个历程收获良多,当将它的雏形展现试用于教学时,才发现它使得课堂的效果大变。

回头看,无数个夜不能寐的晚上,躺在床榻仍旧在琢磨学生活动设计的细节如何才能更好地落实核心素养;无数个上下班的途中,走在路上仍旧在厘清大概念的解构如何通过活动帮助孩子进行概念生成;无数个趣味横生的课堂,通过学生的反馈不停地思考如何取精去粕优化课程纲要的思路,改良评价机制。

课程纲要的编写其实是一件非常值得做的事情,因为课程纲要是我们一线教师结合自身的实际编写出计划大纲,它把教育教学任务细化到了每一个课时,真正做到了有的放矢,针对学生的具体情况,制定出合理的教法与学法,更有利于教师和学生在学习过程中共同提高。

编制课程纲要对老师、学生以及学校都有着重要的意义,它有利于教师整体把握实施课程目标与内容,有利于教师满足课程实施的必要条件,有利于学生明确所学课程的总体内容与框架。

山高自有客行路,水深当有渡船人,我们现在也是摸着石头过河,虽然会有险滩,会遇到弯路,但我愿结识志同道合的同行们,不断尝试,不断交流,怀着探索的热情和收获的喜悦,一路生花,一直前行!

我与课程纲要的那些事儿

广州市天河区汇景实验学校　张琼吉

广州市天河外国语学校　张海英

广州市长兴中学　陈丽芳

舒心的微笑

"叮叮叮……"铃声响起了,我自信地迈向三尺讲台,充满着期待又有些紧张,这是开学第一课,也是我曾经上不好的一节课程纲要分享课的再次试炼。

"同学们好!祝贺你们跨入了新学期,并在数学王国里不断成长!老师看到假期回来同学们又长高了,同学们有什么办法可以估算一下全班同学的平均身高吗?"

这次,我用了一个大家熟悉的话题、形象生动的图示开启新课,充当导游的角色,以导带游,引出本学期将要学习"数据的收集、整理与描述"的单元主题和其他四个主题。同学们七嘴八舌地讨论着这个学期的内容,似乎很期待跨学科的项目式学习活动,甚至开始畅想如何分组。我趁着同学们热情高涨,让大家分小组探讨学好数学的锦囊妙计,并思考如何对自己的学习情况进行自评、互评。

而后,我把这个学期的课程纲要呈现出来,向孩子们隆重介绍了她。她好比是一幅地图,告诉你要去哪里,怎么去,以及如何判定是否到达了。同学们心领神会。

转眼四十分钟过去,同学们畅所欲言分享自己的感受:

"老师,我知道这学期大概要学什么了。"

"老师,我知道怎么使用目录了。"

"老师,我们的项目式学习活动具体做什么呀?好期待呀。"

"老师,课前预先学习,课上认真表现,课后作业检测都很重要,我尽量做好。"

就这样,同学们走进了课程纲要的世界,了解她,期待她。

……

听到这些,我长长地舒了口气,脸上泛起微笑,思绪不禁回到两年前的那一课。

恋曲2022

那是第一次向孩子们分享课程纲要的课,因为不知道从何讲起,只好照本宣科,分享四个要素,讲主线内容、提具体要求和评价方法,结果回应我的是沉闷的课堂氛围以及一头雾水的孩子们。他们不清楚这节课的目标是什么,不知道课程纲要对一个学期的数学学习有什么意义。面对这种局面,我心有余而力不足,也似热锅上的蚂蚁,急得团团转,有很多话想说,但就像茶壶里的饺子——有货倒不出来。原来从理念设计到课堂实践,还存在难以跨越的沟壑。面对此情形,唯有突破自我,超越自我。因为结了茧的蚕,无法看到蚕壳以外的世界;守在井底的蛙,难以了解宇宙星辰的浩瀚。突破自我虽非易事,但既然参与了,学习了,实践了,就不能停止,必须携手向前迈进。

于是,一首成长的恋曲诞生了!

随着恋曲,与课程纲要的那些事儿,一幕幕仿佛电影般在眼前放映,从自己的一无所知,到与她的相识、相知、相恋,这段难忘的经历似乎在喃喃诉说着我们之间一场双向奔赴的"恋爱"……

就像罗大佑的《恋曲1990》的歌词:"人生难得再次寻觅相知的伴侣,生命终究难舍蓝蓝的白云天……"我们姑且把这首成长恋曲叫作《恋曲2022》,她也是我们仨成长的见证。

相识,不一样的风景

两年前,初次与她邂逅,我的第一感觉是:"这不就是教学计划的变身吗?四个课程元素有必要再整理到一起吗?该不会是'穿着新鞋走老路'吧?"

然而,一知半解的我,却要完成一节课程纲要分享课,甚是焦虑。

依据课程标准、教材与学情,以提纲形式呈现的她,会怎样引领我们规划一学期课程的目标、内容、实施与评价呢?带着疑问,我阅读了华东师大崔允漷团队编写的《基于标准的课程纲要和教案》一书,从中寻找答案;紧接着,与区中心组伙伴们研讨设计初稿的方案，共同学习。短短两周时间，我慢慢体会到了，原来她是教学计划的升级版，不仅仅是编排学期的教学内容及次序，更是构建大单元教学，重点在课程实施和评价上。

可是，上完课的我并没有如释重负，课堂实施束手束脚，学生参与也有些流于形式。看来，初次相识只知其"形"，未领其"神"，要想探究她的"庐山真面目"，深入走近她，我们的路还很长很长。

相知，挡不住的感觉

天河区举办课程纲要设计比赛，对我们仨既是挑战也是机会。"明知山有虎，偏向虎山行。"我们开始主题选择、任务分工、资料编制等一系列挑战。经历了一段与她相知的过程：她的一般信息是课程名称、课程类型、教材来源、适用对象、课时数和设计者等；她的主体是目标、内容、实施和评价四个方面的课程要素；她的形式是简洁的、优美的，不仅是结构美、语言美，更是意象美。对于她的美，伙伴们畅所欲言。

怎样体现"以学定教，以教定评"的理念？如何编制目标和内容才能更好地促进学生形成核心素养？如何实施综合与实践活动以培养学生的实践与创新精神？其中，印象最深的是关于课程评价的探讨。哪种评价方式学生会更喜欢？选择何种评价方式才有效，而不是浮于表面？如何分配纸笔测试和过程性评价的权重？怎么开展多元评价？怎样的评价方式才可测可评，并且便于执行和跟踪记录呢？

在未知的领域里与她相恋很难，放弃虽然很简单，但坚持一定很酷！在这个过程中，我们仨互相打气鼓励，及时请教导师，相恋的点滴都让我们收获了专业成长，更收获了深厚友谊。丽芳说："如果我们能把它啃完，做下来，我自己都会很佩服自己。"我连连点头："我们肯定可以的！"很庆幸与她相知的过程，也是我们仨相知的过程。

相恋，甜甜的味道

记得我们初相识时，对于课程目标的撰写，我一直处于懵懵懂懂的状态，回看初稿（如图1），竟是破绽百出。记得当时也一直在不断追问："是不是还没有理解课程标准？'三维叙写'的目标怎样更加简洁、易理解？"可是一直无法破解。我们仨一次次修改都达不到理想的范畴。

庆幸的是,天河区教师发展中心刘永东老师总能一针见血地帮我们指出问题,在和我们仨一起学习研究课程纲要的过程中,通过另辟蹊径的思考角度,让我们茅塞顿开,走出困惑。

更有幸的是,我们得到了崔教授团队的亲自指导,并赴华东师大学习一周,培训时光既短暂又充实,仿佛重新回归到读书时代。我们徜徉在学习的海洋中,像一块干扁的海绵,迫不及待地吸收水分,一页页写得满满当当的笔记便是最好的见证。学历案、单元学历案等系列新课程、新课标、新教学的理念解读,无疑是为课程纲要的通透理解提供了有效支持,专家们的解说一层层揭开了她的神秘面纱。

在这之后的一个月,我改了4稿,每一稿伙伴们都认认真真地校对、提意见。在伙伴们的真诚陪伴、导师们的悉心引领下,我慢慢地领略到了她的魅力,关于课程目标的修改(如图2),前后已经是截然不同了。

三、课程目标
1. 结合情境,借助小组合作学习探究平行线的判定和性质并解决相关问题,发展几何直观和推理能力,进一步丰富对空间图形的认识和感受,发展空间观念。[如何体现从具体到抽象,从知识到素养的进阶?]。
2. 结合实际,学习平面直角坐标系、方程组与不等式等相关知识及规律,发展数感、符号感,体会数形结合思想.了解数与代数是刻画现实世界的数学模型,增强应用意识,发展模型观念,提高运用代数知识解决问题的能力。[有两个目的地,只要一个!]
3. 通过小组合作进行收集数据、整理、描述和分析数据的实践活动,了解数据处理的过程,能根据结果做出简单的判断和预测,并清晰地表达自己的想法进行交流。
4. 综合应用数学和跨学科项目式学习探究问题,初步形成数学的基本思想和科学态度,积累数学活动经验,发展合情推理和演绎推理能力,形成批判性思维和创新意识。[目的地太多]

图1 课程目标初稿

二、课程目标
1. 结合情境,小组合作探究平行线的判定和性质并解决相关问题,发展几何直观和推理能力。
2. 结合实际,学习平面直角坐标系、方程组与不等式等相关知识及规律,体会数形结合思想,提升运算能力和发展模型观念。
3. 通过小组合作进行收集数据、整理、描述和分析数据的实践活动,了解数据处理的过程,能根据结果做出简单的判断和预测,初步养成用数据说话的习惯,发展数据观念。
4. 综合应用数学和跨学科项目式学习探究问题,初步形成数学的基本思想和科学态度,提升应用意识和创新意识。

图2 课程目标修改稿

尽管如此,在学习培训后依旧存在不少困惑。但崔允漷教授说:"学了之后更迷茫、更困惑就对了,那就代表我们思考得更深入了。"有些东西潜移默化地影响着、改变着我们。我们期待那一天:学思悟践,融会贯通,打造出让学生喜欢、学有所获的课堂。尽管还有诸多不足,但感谢怯懦时有导师们的倾囊相授、用心指导,并不断鼓励我们前行。

在与她相恋的前行之路,有名师引灯,有专家引领,有同伴互助,让我们伫在追光的路上也点燃自己头顶上的那一盏灯,开始渐渐发亮,这是成长的幸福!这是一场成长之旅,这亦是一首成长之曲。

携手,成长你我她

我们屡屡挑战,越研越深,越研越广。

我们基于学历案开展公开课,边实践、边反思、边研究;我们以课程纲要为载体,以点带面,实施跨学科项目式大单元教学;我们通过三人行大讲堂的形式,向全区展示团队的学习经历和成果;我们通过公众号进一步梳理、反思和分享,发挥先行试验者的引领和辐射作用,引发同行们的思考。

行合趋同,千里相从;同心者同路,同路者同行!浴血奋战方能凤凰涅槃,漫长蛰伏才能破茧成蝶。人的成长之旅,是"厚积薄发"的过程,亦是团队携手前行的旅程。我们认同并践行这样的成长公式"成长＝学习＋社交＋价值"。教研之路永无止境,我们将继续快乐而坚定地共同求索!

课程纲要可不简单

广州市天荣中学　朱如奇

心生向往——我想去！

"叮！"QQ 信息提示我有新信息。哦，原来是教研员给我发来一份参加课程纲要培训的通知。

"课程纲要？这是什么东西？"我疑惑着。仔细看看培训通知："呀！是华东师范大学课程与教学研究所负责的培训啊？崔允漷、朱伟强、刘徽、周文叶……好多熟悉的大咖啊！"早先我曾经去上海参加了由华东师范大学课程与教学研究所组织的学历案培训，感觉自己的教书生涯突然注入了很多新鲜的东西，教学活力被激发起来了。如今，竟然又有机会参加他们培训的课程纲要，虽然我并不了解课程纲要是什么，可我相信专家们要给我们讲的一定是非常有价值的东西。想到可以去学习全国先进的教育教学知识，我的内心又激动了起来："好的，我想去！"

潜心学习——再次成为学生

终于等到了培训的时间，因为疫情的原因，我们只能远程上课。虽然只能在屏幕上见到各位专家，却也很亲切。一个星期的培训时间，我暂时抽离教师的身份，专心成为一名学生。"课程纲要的编制""课程纲要中学习目标的确定与叙写""大概念与课程设计""指向核心素养的表现性评价"……一个个讲座冲击着我的头脑，我从最初的好奇、懵懂、渴望，渐渐有些领悟。我尝试把教授们讲述的知识与自己过往的经验结合：课程纲要不就是教学计划的升级版吗？只不过是同时要结合课程标准、课程实施方案以及评价标准而已,没什么太难的。我自以为已经掌握了教学纲要的精髓。

专家解惑——进一步了解深化

交作业的时间到了,两页纸的课程纲要,我很快就完成了。我审视着自己的课程纲要,颇为得意。课程目标、课程评价与课程实施都写得很完备,课程评价标准也很详细,我心想,这肯定算是一份优秀的课程纲要吧?我信心满满地把作业交上去。过了几天,周文叶教授的点评发回来了:"这是一份不错的课程纲要,只是评价部分如何能够更聚焦本学期的目标,并且指向素养呢?"哎呀,果然是专家,一句话点醒了盲目自信中的我。我再认真看看自己写的评价标准,过程评价的方式是写小论文,可是我的评价标准侧重的是观点是否明确,论述是否清晰,表达是否流畅等。这个评价标准是在引领学生的写作方向呢,我怎么把标准引向了语文方向?我教的可是历史课呀!我写的评价标准,其学科特色在哪里?这样的标准怎么能判定学生是否已经掌握了本学期的目标?又如何检测学生的历史核心素养?周教授的点评让我感到醍醐灌顶——评价部分不简单呢。

研讨进步——兼顾理论性与实用性

修改了评价部分,我觉得我的课程纲要写得更进一步了,我把我的课程纲要与老师们分享。老师们对课程纲要很感兴趣,纷纷提问。我把我的认识与他们分享,共同进步的感觉真好。有个老师发出了疑问:"课程实施内容好丰富,形式也很多样,可是,我们现在的课时这么紧,能够真正落实吗?"这个问题引起了大家的思考。"每种形式其实都有不同的价值,都可以激发学生的兴趣、锻炼学生的能力和培养学生的素养,或许我们不需要一个学期把这么多的形式都用上,我们可以把三年作为一个周期,把各种形式分到不同的学期中去。""有道理,我觉得课程实施的形式很重要,但我们更要考虑使用这些形式的目的是什么。""对,形式为目标服务,课堂实施要与教学目标一致。""不仅要与教学目标一致,还要考虑学生素养培养的问题。""对啊,课程实施看起来只有几句话,可是要考虑的问题可真不少呢。"科组老师热烈地讨论着,课程实施要注意的问题在讨论中渐渐清晰起来了。我们得出了结论:课程纲要不仅要有理论性,也要有实用性。

学生体验——趣味性不可或缺

聚集了科组智慧的课程纲要写好了,我拿去给学生分享。让学生开学第一课就了解整个学期的学习安排,多好呀,学生肯定也是喜欢的。可是,我错了!我和孩子们说:"今天要和大家一起分享这个学期的课程纲要。""课程纲要?从没听说过呢!"孩子们来了兴趣,我热情地和孩子们分享我精心撰写的课程纲要。可是我发现孩子们眼中的神采渐渐消失了,学生从开始的感兴趣,到后来应付地听着。为什么学生对课程纲要不感兴趣了呢?我反思着。可能是课程纲要写得不够有趣?除此之外会不会还有别的原因?我尝试问学生。"老师,您和我们分享该怎样去学习某部分的内容,可是这些内容我们都没学过,我们有些糊涂。"对啊,这真是个难题。怎样解决呢?我有些迷茫。孩子们的表现提醒了我,课程纲要不仅要有理论性、实用性,还要兼顾趣味性。

课程纲要虽然很简短,但是在撰写和实践的过程中,我发现想要写好并落实好课程纲要真不简单。课程纲要的撰写分为好几个部分,可是这几个部分不是孤立的,在撰写的过程中需要全盘考虑,要把目标、评价、内容、实施这几部分内容融为一体。课程纲要需要有理论的高度,也需要有实用的功能,同时还需要兼顾趣味性。

课程纲要的实施虽然遇到不少困难,可是我知道,我已经在路上了。世上本无路,走的人多了,自然也成了路。